Abraham Geiger

Das Judentum und seine Geschichte

Abraham Geiger

Das Judentum und seine Geschichte

ISBN/EAN: 9783743357808

Hergestellt in Europa, USA, Kanada, Australien, Japan

Cover: Foto ©Lupo / pixelio.de

Manufactured and distributed by brebook publishing software (www.brebook.com)

Abraham Geiger

Das Judentum und seine Geschichte

Das Judenthum und seine Geschichte.

In zwölf Vorlesungen.

Nebst einem Anhange:
Ein Blick auf die neuesten Bearbeitungen des Lebens Jesu.

Von
Dr. Abraham Geiger,
Rabbiner der israelitischen Gemeinde zu Frankfurt a. M.

Breslau, 1864.
Verlag der Schletter'schen Buchhandlung
(H. Skutsch).

Inhalt.

	Seite
Vorwort.	V
Erste Vorlesung: Das Wesen der Religion	3
Zweite Vorlesung: Die Religion im Alterthume und die Religion im Judenthume	13
Dritte Vorlesung: Die Offenbarung	27
Vierte Vorlesung: Nationalität. Sclaverei. Stellung der Frauen	37
Fünfte Vorlesung: Opferdienst und Priesterthum. Getheiltes Volksthum	48
Sechste Vorlesung: Exil und Rückkehr. Tradition.	62
Siebente Vorlesung: Griechenthum. Sadducäer und Pharisäer	74
Achte Vorlesung: Sadducäer und Pharisäer. Zukünftige Welt. Hillel.	88
Neunte Vorlesung: Die Parteien. Entstehung des Christenthums	103
Zehnte Vorlesung: Die Entwickelung des Christenthums	117
Elfte Vorlesung: Das Christenthum als kirchliche Weltmacht. Der Bruch des jüdischen Volksthums	131
Zwölfte Vorlesung: In der Zerstreuung	142
Nachtrag.	156
Anhang: Ein Blick auf die neuesten Bearbeitungen des Lebens Jesu	159

Vorwort.

An den folgenden Blättern werden die Spuren ihres Ursprungs nicht gänzlich verwischt sein. Sie sind aus Vorlesungen entstanden, welche, einem gebildeten Kreise bestimmt, wohl durchdacht und geordnet, aber nicht zuvor niedergeschrieben, vielmehr lediglich durch die stenographische Nachschrift festgehalten worden. Wenn ich nun auch nachträglich die Feile an sie gelegt, so wird dennoch wohl hie und da der Anordnung und dem Ausdrucke diejenige Abrundung fehlen, die ich ihnen, wenn sie ursprünglich für die Oeffentlichkeit ausgearbeitet worden wären, gegeben hätte. Man wird etwa verlangen, daß ich die Mühe einer völligen Umarbeitung nicht hätte scheuen sollen, und ich würde sie auch nicht gescheut haben, wenn ich nicht andererseits in der Unmittelbarkeit, welche bei dem mündlichen Vortrage naturgemäß entsteht, einen Vorzug fände, Frische und Lebendigkeit, die am Schreibpulte erst künstlich erzeugt werden muß und dennoch nicht erreicht wird. So mögen denn die Vorträge in ihrer der ursprünglichen sich annähernden Gestalt bei dem größeren gebildeten Publicum sich Freunde suchen, wie sie deren in dem engeren Kreise gefunden.

Ob aber überhaupt Gegenstände von so ernster, tiefgreifender Bedeutung, wie die in diesen Blättern besprochenen, sich auf den großen Markt des Lebens wagen dürfen, wenn ihre Behandlung den Anspruch macht, von neuen Gesichtspunkten aus neue Ergebnisse vorzuführen? Was die Wissenschaft mit dem vollen Aufgebote ihrer Hülfsmittel bereits festzustellen versucht hat, von dem muß es sicher gestattet sein, daß es dann auch zum Gemeingute aller Gebildeten gemacht werde. So lange aber dieser Nachweis noch nicht hinlänglich geführt ist, sollte es da nicht voreilig sein, bereits das größere Publicum heranzuziehen? Dieses Bedenken habe ich mir ernstlich vorgelegt. Denn die hier ausgesprochenen Ansichten weichen allerdings in wichtigen Punkten von den gangbaren ab, und nicht alle habe ich bis jetzt so vollständig zu begründen Gelegenheit gefunden, daß ich auf frühere Werke verweisen könnte; nur theilweise kann ich mich auf meine „Urschrift und Uebersetzungen der Bibel ꝛc.", auf die auch als besondere Brochüre erschienene Abhandlung: „Sadducäer und Pharisäer" und einige andere kürzere Abhandlungen in meiner „jüdischen Zeitschrift für Wissenschaft und Leben" und anderswo beziehen. Trotz diesem gerechten Bedenken konnte ich doch der Versuchung, die ein fertiges Manuscript in sich birgt, nicht widerstehen. Bei der Flüchtigkeit des Lebens glaube ich mit dem weisen Hillel sprechen zu dürfen: „Gepriesen sei Gott Tag für Tag." Nicht immer ist es räthlich aufzuschieben und das, was man für nützlich hält, zurückzudrängen, bis es etwa noch nützlicher werden könnte. Es wird mir schriftstellerische Lebensaufgabe bleiben, die hier gegebenen geschichtlichen Betrachtungen in genauerem Zusammenhange und in mehr erschöpfender Gestalt durchzuführen; vorläufig hoffe ich, daß dieselben auch in dieser Form den tieferen Hintergrund bemerklich machen, die ernsten Studien, welche ihnen zu Grunde liegen, durchblicken lassen und für den Sachkenner genügend aufzeigen.

Es dürfte auch gerade in der Bedeutung der besprochenen Fragen, welche einerseits vorsichtige und gründliche Behandlung erheischt, andererseits die Aufforderung liegen, eigenthümliche Ansichten, wenn man sie redlich gewonnen zu haben glaubt, nicht zu lange zurückzuhalten. Die Fragen sind nun einmal in Aller Munde, und eine Antwort darauf zu ertheilen, kann demjenigen am wenigsten erspart werden, von dessen amtlicher und wissenschaftlicher Stellung eine solche zunächst verlangt und erwartet wird. Die geschichtlichen Thatsachen bedürfen einer Erklärung für Jedermann, weil sie die Quelle sind, aus der Lebensüberzeugungen, Normen für Glauben und Thun geschöpft werden. Wie sollte da, namentlich in unserer geistig so aufgewühlten Zeit, die Anforderung zurückgedrängt werden dürfen, mit seinem Lösungsversuche hervorzutreten? So mag denn unverzagt auch meine Auffassung in das Gedränge der abweichenden Meinungen sich mischen und für sich selbst Zeugniß ablegen.

Ihr einen Geleitbrief durch weitläufigere Begründung mitzugeben, dazu ist gewiß eine Vorrede der am wenigsten geeignete Ort. Doch möchte ich einen Gedanken der Beachtung empfehlen. Gerade weil die Begebenheiten, welche hier behandelt werden, von dauerndem Einflusse geworden, haben sich Vorstellungen über sie gebildet, die man als vollkommen gesichert betrachtet, so daß eine jede Abweichung von ihnen höchst auffallend erscheint. Es wird den Meisten sehr schwer, unbeirrt von späterer Auffassungsweise, sich in die Zeit der Ereignisse und in die damals herrschende Richtung zu versetzen und offenen Blickes das zu betrachten, was gewesen, und nicht, was später daraus geworden. Man identificirt vielmehr die gegenwärtige, nach dem Verlaufe von etwa zwei Jahrtausenden entwickelte Gedankenrichtung mit der früheren; man faßt Worte und Begriffe, die zur Zeit ihres ersten Gebrauches einen ganz anderen Sinn hatten, in demjenigen auf, welcher ihnen später allmälig beigelegt wurde und nun herrschend ist. Liest man nun die alten Schriften, welche jene Ausdrücke enthalten, mit Festhaltung des heutigen Sprachgebrauches, so gelangt man nothwendig zu argen Mißverständnissen; dennoch sperrt man sich dagegen, wenn die ursprüngliche Bedeutung aufgezeigt und gemäß dieser dann auch die ganze damalige Gedankenrichtung beleuchtet wird. Die Worte: Pharisäer, diese Welt, die zukünftige Welt, Gottesreich und ähnliche gehören, meiner hier niedergelegten Ueberzeugung nach, zu dieser Gattung von Worten, die in ihrer Begriffsbestimmung eine bedeutende Umwandelung erfahren haben.

VIII

Ich appellire daher an die unbefangene Prüfung, daß sie die Kraft erlange, sich anerlernter Vorurtheile zu entschlagen, die Einsicht gewinne, sich geschichtlich zurückversetzen zu können. Wenn man zugesteht, daß zwei Jahrtausende nicht spurlos an dem ganzen Gedankenprocesse der Menschheit vorübergegangen sind, so ist es widersinnig, behaupten zu wollen, daß Vorstellungen und Worte, welche so lange Zeit auf die ganze Denk- und Handlungsweise bestimmend eingewirkt haben, nicht ehedem eine andere Geltung hatten und erst mit der Umwandelung der äußeren Verhältnisse und der inneren Gesinnung auch ihre Bedeutung geändert haben. Wollen wir aber das Alterthum begreifen, so müssen wir seine Sprach- und Denkweise verstehen und es nicht mit unserem Maßstabe messen.

Inwiefern meine Ansichten Billigung finden, muß ich natürlich abwarten; ich bin auf Widerspruch von manchen Seiten gefaßt. Wo er mir in Ruhe und Ernst entgegentritt, werde ich ihn mit aller Unbefangenheit prüfen, nachgewiesene Irrthümer gerne eingestehen, aber auch die Wahrheit meiner Ueberzeugung, wenn ich sie für begründet halte, festhalten und nöthigenfalls vertheidigen. Gegen gereizte Stimmung bin ich unempfindlich. Auf dem Gebiete des Judenthums habe ich durch langjährige Mitarbeit in Leben und Wissenschaft die Erfahrung gewonnen, daß Unglimpf, der mancher ungewohnten Aeußerung begegnet ist, nicht verhindert hat, daß ihr dennoch später die Berechtigung weithin zuerkannt wurde. Wenn ich nun auch das Gebiet des Christenthums, soweit es der Gegenstand dieser Vorträge erforderte, betreten, ungescheut Ueberzeugungen dargelegt habe, die vielleicht hie und da den geläufigen scharf entgegentreten: so wird der Billigdenkende bald erkennen, daß ich das nicht muthwillig gethan, nicht in gehässigem Ankämpfen, sondern im Drange nach Begründung der eigenen Ueberzeugung, im Dienste der Pflege des eigenen Bodens. Es ist wohl endlich einmal an der Zeit, daß auch von jüdischer Seite offen ausgesprochen werde, wie man Ereignisse auffasse, in deren Betrachtung gerade die Abweichung zwischen den zwei Religionen liegt. Ist die freie Meinungsäußerung überhaupt ein Recht, das nicht verkümmert, zugleich auch eine Pflicht, die nicht unterlassen werden darf: so muß es auch dem Gegner erwünscht sein, wenn der Widerspruch sich offen darlegt, so daß er wisse, wohin er seine Geisteswaffen im Kampfe zu richten, und nicht dem versteckten, in Schweigen sich hüllenden Angriffe gegenüber unsicher umherzutasten habe. Bei den Eiferern, die einen jeden Widerspruch als Lästerung betrachten, jede andere Auffassung als verdammenswerth erklären und ihr daher den Mund verschließen möchten, die es lieben, die Schwäche ihrer Gründe durch die Gewaltsamkeit ihres Verfahrens zu verstärken, werden solche Erwägungen freilich ohne Gewicht sein; ihrer Verurtheilung sehe ich mit Ruhe entgegen. Ihnen gegenüber habe ich nur Eines zu bemerken. Die Verantwortlichkeit für alles hier Vorgetragene trage ich ganz allein; wie Viele oder wie Wenige meiner Glaubensgenossen meine Ansichten theilen oder billigen, weiß ich nicht. Ich mache daher auf die ganze Ehre der Bekämpfung auch den ausschließlichen Anspruch. Meine Worte dürfen nicht zum Vorwande gelten, eine Anklage gegen Juden und Judenthum zu erheben. Sollte dies dennoch mit heuchlerischer Miene der Frömmigkeit geschehen, so würde damit ein neues trauriges Beispiel gegeben, was in gewissen Kreisen — ich will nicht sagen, das stolze Wort der Liebe, sondern überhaupt — Recht und Billigkeit gilt.

Wenn ich bisher einige Worte dem hinzugefügt habe, was ich in diesen Vorträgen ausgesprochen, so bin ich um so mehr eine Erklärung schuldig über das, was in ihnen übergangen ist. Es war ursprünglich nicht meine Absicht, den langen Zeitraum von der Zerstörung des zweiten Tempels an bis zur Gegenwart in so dürftigem Ueberblicke zu behandeln, wie er ihm hier in der zwölften Vorlesung zugemessen ist. Nur der enge Rahmen der Zeit und der Anzahl der Vorträge versetzte mich zuletzt in diese Nothwendigkeit. Ich hoffe, daß dieses Verfahren keinen ernsten Tadel finden wird. Die frühere Zeitperiode bleibt die grundlegende und konnte sich einer kürzeren Behandlung nicht fügen, als ihr vergönnt ist. Man betrachte vorläufig den Ueberblick über die spätere Zeit als die abrundende Ueberleitung zur Gegenwart; auch diese Zeit ihren Grundgedanken und maßgebenden Ereignissen nach übersichtlich in ähnlicher Weise, in einer neuen Reihe von Vorträgen vorführen zu können, ist eine Hoffnung, deren Verwirklichung ich freudig entgegensehe.

So mögen denn diese Blätter, von günstigem Winde getragen, den rechten Lesern in die Hand kommen!

Frankfurt a. M., 11. März 1864.

Geiger.

Vorlesungen über Judenthum.

1. Das Wesen der Religion.

Wenn ich mir Ihre Aufmerksamkeit erbitte für eine Reihe von Vorträgen über Judenthum, das tiefere Wesen desselben, seine Ausbildung und Entwickelung, sein Verhältniß zu anderen ähnlichen Erscheinungen in der Geschichte, die Aufgabe, die es zu erfüllen übernommen und wie es sie erfüllt hat, die Aufgabe, die ihm noch weiter geblieben ist, sowohl für die Gegenwart, als auch für eine lange Zukunft, so darf wohl dieser Gegenstand als eine großartige, weltgeschichtliche Erscheinung diese Theilnahme fordern. Eine großartige weltgeschichtliche Erscheinung, und zwar nicht blos in dem Sinne, daß das Judenthum, wie so manche geschichtliche Erscheinung in die Welt eingetreten ist für eine bestimmte Zeit, und während derselben eine große Wirksamkeit entfaltet hat, aber als ein Zeitliches der Zeit dann verfallen und zu blos geschichtlicher Betrachtung geworden ist oder wird. Nicht in diesem Sinne! Weltgeschichtliche Erscheinung dürfen wir es nennen, als eine Institution, die hinaufragt in jene Zeit, von der an erst geschichtliches Bewußtsein in die Welt eingetreten ist, als es nicht blos Jahrtausende hindurch seinen Bestand bereits feiert und noch besteht, sondern indem es gewissermaßen als ein ewiger Wanderer durch die Geschichte hindurch gezogen ist, die Geschichte immerfort begleitet, von ihren Uranfängen bis zur Gegenwart mitwirkt. Eine weltgeschichtliche Erscheinung, indem es aus sich heraus ähnliche Erscheinungen erzeugt hat, das Christenthum und den Islam, sie als großartige Mächte in die Geschichte hineingeworfen hat, die umgestaltend, belebend auf große Kreise wirkten, maßgebend in der ganzen Richtung des Geistes, in der ganzen Entwickelung der Verhältnisse, und so auch das Judenthum vermittelst ihrer. Und trotzdem, daß das Judenthum eine solche weltgeschichtliche Erscheinung ist, eine solche großartige Bedeutung in Anspruch nehmen darf, trotzdem oder vielleicht grade deshalb sind die Urtheile über es ungemein abweichend; ja es wird dem Judenthume die Bedeutung überhaupt entweder ganz und gar oder doch bereits für eine lange Zeit oder wenigstens für die Gegenwart abgesprochen.

Das Judenthum, so sagt man zunächst, ist Religion, ist eine der verschiedenen Arten, wie die Religion in dem Menschenleben, in der Geschichte auftritt; Religion selbst aber ist ein bereits überwundener Standpunkt. Ueber ein trübes, dunkles Glauben, über Annahmen, die nicht bewiesen werden können, nicht bewiesen werden sollen, deren sich der menschliche Geist nicht bemächtigt, die sich seiner bemächtigen und ihn unterthänig zu machen suchen, über diese Vorstellungsart sind wir längst hinaus. Das mag für eine Zeit gegolten haben, wo die Menschheit noch in den Anfängen lebte, noch in Versuchen umhertastete, sich die umgebende Welt klar zu machen, während ihr die Voraussetzungen fehlten, durch welche sie zur Erkenntniß gelangen konnte. Wir aber sind die Wissenden, sind bereits zu einer Stufe emporgeklommen, die uns gestattet, mit der vollsten Bestimmtheit unser Urtheil abzugeben, so daß wir zu einem bloßen Glauben und uns Unterwerfen durchaus nicht mehr geeignet sind. Doch sei es auch, daß die Religion auch in unserer Zeit noch einige Berechtigung hat, daß sie höhere Wahrheiten umschließt, die der Mensch aus seinem Geist erzeugt, höhere Wahrheiten über Gott, den menschlichen Geist, die Freiheit des Willens, Unsterblichkeit, Tugend u. s. w., daß diese Wahrheiten wohl geordnet, zusammengefügt als ein System der Religion bezeichnet werden können; aber welche Geltung kann der Anspruch haben, den doch eigentlich das Judenthum erhebt und nach ihm auch andere Religionen, der Anspruch auf Offenbarung, wonach diese Wahrheiten an den menschlichen Geist herangekommen sind, nicht aus ihm erzeugt, der Anspruch, daß auf eine ungewöhnliche Weise diese Wahrheiten in der Menschheit erschienen seien und so sich fortgeerbt haben, ohne von jedem Geschlecht neu erzeugt zu werden. Wir haben uns die Autonomie des Geistes erkämpft; alle gegen sie sich erhebenden Ansprüche, wie das Judenthum sie erhebt, sind unberechtigt, um so mehr, wenn sich gar die trübe Beimischung der Tradition noch hinzugesellt, wenn auch diese nun als eine Wahrheit mit aufgenommen werden soll. Oder wirft das Judenthum etwa Offenbarung und Tradition weg? Will es sich mit dem Ruhm begnügen, zuerst mit jenen hohen Wahrheiten aufgetreten zu sein, die ein Eigenthum der Menschheit geworden sind, daß in ihm zuerst klar ausgesprochen wurden Gedanken, die für die ganze Menschheit bestimmt und in sie auch vollständig eingedrungen sind? Wohl! mag es immerhin dieses Ruhmes sich erfreuen. Und dennoch kann ihm, so fährt man fort, auch dieser Ruhm nicht unverkümmert bleiben. Unvollkommen treten die Wahrheiten in ihm auf; erst andere spätere Religionen haben dieselben vertieft, sie in volle Klarheit gesetzt, auf der einen Seite die Lücken in großartiger Weise ausgefüllt und andererseits das Ueberflüssige beseitigt und das Irrige berichtigt. Das Judenthum ist demnach antiquirt, ist eine Ruine, die sich erhalten hat für einen kleineren Kreis, die aber keineswegs eine bestimmende Macht mehr ist, es ist sein geistig Leben als ein verkümmertes zurückgeblieben, während die anderen Religionen hinausgeschritten sind und ihre Macht über die Welt verbreitet haben. Das Judenthum ist einem kleinen Kreise verblieben, und so mag denn auch vielleicht, so fügt man hinzu, für diesen in einer gleichfalls bereits vergangenen Zeit, im Mittelalter, das Judenthum noch seine Bedeutung gehabt haben, es war für seine Bekenner jedenfalls eine Trägerin geistigen und sittlichen Lebens. Zur Zeit, da Sonderungen in der Menschheit geltend waren, ein jeder kleinere Kreis sich abschloß und der Genosse eines solchen lediglich aus diesem Kreise seine Nahrung zog, hatte auch das Judenthum seinen bestimmenden und seinen wohlthätigen Einfluß. Darüber sind jedoch nun auch diejenigen, die im Judenthume geboren sind, namentlich die Denkenden, die eine höhere Stufe der Bildung einnehmen, weit hinweggeschritten, es ist die Menschheit eine einige geworden, das geistige Leben, das Denken, Empfinden, ist, wenn auch ein vielgestaltiges, dennoch seinem Wesen nach eines und dasselbe, die geistigen Schätze ein Gemeingut geworden der Menschheit, es genügt dem Einzelnen, ein Mensch zu sein. Die Höherstehenden unter allen Parteien und Genossenschaften bilden eine Einheit; das Judenthum hat für die Gegenwart, für die, die auf der Höhe der Zeit stehen, seine Bedeutung eingebüßt.

Das sind mächtige und gewichtige Bedenken, die sich uns entgegenstellen. Treten wir näher an sie heran. Es soll der Denkende ohne Scheu den Zweifeln in das Auge blicken, sich nicht zaghaft vor ihnen verschließen, aber auch wenn die Zweifel entschieden als Behauptungen sich hinstellen, darf er nicht alsbald verzweifeln und sich ihnen gefangen geben.

Wir sind die Wissenden. Das mag in gewissem Sinne als berechtigt gelten, es mag unsere Zeit in stolzem Bewußtsein dies gegenüberstellen dem Ausspruche eines Weisen, von dem freilich gerühmt wird, daß er die Weisheit vom Himmel zur Erde gebracht habe, wenn er sprach, die höchste Stufe des Wissens sei zu wissen, daß man nicht wisse. Wir sind allerdings in den zwei Jahrtausenden, seitdem dieser Spruch in die Welt gedrungen, mächtig vorgeschritten, und Erkenntnisse, die damals nicht geahnt wurden, sind gegenwärtig ein Gut, das bald Allen angehört, bald jedenfalls denjenigen, die ernster der Forschung sich hingeben. Die Naturforschung hat Riesenschritte gemacht. Sie weiß nunmehr, was ehedem als unlösbare Stoffe betrachtet wurde, zu zersetzen, sie versteht es, den Kräften nachzugehen, die da binden und lösen, sie weiß zu den flüchtigsten Bestandtheilen vorzudringen, die Gesetze immer weiter zu verfolgen und auf höhere Gesetze zurückzuleiten. Wie weit sie noch kommen mag, wer kann es ahnen? Wie tief sie eindringen wird, wer will es ermessen? Sie hat die Geheimnisse belauscht, nach denen der Proceß des Werdens und Vergehens vor sich geht, und hat sie nach Regeln und Gesetzen wohl geordnet. Und dennoch, wenn sie auch immer weiter vordringt, wie wir ihr durchaus Grenzen nicht setzen können, wird sie nicht an Einzelnheiten gelangen, die sich nicht mehr auflösen lassen? wird sie nicht endlich bei einem Urstoffe anlangen, der immer Urstoff bleiben wird? zu einer Urkraft, die immer eine unfaßbare und unerklärliche bleibt? wird sie nicht immerdar Gesetze annehmen müssen, Anordnungen, die als bestehend vorausgesetzt werden müssen, ohne daß sie dieselben weiter zu begründen vermöchte? Ein Gesetz aber wird gesetzt, eine Ordnung wird angeordnet. Der menschliche Geist wird nicht bei der blinden Kraft sich beruhigen, nicht sich damit befriedigen, daß er endlich, zu irgend einem Punkte gelangend, stille steht; er wird immer den ordnenden Geist, der es in solcher Weise hingestellt haben muß, ahnend durchblicken. Diesem Drange kann der Mensch, seiner eigenen Vernunft sich bewußt, nimmer widerstehen.

Die Natur zeigt sich uns in großer Mannigfaltigkeit von Wesen nach Ordnungen und Gattungen; sie sind von einander verschieden, greifen wohl in einander ein, gehen aber nicht in einander über. Die neuere Naturforschung hat kühne Schritte gethan, zu ergründen, wie aus niederen Gattungen die höheren entstehen konnten, wie aus den unvollkommensten Organismen die höheren allmälig sich gestalten. Ob es ihr gelingen wird, in dieses Geheimniß gleichfalls einzudringen, ob eine solche Erzeugung des Einen aus dem Andern als eine Wahrheit sich bekunden wird, — es ist das Amt der Naturkundigen, darüber jetzt oder in der Zukunft zu entscheiden. Allein so viel sehen wir, die Gattungen sind vorhanden, gehen nicht in einander über, sie sind gesondert und bleiben gesondert. Dieselbe Kraft, die Anfangs sie geschaffen angeblich Eines aus dem Andern, sie müßte nothwendig denselben Proceß weiter verfolgen, müßte auch heute noch aus der Pflanze ein Thier erzeugen und immer weiter zu dem höheren Organismus vervollkommen. Eine solche Erscheinung bietet uns die gegenwärtige Welt nicht dar, es bleibt vielmehr ein Jedes innerhalb seiner bestimmten Grenzen, es bringt in seiner Art immer neue Einzelwesen hervor, aber in das andere geht keines über. Das ist demnach nicht eine nothwendig forttreibende, das ist eine ordnende Kraft, die ein jedes nach seiner Eigenthümlichkeit hinstellt und bewahrt, die nicht blind immer vorwärts stürmt, sondern welche die Natur, als ein aus verschiedenartigen Theilen zusammengesetztes Ganzes erhält, so daß sie eben so wie als Ganzes, so auch in ihrer Verschiedenartigkeit unwandelbar ist. Sie ist eben nach einem bestimmten Willen, nach einer frei waltenden Vernunft geordnet und in dieser Ordnung erhalten, das ganze Universum ein Gefüge, in seiner großen Mannigfaltigkeit dennoch vereinigt, verschiedenartige Theile und dennoch ein harmonisches Ganzes bildend. Das ist Weisheit, zweck- und planmäßige Anordnung, so daß selbst zerstörende Kräfte als neubildende auftreten, um neue, edlere Schöpfungen entstehen zu lassen. Das ist ein Wirken der bewußten Vernunft, nimmermehr ein ohne Ziel hinaustreibendes. Es ist ein kühnes Wort, das einst ein großer Sternkundiger aussprach, als er sein Werk über den Himmel dem damals Höchststehenden überreichte. Auf des Letzteren Befremden nämlich darüber, daß nirgends die Rede von Gott sei, sprach der Mann: Ich bedarf dieser Hypothese nicht. Allerdings er bedurfte es zur Erklärung der Gesetze und wie sie wirken wohl nicht, auch anzugeben, wie diese Gesetze entstanden sind und wer sie als ewige, unabänderliche hingestellt hat. Aber was der Mann des Faches bei Seite schieben kann, das kann der denkende Mensch nicht lassen, er muß eine höhere Ursache aufsuchen, die nach vernünftigen Gründen schafft.

Ist es ja nicht die äußere Natur allein, die er zu erklären hat, er muß ja selbst miterklärt werden, er ist mit ein Stück der Natur, und in sich selbst eindringen, das bleibt eine Aufgabe, die er nicht von sich abweisen kann. Aber grade sich selbst wird der Mensch das größte Räthsel, je mehr er über sich nachdenkt. Man hat zwar versucht, den Menschen ganz nahe hinanzurücken an ähnliche Wesen, man sprach von gewissen Affengattungen, die von den Menschen nur ein klein wenig entfernt seien. Da sei manche Affengattung, so sprach man, wie in Trübsinn befangen, als sei ein Sehnen in ihr, aus dieser beengten Befangenheit herauszukommen. Eine sinnige Betrachtung, wie ein Mensch sie in die Thierseele hineinlegt, aber auch wohl nur hineinlegt, wenn er die thierische Dumpfheit als Trübsinn auffaßt und darstellt. Die Entfernung zwischen den am vollkommensten organisirten Thieren und dem Menschen selbst bleibt eine Kluft, die durchaus unausfüllbar ist. Der Mensch, der trotz seiner nicht bedeutenden Kraft des Körpers, trotzdem daß er in körperlichen Beziehungen mannigfach nachsteht anderen Thieren, die gewaltiger und gewandter sind, der Mensch, der trotzdem der Herr der Erde, der ganzen Schöpfung geworden ist, der immer mehr und mehr sich alles unterthan macht in der Natur und in der Thierwelt, der überall hin sich anschließt und alle Verhältnisse sich zu unterwerfen weiß, — ihn nur im Entferntesten in Parallele zu stellen mit irgend einem Thier, das abgeschlossen lebt, das immer auf derselben Stufe verbleibt, in eine bestimmte Weltgegend hingewiesen ist, das, ohne irgend wie einen Einfluß zu üben auf die übrige Gesammtschöpfung, dahingeht und keine Spur zurückläßt, — man muß bekennen, es sieht einem kindischen Trotze ähnlich, der seine eigenen Kostbarkeiten hinwegwirft und zertrümmert! Nein! der Mensch ist ein durchaus anders gearteter. Er, der an Raum und Zeit wie alles Körperliche und Irdische gebunden ist, der einzelne Mensch, der an einen bestimmten Boden geknüpft ist, der in einem kleinen Zeittheilchen sich bewegt, er überwindet dennoch wiederum Raum und Zeit in seinem Innern, er vermag sich in die entlegensten Gegenden zu versetzen, er kann die Vergangenheit sich vorführen, die Zukunft ahnen, er hat eine Vorstellung von dem, was die Gegenwart überragt. Das kann nicht am Körper haften. Der Körper ist räumlich, zeitlich, es kann aus ihm nichts hervorgehen, was Raum und Zeit überwindet. Der Mensch hat Erinnerung, er trägt in sich, was geschehen ist, er vermag es sich zurückzurufen, aus seinem Gedächtniß die verschiedenartigsten Dinge hervorzuholen. Die Erkenntniß ist sein Eigenthum geworden, er schreitet von der einen, die in sicherem Gewahrsam bei ihm ruht, zur andern fort. Aber wo, an welchem Theile seines Wesens haftet sie? Sprechen wir das Wort aus, das überhaupt nicht vorhanden wäre, wenn nicht das Ding vorhanden wäre: Geist. Der Mensch hat einen Geist, eine Fähigkeit in sich, die mit dem

Körper wohl insofern zusammenhängt, als sie ihn bewegt, beseelt, die aber doch noch weit mehr ist, indem sie ihn zur vernünftigen Betrachtung hinführt, ihm einen Blick öffnet in Dinge, welche sein sinnlicher Blick nicht aufzufassen, nicht heranzubringen vermag. Es ist ein großes Wort eines Denkers, der die Gedankenreihe der neueren Zeit eröffnete: Ich denke, darum bin ich. Das Bewußtsein davon, daß ich denke, giebt mir die Bürgschaft dafür, daß ich überhaupt bin; ich könnte an Allem, was mich umgiebt, an mir selbst irre werden, meine sinnliche Wahrnehmung läßt sich sehr bezweifeln, sie bekommt erst Sicherheit durch mein Bewußtsein. Schaut ja der Mensch in der That alle Dinge, die ihm von der Außenwelt zugetragen werden, verkehrt, wie sie sich nämlich in seiner Netzhaut abspiegeln, und wenn er die Dinge dennoch zu sehen glaubt, wie sie wirklich sind, so ist das ein Ergebniß des Denkens in uns, das mit unmerklicher Raschheit diese Umgestaltung vermittelt. Der Mensch sieht eigentlich keine Entfernung, der Eindruck, den ein Gegenstand macht, vermittelt durch die Strahlen, prägt sich innerhalb seines Gesichtssinnes ab. Eines ist ihm so nahe, wie das Andere, gleichviel ob das Eine ihm ferner, das Andere ihm näher gerückt ist. Der Erblindete, der das Gesicht wieder erlangt, sieht deshalb auch Anfangs nichts als fern von sich, Alles dringt auf ihn, als wäre es in seiner unmittelbaren Nähe. Das Denken, die Gewohnheit lehrt erst den Menschen die Gegenstände abmessen, die doch in der Mitte liegen, und er schließt daraus, daß mancher Gegenstand nicht so nahe ist, wie er sich ihm in seinem Gesichtssinne abspiegelt, daß sie in verschiedenen Entfernungen sich befinden. Die Schälle dringen einer nach dem andern heran, die Verbindung wird uns nicht gegeben, erst durch unser Denken, durch unser Festhalten werden sie eine Einheit, die Harmonie liegt in uns, sie wird gewissermaßen blos durch die aufeinander folgenden Laute in uns geweckt. Und so läßt es sich von allen Sinnen nachweisen. Das Denken giebt unserer sinnlichen Wahrnehmung erst Gestaltung. Das Denken, das zugleich dem Menschen auch den Ausdruck verleiht für alle Empfindungen und Gedanken. Denn die Sprache, das treueste Abbild des Geistes, bildet den Uebergang aus der tiefsten Innerlichkeit zu der Außenwelt, die Sprache zeichnet den Menschen am bestimmtesten aus vor all den andern Wesen, die Sprache, die, wie aus innerer Klarheit geboren, wiederum den Gedanken erst verständlich macht und ihm zur vollen und ganzen Klarheit verhilft. Und dennoch! Dieses Wesen, dem das Gepräge der Herrschaft so scharf aufgedrückt ist, das mit seinem Geiste in das Universum, in die ganze Zeit den Blick tief hineinwerfen kann, dieses Wesen fühlt sich zugleich beengt, stößt überall an Schranken, die ihm gesteckt sind in seinem Leben und in seinem Denken. Der Einzelne mag immerhin vorwärts dringen und bleibt doch nur ein einzelnes Stück der Menschheit, die Menschheit selbst blos ein Stück der Schöpfung, und diese wiederum aus einem größeren Geistesquell ausströmend. Diese Beengtheit haftet an ihm, er kann als ein Stück über den Urgrund des Ganzen, von dem es genommen, nicht zur vollen Erkenntniß gelangen; der Mensch muß so das Bewußtsein, daß er ein Bruchtheil, ein Stückwerk ist, stets in sich tragen.

Der Mensch fühlt ferner, daß er noch anderweitig hoch empor= gehoben ist. Er handelt nach Entschlüssen, Grundsätzen, die er selbst sich bildet, er verfährt nach seinem Willen, er wählt, er ist der Schöpfer seines eigenen Thuns, es ist nicht ein Zwang von außen her, der ihn treibt, er überlegt, urtheilt und bestimmt sich danach, ein unendlicher Vorzug! Wenn er sich nur dessen so recht ruhig er= freuen könnte! Allein auch dagegen erhebt sich in ihm selbst ein mächtiger Widerspruch. Was ich wähle, wozu ich mich bestimme, geschieht aus bestimmten Gründen, diese hängen von Erkenntnissen ab, diese sind mir durch bestimmte Ursachen zugekommen, ja ich bin überhaupt ein Kind meiner Zeit, durch das, was die Zeit als Wahr= heit übergiebt, lasse ich mich anregen und leiten, ich bin ein Kind meiner Umgebungen, ich bin nicht Schöpfer meiner selbst, meiner eigenen Thaten. Das Verlangen, überall das Gesetz der Ursächlich= keit zu erkennen, verdrängt meine Freiheit, läßt Eines aus dem An= dern mit einer gewissen Nothwendigkeit folgen, bis ich auf außerhalb meiner liegende Ursachen komme. Und dennoch fühlt der Mensch im tiefsten Bewußtsein von sich selbst, daß er frei ist, daß sein Wille die Macht in sich trägt, allen Einflüssen entgegenzutreten, sie zu beherrschen. Ihn beschleicht Reue, wenn er als Unrecht erkennt, was er gethan; aber nur im Blicke auf Vorgänge, die aus ihm selbst hervorgegangen sind, kann er sich Vorwürfe machen, nicht wenn er mit zwingender Macht getragen worden ist. Also frei, und dennoch wiederum gebunden! Und so erkennt er auch hier wieder seine Grenze, fühlt er, daß er nicht zu jenem Grade der Vollkommenheit gelangt ist, nach dem er sich sehnt, den er ahnt. Es ist eine Doppelnatur in ihm, das Bewußtsein seiner Größe und Erhabenheit und wieder das demüthigende Gefühl seiner Unselbstständigkeit, das Streben, sich zu jenem Quell zu erheben, aus dem auch seine geistige Kraft, die keine selbstschöpferische, weil sie bedingt ist, hervorgeht, und dennoch auf der andern Seite das Unvermögen, vollkommen die hohe Stufe einzunehmen. Ist nun das nicht wahrhaft Religion? Das Bewußtsein von der Höhe und Niedrigkeit der Menschen, dieses Streben nach Vervollkommnung mit dem Bewußtsein, daß man zur höchsten Stufe sich nicht emporringen könne, dieses Ahnen des Höchsten, das als freiwaltender Wille vorhanden sein muß, dieser Weisheit, aus der auch unser Stücklein Weisheit hervorgeht, einer unendlich waltenden Freiheit, aus der auch unsere bedingte Freiheit erzeugt ist, dieses sich Emporsehnen, sich Erheben mit aller Kraft der Seele, ist dies nicht recht das Wesen der Religion? Religion ist nicht ein System von Wahrheiten, sie ist der Jubel der Seele, die ihrer Höhe bewußt ist, und zugleich wieder das demüthige Bekenntniß der Endlichkeit und Begrenztheit, Religion ist der Schwung des Geistes nach dem Idealen hin, das Emporstreben nach den höchsten Gedanken, das Verlangen, im geistigen Leben zu reifen und immer mehr darin sich zu vertiefen, das Körperliche und Irdische zu bewältigen, und auf der andern Seite das Gefühl, die nicht zu beseitigende Empfindung, daß man dennoch gebunden ist an das Endliche und Begrenzte, Religion ist der Schwung nach dem Höchsten hin, den man als die einzige, volle Wahrheit begreift, der Aufschwung nach der Alles umfassenden Einheit, welche einmal der Mensch als ein Ganzes nach der ganzen Natur seines Geistes in sich ahnt, als die Grundlage alles Seins und Werdens, als die Quelle alles irdischen und geistigen Lebens, die er, wenn er sie auch nicht vollkommen erkennt, doch als lebendigste Ueberzeugung in sich trägt. Das mag als alte Vorstellung bezeichnet werden, es bleibt bei dem Ahnen, dem Sehnen, dem Vorstellen, bei Annahmen, die nicht vollkommen belegt werden können. Allein das ist das eigentliche Wesen des Menschen, seine Natur, und muß so sein, weil er ein Einzelwesen ist, ein losgerissenes Stück aus dem ganzen geistigen Leben, zu dem er sich emporgezogen fühlt, ohne es ganz und vollkommen in sich aufzunehmen. Das große Wort Lessing's: Wenn Gott in der einen Hand die vollkommene Wahrheit eingeschlossen hätte, in der andern Hand das Streben nach der Wahrheit, und zu mir spräche: Mensch, wähle! ich würde Gott bitten und sprechen: die volle Wahrheit ist nicht für mich, für mich ist das Streben nach der Wahrheit, ist ein Wort der tiefsten und echtesten Religiosität. Ja! die Sehnsucht nach dem Höchsten und Besten, der Anschluß an die Gesammtheit, das Hinaufringen nach dem Unendlichen trotz der eigenen Endlichkeit und Beschränktheit, das ist Religion. Darin haben wir auch die Bürgschaft für das Höchste und Unendliche, weil wir zu ihm emporklimmen wollen, für die ewige Weisheit, für die Freiheit, die Alles umfaßt und aus sich erzeugt, weil wir nach ihr streben, weil wir das Sehnen nach ihr in uns tragen. Das kann nicht ein Erdichtetes, aus uns Geborenes sein, es ist die edelste Wirklichkeit in uns. Die Religion ist keine Ausgeburt müßiger Priester, sie lebte und lebt in der Menschheit, und ein jedes gute und edle Streben, wenn sich der Mensch anschließt in Liebe und Innigkeit, seine abschließende Selbstsucht aufgiebt, sich anschließt an das Vaterland und für dasselbe sein eigenes Leben und seine Wohlfahrt hingiebt und gerne wirkt für die Gesammtheit, und mit dem Streben nach dem Höheren sich erfüllt, das ist ein Werk der Religion. Mag sie nach ihrer Erscheinung verschieden auftreten, die Religion als solche ist ein Nothwendiges, das Edelste in dem Menschen und wird nur mit dem Menschen aufhören, nicht unter den Menschen. So lange der Schwung des Geistes zum Allgeiste bleibt, so lange dieser bleiben muß, so lange ist das religiöse Leben vorhanden. Die Religion ist ein Leben. Das ganze Thun des Menschen, insofern es von höheren Gesichtspunkten geleitet ist und nach ihnen hinstrebt, ist ein Werk der Religion, ist eine Errungenschaft derselben. Die Religion wird geläuterter, klarer werden, aber sie wird immer bleiben, weil das Sehnen und die Unvollkommenheit in dem Menschen immer bleiben wird. Je mehr er vorschreitet, um so mehr wird er den Abstand fühlen von dem Unendlichen und von der ewigen Weisheit, aber auch um so mehr mit voller Hingebung zu ihr emporblicken, an ihr saugen, vor ihr sich beugen in Innigkeit und Demuth. Hat das Judenthum als Religion gewirkt, wirkt es noch als solche, so ist es eine der edelsten Lebenskräfte in der Menschheit.

2. Die Religion im Alterthume und die Religion im Judenthume.

Die vorangegangenen Erwägungen machten natürlich nicht den Anspruch, neue Grundlagen zu errichten und darauf Wahrheiten zu befestigen. Es wäre dies ganz dem Wesen der Religion entgegen, es würde sie ihrer Eigenthümlichkeit, Erbgut der Menschheit zu sein, entkleiden. Sie ist eine ewige, sich fortleitende Kraft, nicht ein Gebrechliches, das, bald zusammenstürzend, wiederum in anderer Weise aufgebaut wird. Der Versuch trat noch weniger mit der Zumuthung auf, neue, zwingende Beweise für die Religion beizubringen und sie damit zu erhärten. Die Religion ist nicht Philosophie, nicht die langsam fortschreitende Denkthätigkeit des Menschen, sie ist ein inneres Verlangen des ganzen Menschen, des Denkenden, Empfindenden sittlich Wollenden. Er sollte nur der Prüfung nochmals empfehlen, ob die Wissenschaft, namentlich die Naturforschung, ferner die Erkenntniß des Menschen nunmehr so weit fortgeschritten sei, daß sie das Räthsel des Daseins, des menschlichen Wesens so klar gelöst, die Widersprüche so vollkommen erklärt hat, daß ein Verlangen der Menschen, darüber hinauszugreifen, die Endlichkeit zu durchbrechen, sich Erklärungen zu suchen, die allerdings nicht mit der vollkommensten Beweiskraft ausgerüstet sind, aber dem innersten Bedürfnisse entsprechen, — daß, sage ich, ein solches Verlangen als ein thörichtes, unnöthiges abgewiesen werden müßte. Die Religion ist nicht Philosophie, sie ist vielmehr der Ausdruck der Anziehungskraft, die in der ganzen Natur verbreitet ist. Ueberall finden wir in den einzelnen Theilen des Naturlebens jenes Hindrängen nach dem andern, jene Empfindung, angezogen zu werden von den andern Theilen, das Zucken und Sehnen eines Wesens nach den andern hin. Dieselbe macht sich ebenso in dem Menschen geltend, nur daß sie in ihm auch zum Bewußtsein kommt, er fühlt das Verlangen, sich anzuschließen, aus seiner Endlichkeit heraustretend an das Unendliche sich anzu=

lehnen, mit aller Innigkeit seiner Seele liebend sich anzuschmiegen an den Quell aller Weisheit und aller Liebe. Die Philosophie ist, wie eine jede Wissenschaft, der mühsame Erwerb der Einzelnen, Höherbegabten. Die Religion ist ein Gemeingut der Menschheit, sie ist eine besondere Empfänglichkeit in ihm, die unwiderstehlich in ihm sich hervorbildet, die mit ihren Wahrheiten ihn bald klarer, bald minder klar erleuchtet. Die Religion ist daher von Ewigkeit her vorhanden und wird es auch weiter sein.

Während die Religion nun auf der einen Seite das Individuellste ist, das, was dem Menschen als sein Tiefstes, Innerstes erscheint, ihn als Einzelwesen bestimmt in seinem Glauben, in seinem Thun, als innerste Triebfeder seines ganzen Wesens, ist sie auf der anderen das Band der Gesammtheit, weil sie eben ein allgemein Menschliches ist, die Verbindung der Theile unter sich und mit dem Ganzen. Alles in dem Menschen trägt den Trieb zur Einigung aller in sich, die Menschheit hat den Drang in sich, daß alle Einzelnen bei aller Wahrung ihrer Selbständigkeit dennoch die schroffe Absonderung ablegen und ineinandergreifen als ein einiges Ganzes. Diese Mischung des Besonderen mit dem Allgemeinen tritt zuerst in Völkerindividualitäten auf; es erscheint das Volk als eine Einheit gesondert von andern, und dennoch wieder als Zusammenschluß einer großen Anzahl sehr verschieden gearteter menschlicher Wesen. Auch die Religion tritt zuerst als Volksreligion auf, mit dem Triebe jedoch, der ganzen Menschheit sich zu bemächtigen, sie unter ihre Fahne zu sammeln. Ist dieser Trieb mächtig genug, tritt die Religion zwar zunächst als Volksreligion in die Erscheinung, überwindet aber diese Volksthümlichkeit, besteht sie fort auch nach dem Zerbrechen der Fesseln, die ihr das Volksleben angelegt hat, stirbt sie nicht, wenn auch das Volk, in dem sie gelebt hat, als solches wenigstens gestorben ist, so legt sie hiermit die Probe ab ihrer Zuverläßigkeit, ihrer Wahrheit. Das Judenthum hat sich als eine die Volksthümlichkeit überdauernde Macht bewährt und darf daher den Anspruch erheben auf besondere Beachtung. Doch nicht die zeitliche Dauer allein mag unser Urtheil bestimmen, vielmehr kann nur die Prüfung des inneren Gehaltes der Maßstab unserer Werthschätzung sein. Ein Vergleich zwischen Judenthum und den anderen Religionen, so lange dieselben nicht mit ihm in Berührung getreten, nicht von seinem Einflusse erfüllt worden sind, wird uns die sicherste Ueberzeugung geben von der Höhe des Judenthums über den übrigen Religionen des Alterthums.

2. Die Religion im Alterthume.

Wohl das begabteste Volk des Alterthums, das hervorragt in edler Bildung und tiefgreifenden Einfluß ausgeübt hat auf die Entwicklung der ganzen Menschheit, dessen Wissenschaft und Kunst so belebend und erfrischend alle Zeit gewirkt haben, daß wenn sie, eine Zeit lang verschüttet, dann wieder ausgegraben, sie wie ein labender Quell erscheinen, aus dem die Menschheit gierig geschöpft hat, — ein solches Volk ist unstreitig das griechische Volk. Wie Pallas Athene hervortritt aus dem Haupte des Zeus, gewaffnet und gerüstet, so tritt auch das griechische Volk in die Geschichte ein, vollkommen ausgestattet mit der edelsten Rüstung des Geistes, mit den edelsten Blüthen des innern Lebens. Schon in seinen ersten Schriftstellern und Dichtern entfaltet es sein ganzes inneres Wesen, und wenn auch in der ersten Kindheit begriffen, noch nicht losgelöst vom Naturdasein, dennoch eine edle, in sich abgerundete Natur. Blieb ja als unerreichtes Muster für alle Zeiten der älteste Dichter, Homer! In ihm eine Phantasie, die kühn sich emporschwingt und dennoch nicht zügellos, ein Sinn für das Schöne, Ebenmäßige, in dem edelsten Wohlklange sich ausprägend! Wie werden wir erquickt durch die schönen, edlen Gestalten, welche uns da begegnen? Menschen voll hoher Kraft und dennoch gehalten, gesättigt durch ein inneres Gefühl für das Ziemliche, Gestalten, die hoch und erhaben und wieder durch kindliche Züge uns erschüttern und ergreifen. Nausikaa in ihrer jungfräulichen Schamhaftigkeit, Penelope's rührende Treue, der gewaltige, kühne Hector in ergreifendem Abschiede von seinem Weibe und spielend mit seinem Kinde, — das sind ewige edle Menschenbilder, zu denen wir immer mit innerer Erquickung zurückkehren. Und dieses herrlich begabte Volk, welch eine seltsame religiöse Anschauung gebar es doch aus sich! Sein Glaube in Beziehung auf das Göttliche, seine Götterlehre, wie unvollkommen und kindisch! Die Götter — denn von einem einzigen Gotte ist nicht die Rede — sind eine mächtige turbulente Aristokratie, der ein Gewaltigerer vorsteht. Ein Gewaltigerer, aber keineswegs der Allgewaltige, denn seine Macht greift kaum überall ein, vermag kaum das auszuführen, was der Wille in ihm beschlossen hat. Haben ja selbst die andern Götter einmal den Versuch gewagt, ihn zu binden; daran erinnert ihn einst Thetis, wie sie ihn gerettet:

Als vordem ihn zu binden die andern Olympier drohten,
sie aber den Briareus zu Hilfe gerufen:

.... Denn er raget an Kraft vor dem eigenen Vater.

Ist nun seine Macht eine beschränkte, um so mehr die der anderen Götter, die allerdings über den Menschen hervorragen, aber doch eigentlich nur größere, höhere Menschen sind, denen selbst auch der Sterbliche Widerstand zu leisten vermag, die auch sogar von kühnen Helden verwundet werden. Wird ja Kypris und Ares, er, der Kriegsgott, verwundet von dem dahinstürmenden Diomedes! Und als Venus ihre Schmach klagt, erwidert ihr tröstend die Mutter:

Viele der Unsrigen schon, die olympische Häuser bewohnen,
Duldeten Gram von den Menschen. . . .

Ueber den Göttern steht eine dunkle Macht, eine unbezwingbare, vor der auch die Götter sich beugen müssen. Ate, die Bethörung, berückt sie, so daß Agamemnon, auf sie sich berufend, die Verantwortlichkeit von sich abwälzt und spricht:

Aber, was konnt' ich thun? Die Göttin wirkt ja zu Allem,
Zeus' ehrwürdige Tochter, die Schuld, die Alle bethöret.
Reizend die Menschen zum Fehl und wenigstens einen verstrickt sie,
Ihn ja selber einmal, Zeus, irrte sie, der an Gewalt doch
Weit vor Menschen und Göttern emporragt. . . .

Er erzählt dann, wie sie ihn getäuscht,

. . . . . . Zeus argwöhnete nicht des Betruges,
Sondern schwur ihr den Eid und büßete drauf die Verblendung.

Nicht vermag Zeus der unentrinnbaren Macht des Geschickes, der Moira, zu gebieten, und er bricht in die Klage aus:

Weh' mir, weh', nun gebeut das Geschick, daß Sarpedon, der Menschen
Theuerster, mir von Patroclos, Mönotios' Sohne, gefällt wird.

Dieselbe Lehre ertönt nach Jahrhunderten wieder bei Sophokles:

Streng waltet gewiß hohen Geschickes Obmacht,
Noch mag ihr Ares, noch der Troß,
Noch Thürme, noch das dunkle Schiff,
Von Meerfluth rings umrauscht, enteilen.

Also auch Ares, der Kriegsgott, muß sich unter diese dunkle Macht beugen.

Daß von Allwissenheit der Götter, oder des höchsten Gottes, nicht die Rede sein kann, darüber belehrt uns schon, daß sie der Ate unterthan sind, von ihr bethört und durch Unkenntniß dessen, was geschehen soll, getäuscht werden. Da mag es uns nicht wundern, wenn wir gar seltsame, naive Aeußerungen hören über das Leben der Götter, wie sie behaglich sich dem Schlafe hingeben:

> Alle nunmehr, so Götter wie gaulgerüstete Männer,
> Schliefen die ganze Nacht, nur Zeus nicht labte der Schlummer,
> Sondern er sann unruhig im Geist nur......

Der Schlaf war von ihm gewichen, nicht weil er überhaupt nicht schläft, sondern weil er einem Gedanken nachhing, der ihn in seinem Schlummer störte. Diese Unvollkommenheiten, diese Gottes unwürdigen Begriffe haben jedoch ihre tiefste Wurzel in sittlichen Gebrechen, wie sie den Göttern anhaften, in den Schäden, die mit der nacktesten Naivetät hervortreten. Wir haben bereits gehört, daß die Ate sie verblendet und zur unrechten That verleitet; aber überhaupt schwelgen sie beim Mahle, geben sich den sinnlichsten Vergnügungen hin, üben Untreue, begehen Buhlerei, hadern und streiten auf die unerträglichste Weise, so daß auch Zeus zur Thetis es aussprechen muß:

> Heillos, traun! ist solches, daß Zank mit Here und Feindschaft
> Du mir erregst, wenn jene durch schmähende Worte mich aufreizt.
> Zanket sie doch schon so im Kreis der unsterblichen Götter
> Stets mit mir......

Sie sind grausam, willkürlich, neidisch gegen das Glück, gegen die Wohlfahrt der Menschen, und wenn sie hie und da das Rechte beschützen, so ist es gleichfalls ein augenblickliches Belieben, das zu einer anderen Zeit durchkreuzt wird von den verschiedenartigsten Ursachen.

Sind nun die Götter solche, so ist natürlich das Verhalten der Menschen, die ein solches Götterideal aus sich herausgeboren haben und zu ihm emporschauen, gleichfalls nicht der Art, daß es nach wahrer Vollkommenheit hinstrebt. Der Mensch ist allerdings oft besser als seine Grundsätze und die Griechen mögen auch besser gewesen sein, als ihr Götterglaube uns lehrt, und dennoch ist der Zusammenhang zwischen dem göttlichen Ideale über uns und dem sittlichen Ideale in uns zu eng, als daß nicht die Mängel von jenem sich in diesem ausprägen sollten. Betrachten wir dieses, wie es im Griechenthum erscheint! Es schärft die Endlichkeit und Beschränktheit des Menschen nachdrücklich ein, Alle müssen sterben und sind vergänglich, der Mensch hat nicht die Macht, gegen die Götter anzukämpfen, und kämpft er einmal an, so trifft ihn Schuld und grauses Verderben verfolgt ihn. Der Mensch soll daher den Hochmuth ablegen, nicht zu kühn streben, die rechte Grenze einhalten. Die Maßhaltung, die Sophrosyne, ist die wahre Tugend, der Sinn für das Schickliche, für das harmonische Gestalten, das Verständniß abzugrenzen und abzuwägen; die Tugend ist der Mittelweg, vermittelnd zwischen den äußersten Seiten, so daß er nach keiner hin zu weit ausschreitet. Sie ist dem Griechen eben das Nützliche, Wohlthuende; doch das innere Streben nach höherer Reinigung, das Verlangen, die menschlichen, sittlichen Gebrechen abzulegen und sich anzulehnen an das Göttliche als den Quell aller Reinheit, war in den Griechen nicht mit voller Klarheit erwacht. Das Bewußtsein der Sündhaftigkeit, das heißt der Naturanlage, welche auch in Beziehung auf Reinheit an Endlichkeit und Beschränktheit leidet, das Bewußtsein, daß die Sinnlichkeit so an uns nagt, daß wir einen fortwährenden Kampf zu bestehen haben, um dem Guten, dem Drange nach Vollendung folgen zu können, dieser Kampf, der aber den Menschen auch veredelt und erhöht, der selbst durch die Reue zu edlem Siege hinführt, dieses Bewußtsein ist den Griechen fast ganz und gar verhüllt. Wenn die späteren Dichter, die aus dem Edelsten der griechischen Natur hervorschöpften, wenn die Tragiker ganz besonders die Schuld hervorheben als die Ursache der schwierigsten Verwickelungen innerhalb des Menschendaseins, so ist diese Schuld fast immer eine übertragene, nicht aus dem leidenden Menschen selbst entstehende, es erbt sich vielmehr die Schuld von Ahnen fort auf spätere Geschlechter. Weil jene die Götter nicht geehrt, sie verhöhnt, mit ihnen in einen unziemlichen Kampf getreten, durch große Schuld sich selbst entweiht haben, so trägt sich auf das künftige Geschlecht die Schuld hinüber, an ihr leidet es, an ihr geht es zu Grunde, ohne selbst daran Theil zu nehmen; es ist kein eigener sittlicher Kampf, keine Schuld, von der der Mensch sich selbst zu reinigen hat, es ist das blinde Schicksal, das die Sünde zuwirft, von dem grausen Verhängnisse alter Schuld sind die Späteren gefesselt. Allerdings, beim Anblicke eines solchen Kampfes ergreift es uns, wenn eine große Kraft an ihren Fesseln rüttelt, und das Gefühl der Ohnmacht, ehrfurchtsvollen Beugens wird genährt, es ist, wie Aristoteles es ausspricht, eine Bändigung der Leidenschaften, aber nicht eine Erhebung. Wie anders, wenn der Mensch durch sein sittliches Streben, durch seinen Kampf selbst gegen äußere Widerwärtigkeiten, auch unterliegend, dennoch in seinem Innern als Sieger hervorgeht, wenn der edle Gedanke ihn aufrecht zu erhalten weiß, wenn die tieferen Ideen zum Bewußtsein kommen gegenüber der Wirklichkeit, die sie nicht aufkommen läßt, der einzelne Mensch als Träger eines höheren Gedankens sich zwar beugen muß und dennoch als Held, als Sieger dasteht. Diese höhere Auffassung finden wir im Griechenthume wenig vertreten.

2. Die Religion im Alterthume.

Die griechische Philosophie ist nicht blind für diese Mängel und Gebrechen, mit wachem Auge hat sie sich nicht gescheut, ihren Tadel offen auszusprechen. Schon Xenophanes, der Gründer der Eleatenschule im 6ten vorchristlichen Jahrhundert, spricht sich mit scharfem Tadel gegen den Götterglauben aus. Schon die Vielheit ist ihm ein Anstoß; nur eine Einheit verträgt sich mit dem wahren Begriffe der Gottheit. Die Sterblichen meinten auch zwar, die Götter seien entstanden, als ob

> es nicht gleich gottlos wäre, sie für geworden, als sie für
> sterblich auszugeben.

Wenn der Leukothea, der Meeresgöttin, Opfer und Todtenklage dargebracht werden, rügt er diesen Widerspruch:

> Halte man sie für eine Sterbliche, so solle man ihr nicht opfern,
> halte man sie für eine Gottheit, solle man sie nicht betrauern.

So bekämpft er den räumlichen Aufenthalt, der den Göttern angewiesen, die Gestalt, die ihnen beigelegt wird, und namentlich auch die sinnlichen Eigenschaften, die ihnen ohne Scham zugesprochen werden:

> Alles legen den Göttern Hesiodos bei und Homeros,
> Was zur Schande bei Menschen gereicht und Tadel hervorruft,
> Diebstahl, Ehebruch und daß sie einander betrügen.

Das ist ein volles und klares Bewußtsein über die Mangelhaftigkeit des Götterbegriffes innerhalb des Griechenthums, ein scharfer Tadel, der von einem der älteren Philosophen innerhalb dieses Volkes ausgesprochen wird, wie er sich jedoch kaum mit solch einschneidender Kraft wiederholt. Auch spätere Philosophen haben zwar ihren Tadel nicht zurückgehalten, doch gingen sie mehr darauf aus, zu vergeistigen, lauterere Begriffe von der Gottheit und dem Verhalten zu ihr darzulegen, ohne einen solchen scharfen Kampf zu unternehmen. Das geschieht wohl weniger aus Scheu vor dem Kampfe der inneren Ueberzeugung gegen die Lüge, es ist vielmehr, als wenn sie empfunden hätten, dieser Kampf richte sich gegen die ganze Eigenthümlichkeit des Volkes, sie würden den Nerv des Volkslebens vollkommen durchschneiden, wenn sie mit aller Offenheit gegen seine Götterlehre aufträten. Sie haben sich mehr oder weniger mit dem Glauben zu vertragen gesucht, entweder ihn ignorirend, oder bemüht, ihn zu erklären. Wenn dennoch ein kühnes Wort hie und da ins Volk drang, so machte sich der Widerspruch in so entschiedener Weise geltend, daß der Tadler verstummen mußte. Anaxagoras und Protagoras mußten in die Verbannung gehen, Sokrates, der mit großer

Rücksicht gegen den im Volke herrschenden Glauben verfuhr, mußte den Giftbecher trinken. Der griechische Volksglaube war einer Umgestaltung, einer Reform nicht fähig, er mußte bleiben, wie er war, oder er mußte aufhören. Eine Religion, die eine mächtigere Idee in sich trägt, als sie dies in der zeitlichen Unvollkommenheit darlegen kann, kann in ihrer Entwickelung manches Beiwerk ablegen, manchen ehemaligen Ausdruck verwischen und durch ihre schöpferische Fähigkeit neue erzeugen; eine Religion jedoch, die sich vollkommen erschöpft hat mit ihrem Auftreten, deren Stamm, Blüthe und Frucht vollkommen der Wurzel entspricht, sie ganz und gar in sich aufgesogen hat, wird, wenn Blüthe und Frucht verletzt wird, in ihrer Wurzel gleichfalls zerstört. So erging es dem Griechenthum.

Wenn eines der begabtesten Völker des Alterthums in dieser Weise doch sehr niedrige religiöse Begriffe entfaltete, haben wir kaum einen prüfenden Blick auf die Masse anderer Völker zu werfen, die ohne Spur höherer Bildung dahingegangen sind; Völker, die in Rohheit dahinlebten, hatten natürlich auch rohe Begriffe von der Gottheit und dem Verhalten zu ihr. Betrachten wir nun gar die Völkergruppen, welche das jüdische umgaben, sie, die an Macht das kleine Völkchen überragten und es umschlossen, von denen manche eine Zeit lang sehr bestimmend in die allgemeinen Geschicke eingriffen, so werden wir ein Grauen empfinden vor dem wilden Göttercultus, der unter jenen herrschte, vor jener Ausschweifung, die Gottesdienst sein sollte. Menschenopfer, dem Moloch dargebracht, der, die Kinder den Eltern entreißend, sie in seiner glühenden Umarmung verzehrte, entartete sinnliche Buhlerei als wohlgefällig den Göttern! Der stehende Ausdruck der Bibel: „Nachbuhlen den Göttern der Völker", darf in wörtlichster Bedeutung genommen werden. Ein schauerliches Bild!

Innerhalb dieser Umgebung nun tritt das Judenthum auf, und wir dürfen es wohl aussprechen, wie das Weib von Endor beim Anblicke Samuel's: Ich sehe Gott emporsteigen aus der Erde, aus jener entweihten, ganz der Sinnlichkeit hingegebenen, zur Gemeinheit entwürdigten Erde sehe ich das Göttliche in seiner Reinheit hervorstrahlen. Der Name, der Gott eigen ist im Judenthume, ist später sehr bezeichnend als unaussprechlich betrachtet worden, weil kein Name ihn umfassen, keiner ihm entsprechend sein könne: es wurden die Laute vergessen, und wir können ihn heute wirklich nicht mehr aussprechen. Seine Bedeutung aber ist sicher! „Er ist", so lautete er; wie Gott von sich selbst sprechend in der heiligen Schrift sagt: ich bin, der

2. Die Religion im Judenthume.

ich bin, so sagt der Mensch von ihm: er ist! das einzige Sein, das Allumfassende für Natur wie für Menschenleben. „Er ist" und als solches allumfassendes Sein natürlich auch absolute Einheit. Dieses Wort der Einheit schallt durch alle Schriften des Judenthums, und überflüssig ist, noch an das Grundwort Israel's zu erinnern: „Höre, Israel, „er ist" ist unser Gott, „er ist" ist einzig". Dieses Sein, das Alles umfaßt, ist die einzige, volle lebendige Persönlichkeit, zugleich aber als das Allgemeinste nicht zu erschauen: Ihr habt keine Gestalt erschaut, nur Aeußerungen, den Lichtglanz bemerkt von ihm ausstrahlend, den Schall von ihm ertönend, das sind die Wirkungen, aber ein Bild von ihm hat das Judenthum als das Ungeheuerlichste, als den größten Gräuel gemieden. Für diese Unbildlichkeit haben die Juden zu allen Zeiten ihr Leben hingegeben. Das war es, was zuerst dem Heidenthum als ein Wunderliches in die Augen fiel, eine Religion ohne Götterbild. Spricht doch noch Juvenal es aus:

Nil praeter nubes et coeli numen adorant.
Nichts sonst beten sie an, als Wolken und Gottheit des Himmels.

Kein Bild, spottet Tacitus, in der Juden Tempel, eine seltsame Religion ohne sinnliche Darstellung! Und das war grade der Kernpunkt, das Bewußtsein von dem Allumfassenden: Die Fülle der ganzen Erde ist seine Herrlichkeit. Mit dieser Einheit, dem Begriffe des Allumfassenden, ist natürlich auch verbunden die Allmacht: Sollte etwas Gott unmöglich sein? Ist die Hand Gottes kurz geworden? Nicht minder erfüllt der Begriff der Allweisheit alle Blätter des Judenthums, die Weisheit, die Alles durchdringt und durchforscht, die Augen Gottes, die in Alles hineinschauen, nicht blos nach dem Aeußeren, sondern in das Herz, in die innersten Tiefen der Menschen. Kein Mensch vermag die wahre Weisheit, die so hoch erhaben, ganz zu erfassen, sie ist allein bei Gott zu finden. So lehrt Hiob, im schönen Vergleiche mit dem Bergbaue:

Es hat das Silber seinen Fundort, dem Golde ist die Läuterungsstätte, Eisen wird aus dem Staube genommen, der Stein als Erz gegossen. So macht der Mensch der Finsterniß ein Ende, durchwühlet bis zum Grunde hin, bis zu des dichten Dunkels Gestein. Der Strom bricht hervor vor ihm, der dort umherirrt, vergessen von wanderndem Fuße, entrückt der menschlichen Berührung. Dieselbe Erde, aus der das Brod hervorkommt, ist unten unterwühlt wie von Feuersgluth. Dort ist des Sapphir's Stätte, der Ort der Edelsteine; da birgt sie

Goldstaub. Den Pfad kennt nicht Raubvogel, ihn schaut das Auge nicht des Geiers... Doch bricht der Mensch durch Felsen Ströme, sein Auge schauet alle Herrlichkeit... Doch die Weisheit, woher wird sie gefunden? wo ist die Stätte der Vernunft? Nicht kennt der Mensch den Werth derselben, sie wird im Land des Lebens nicht gefunden. Der Abgrund spricht: ist nicht in mir, das Meer: auch nicht bei mir... Vernichtung, Tod, sie sagen: wir haben ihr Gerücht vernommen. Gott allein erkennet ihren Weg, er weiß von ihrer Stätte!

Eine großartige Darstellung der Weisheit, wie sie verdeckt ist vor den Augen der Menschen, allein von Gott durchschaut!

Alles aber überragt das Bewußtsein von der **Heiligkeit** Gottes, von der Reinheit, die nicht schauen kann das Böse, der das Unrecht unerträglich ist. „Rein an Augen, so daß er das Böse nicht sehen kann, nicht blicken mag auf Unrecht."

Gott ist rein, heilig, er allein und kein anderes Wesen neben ihm. Er ist in seiner Heiligkeit allgütig, barmherzig, gnädig: „Gott, allmächtig, gnädig und barmherzig, langmüthig, groß an Gnade und an Treue", das ist der Grundton, der alle Lehren und Ueberzeugungen des Judenthums durchzieht, er der Liebende, der allerdings auch straft, der aber, wie er überhaupt seiner Werke sich erfreut, ihnen mit Liebe sich hingiebt, so auch den Reuigen liebt und ihm die Hand reicht, damit er vom Bösen zurückkehre.

Die Schuld ist nicht Verhängniß, das unauslöschlich sich an den Menschen kettet: „Verlange ich denn den Tod des Sünders, vielmehr daß er von seinen Wegen umkehre und lebe", zu dem wahrhaften und reinen, höheren Leben gelangt. Die Gewißheit von seiner Gerechtigkeit, von seiner Allliebe zu den Menschen ist eine so unerschütterliche innerhalb des Judenthums, daß auch die trübsten Erfahrungen diese Ueberzeugung nicht wankend machen konnten; es klagen die Sänger und Propheten über Leid und Prüfung, auch sie stellen die Räthsel hin in der Menschheit, auch sie begreifen nicht, wie so Mancher gegen sein Verhalten ein gutes oder schlimmes Geschick auf Erden habe, sie bekennen, daß sie die vollkommene Erklärung davon nicht finden können. Doch sind sie weit entfernt, deshalb einen Zweifel auszudrücken an der Gerechtigkeit Gottes, die Ueberzeugung bleibt unerschüttert, daß dennoch auf die vollste Gerechtigkeit das Verfahren gegründet ist.

Das Verhältniß der Menschen zu Gott und untereinander strebt nun gleichfalls nach diesem Ideal. Der Mensch ist ein endliches,

2. Die Religion im Judenthume.

begrenztes, bedingtes Wesen, das wird im Judenthum auch oft wiederholt, die Klage darüber ist aber keineswegs so verherrschend, wie im Griechenthume. Es wird hingenommen mit ruhiger Ergebung, zugleich aber mit dem Bewußtsein von der Höhe des Menschen, und dieses Bewußtsein bricht überall wie mit einem Jubel hervor. Von vorn herein heißt es: „Wir wollen den Menschen machen nach unserm Ebenbilde, nach unserer Gestalt", eine Ebenbildlichkeit Gottes, die bald als in geistigem Sinne gemeint erklärt wird: Er hauchte ihm einen Odem des Lebens ein. Mit dieser Ebenbildlichkeit wird der Mensch alsbald in seiner Größe dargestellt. „Du hast den Menschen, der so unbedeutend und so gering ist, spricht der Psalmist, so herrlich ausgestattet, mit Ehre und Glanz geschmückt, ihn zum Herrscher eingesetzt über Deiner Hände Werk!" Ueberall tritt der Mensch uns entgegen in dieser seiner Erhabenheit, die ihm eben den Schwung verleiht, daß er auch zu größerer Erhabenheit sich entfalte, nach ihr strebe. Denn der Mensch hat diese Fähigkeit der Entwickelung zum Höhern hin:

Ja, ein Geist ist in dem Menschen und der Hauch des Allmächtigen giebt ihm Einsicht.

Die Vernunft, als ein Strahl aus der göttlichen Vernunft, adelt den Menschen, erweckt in ihm das Sehnen, zu der Allvernunft mehr und mehr sich zu erheben. Das Wesentlichste ist aber wiederum in ihm das Bewußtsein der sittlichen Kraft, die dem Menschen eingeflößt ist und seinen wahrhaften Adel begründet, seiner sittlichen Kraft, die grade, weil sie das Streben nach voller Reinheit weckt, ihn auch umsomehr wieder die Endlichkeit auch in dieser Beziehung, die Schranken im sittlichen Leben empfinden läßt. Er fühlt, daß die Sinnlichkeit von Jugend auf ihn begleitet, daß sie zu seinem Grundwesen gehört, so daß ein Kampf erzeugt wird zwischen dem Sinnlichen und den geistigen Idealen, „der Trieb des menschlichen Herzens ist böse von Jugend auf". Das drückt die Mangelhaftigkeit aus, die auch im sittlichen Leben sich kundgiebt, eine Begehrlichkeit, deren Anreizungen zu widerstehen wir doch die Kraft haben. Vor Alters wurde die Frage aufgeworfen, warum denn die heilige Schrift beginne mit der Erzählung der ersten Zeit und nicht mit den ersten Geboten? Wozu denn das Frühere? Die Antwort lautete: Die Kraft seiner Werke verkündete er seinem Volke, und wenn auch nicht Gebote an der ersten Stelle stehen, so liegen Betrachtungen vor, die gleichfalls ein religiöses Element in sich tragen. Die Frage ist aufgeworfen von einem engen äußerlichen Standpunkte aus, und wenn wir diesen Anfang der Bibel lesen, so finden wir den tiefen Sinn in der naiven und volksthümlichen Darstellung, die uns heute nicht nur noch anzieht, sondern auch Stoff zum Nachdenken giebt. Nicht nur, daß die Schöpfung dargestellt ist in ihrer wohlgefügten Ordnung, so tritt uns denn auch alsbald der Kampf des Menschen in seinem Innern entgegen. Der Mensch noch zuerst in seiner Unschuld, aber dann alsbald im Kampfe mit dem sinnlichen Genusse, der nun einmal zu seinem Wesen gehört; er soll ihn bekämpfen, wenn er nicht der Sünde verfallen will. Die Sinnlichkeit reizt nicht nur den ersten Menschen, sie gehört zum Wesen aller Menschen und ist so freilich die Mutter der Sünde, die nicht unwillkürlich vererbt ist von Vater auf Sohn, sondern die von einem Jeden selbst erzeugt wird. Aber sie wird auch von der Selbstsucht, von der engen Abschließung des Menschen gegen seinen Mitmenschen erzeugt, sie ist die Frucht des Neides, äußert sich als Zwietracht; Kain erfüllt Mißgunst gegen seinen Bruder. Da tritt das große Wort uns entgegen:

An der Thüre lauert die Sünde, nach Dir ist ihr Begehr, Du aber kannst sie beherrschen.

Ja, am Eingang in die Außenwelt, in der Verbindung mit ihr lauert die Sünde, Du aber bist doch ein Mensch, mit der hohen Willenskraft ausgerüstet, der der Sünde nicht unterliegen muß, dem die Sünde nicht eine äußerlich entgegenstehende unbezwingliche Macht ist, sondern ein inneres Regen, das durch die höhere Kraft niedergehalten werden kann. Die Lehre von dem Streben nach Selbstveredlung, von dem Kampfe, aus dem er als Sieger hervorgehen kann und soll, tritt uns überall entgegen. In diesem sittlichen Bewußtsein, das verbunden ist mit dem Gefühle seiner Beschränktheit auch in diesem Punkte, legt er sich an an die ewige Reinheit und lehnt sich an sie in liebender Hingebung. Die Liebe zu Gott ist ein Begriff, den das Heidenthum nicht kannte, den das Judenthum wiederholt mit einer hohen Einfachheit hinstellt, als verstünde es sich ganz von selbst: Du sollst lieben Gott Deinen Herrn mit ganzem Herzen, ganzer Seele, aller Kraft.

Und geht zu Grunde auch mein Fleisch und mein Herz, Fels meines Herzens, Antheil mir bleibt Gott doch immer.

Die Nähe Gottes ist mir das höchste Gut.

Was ist mir im Himmel? Neben Dir begehr' ich Nichts auf Erden.

2. Die Religion im Judenthume.

Das sind Ausdrücke, wie sie aus der Fülle nur hervorgegriffen zu werden brauchen. Die volle Hingebung, die Innigkeit, mit der der sittliche Mensch der höchsten sittlichen Reinheit, der Heiligkeit Gottes sich anschließt, die Aeußerung einer solchen tiefen Beziehung zu dem höchsten Wesen, ordnet auch das Verhältniß der Menschen untereinander, erzeugt den gegenseitigen Anschluß der Menschen in Liebe: Du sollst lieben Deinen Nächsten wie Dich selbst, ist gleichfalls eine Mahnung, die als eine sich von selbst verstehende gar nicht mit besonderem Nachdrucke betont wird, sie hat den Nachdruck in sich, weil sie durch das ganze Gesetz hindurchgeht, das von Liebe durchdrungen ist in allen seinen Aeußerungen. Es ist eine edle sittliche Blüthe, wie sie in den Gesetzbüchern vielleicht als einzig aufgefunden werden darf:

Du sollst den Armen nicht bevorzugen in seinem Streite.

Daß der Reiche und Angesehene nicht bevorzugt werde, wird allerdings auch eingeschärft, eine solche Ermahnung erscheint uns natürlich gegenüber der Verlockung, dem Reichen wegen der Vortheile, die seine Gunst bieten kann, zu willfahren, vor dem Angesehenen wegen seiner Macht das Recht zu beugen. Das Judenthum jedoch setzt auch das Mitleid, die Theilnahme am Mißgeschicke als einen so tiefen Grundzug voraus, daß es die Befürchtung hegt, man könne in dem Streite des Armen zu seinen Gunsten das Recht beugen, ihm die Hand reichen, trotz seines Unrechtes, gerade, weil er gedrückt ist. Thue auch dies nicht! Freilich ist Mitleid und Erbarmen ein Gefühl, dem Du folgen sollst, aber auch diese edle Empfindung muß vor der Gerechtigkeit schweigen. In diesem Schriftworte liegt eine Höhe der Auffassung, eine Erhabenheit sittlicher Anschauung, die uns wahrhaft Ehrfurcht einflößt.

Diese Religion hat nun auch den innersten Trieb, als Religion der Menschheit Allen ihre Segnungen entgegenzubringen. Das ist ein Jubel, der aus allen Propheten und Sängern hervorbricht in dem Gedanken, daß über alle Welt die Anerkennung Gottes sich ausbreiten wird; nicht die beengte Volksthümlichkeit, die ganze Menschheit soll es sein, weil Gott der einzige Vater aller Menschen ist, weil die Liebe allen Menschen sich zuwendet, und allen ihre Weihe und tiefere Erquickung entgegenbringen soll:

Ja einst wird Gott König sein der ganzen Erde, an jenem Tage ist er nur Einer und sein Name nur einer.

Sie werden ihre Schwerter zu Pflugschaaren und ihre Lanzen zu Rebemessern abstumpfen, nicht wird ein Volk gegen das andere das Schwert erheben und nicht werden sie die Kriegskunst erlernen.

Und ferner:

Es wird einst die Zeit kommen, wo die ganze Natur sich umgestaltet, wo die wilden Thiere ihre Grausamkeit ablegen werden, der Säugling spielt an der Höhle der Otter, das entwöhnte Kind sein Händchen ausstreckt am Aufenthaltsorte des Basilisken, sie werden nicht Uebeles thun, nicht verwüsten auf meinem heiligen Berge, denn voll wird sein die Erde der Erkenntniß Gottes, wie das Wasser den Meeresgrund bedeckt.

Ja ein Licht der Völker soll die Religion sein Allen: Mein Haus soll ein Haus des Gebetes genannt werden für alle Völker. Wenn Salomo den Tempel einweiht, so spricht er das Gebet aus auch für den Fremden, der herankommt, auf daß Du, o Gott, ihn hörest im Himmel und ihm seine Wünsche erfüllest. Das ist ein großartiger Blick über sich hinaus, über die eigene Schranke hinweg, ein Streben, das kundgiebt, daß die Idee im Judenthume mächtiger ist, als das Gefäß, in dem sie zuerst eingehüllt ist; es ist, als tönte überall hindurch das Wort der alten Lehrer: Zerbrich das Gefäß und wahre den köstlichen Inhalt, ihn, der nicht umschlossen werden kann durch das sinnliche, äußere Gefäß.

In solcher Weise tritt das Judenthum uns entgegen, und in seiner Einfachheit und Ursprünglichkeit bekundet sich seine unerschöpfliche Herrlichkeit. Schon aus den gegebenen kurzen Umrissen ergiebt sich, wie ganz anders gestaltet diese Religion in die Welt getreten ist, wie einzig in ihrer Art zu der alten Zeit. Noch dazu unter einem Volke, das die Denkthätigkeit nicht in geschlossener, geordneter Weise entfaltete, nicht hervorragt durch Werke sonstiger Wissenschaft und Kunst, aber wie durch innere Kraft getrieben, diese Anschauungen aus sich geboren. Wie kommt dieses kleine Volk, das umschlossen von so vielen mächtigeren Völkern, dem der Blick für die großen Weltbegebenheiten nicht so erschlossen sein konnte, das um sein nacktes Dasein viele Kämpfe zu führen hatte, auf ein mäßiges Gebiet beschränkt war und alle Kräfte aufbieten mußte, um sich gegen die mächtigen Feinde zu vertheidigen, wie kommt dieses Volk zu dieser Erhabenheit der Anschauungen? Ein Räthsel in der Weltgeschichte! Wer giebt uns die vollständige Lösung?

3. Die Offenbarung.

Es giebt Thatsachen von so überwältigender Macht, daß auch das widerstrebendste Urtheil sich unter sie beugen muß. Eine solche Thatsache ist das Auftreten des Judenthums inmitten einer wüsten Umgebung, wie eine kräftige Wurzel aus dürrem Boden. Wir haben mit einzelnen Zügen den Vergleich zu zeichnen gesucht zwischen jenen Ueberzeugungen, Ahnungen, Behauptungen, welche überhaupt im Alterthume herrschend waren, und denen, welche das Judenthum uns entgegenführt; selbst in diesem kargen Schattenrisse mußte sich doch wohl dem unbefangenen Blicke aufdringen, daß wir es hier mit einer ursprünglichen Kraft zu thun haben, die für alle Zeiten ihre Bedeutung erhält, als eine schöpferische Macht sich erwiesen hat. Lassen Sie uns noch einige Augenblicke bei den bevorzugten Trägern, den Organen dieser Religionsidee, verweilen, bei den Propheten. Es treten uns hier Persönlichkeiten entgegen von einer stillen Größe, einer einfachen Erhabenheit, einer Gluth und zugleich Besonnenheit, einer Kühnheit und zugleich demüthigen Unterwerfung, die uns imponirt, die uns das Wehen eines höheren Geistes durch sie hindurch erkennen läßt. Nicht ein Prophet tritt in derselben Weise auf wie der andere, schon die alten Lehrer sprechen es aus: Nicht zwei Propheten sprechen das prophetische Wort mit demselben Gepräge, ein Jeder ein ganzer, vollständig in sich abgerundeter Mensch, eine geschlossene, eigenthümliche Persönlichkeit, und dennoch alle von einem allgemeinen Charakter, von einer großen Idee getragen. Jesajas, kühn, edel, mit strengem Ernste, und dennoch so lieblich sich anschmiegend an die frohesten und glänzendsten Hoffnungen voll der freudigsten Zuversicht, daher überspringend aus trüben Verkündigungen, scharfen Strafandrohungen in die Darstellung einer leuchtenden Zukunft; Jeremias weich, trübe hineinschauend in die verworrensten, verzweifeltsten Verhältnisse, daher auch wohl klagend, seine Zeitgenossen oft mit bitterer Strenge tadelnd und dennoch nimmermehr verzagend, dennoch voll freudigen Bewußtseins, es muß die Idee, die er verkündigt, durchdringen, und wenn auch nicht jetzt, so doch in Zukunft; Ezechiel, wie überwältigt von der Idee, die in ihm lebendig ist, wie geblendet von dem Strahl, der ihn umglänzt, ergeht sich in kühnen Bildern, um das, was er geschaut, die Herrlichkeit, die ihn umgeben, nur darstellen zu können, dennoch aber mit dem klarsten und vollsten Bewußtsein, wo es gilt, die sittlichen Anordnungen in ihrer Schärfe hervorzuheben, dennoch mit jenem klaren, tiefen Blicke, der in das Innere des Menschen hineinschaut und auf seine Fehler, wie auf seine Vorzüge aufmerksam macht. Die alten Lehrer bezeichnen diesen Unterschied schön. Jesajas dünkt uns ein Mann aus der Residenz, der, bekannt mit der Sitte und dem Glanze des Hofes, des göttlichen Haushalts, nur von seiner Erhabenheit im Allgemeinen spricht, selbst auf hoher Stufe, das Hohe in eigene Höhe ziehend; Ezechiel erscheint uns wie ein Mann vom Dorfe, der mit einem Male hingeführt in das glänzende Stadtleben, nun angeregt sich nicht genug thun kann, das Einzelne, wie das Ganze in ausmalenden Bildern darzustellen. Allerdings sie alle unter sich verschieden, aber doch einer großen Idee huldigend, von einem und demselben höheren Geiste getragen.

Sie lieben ihr Vaterland mit tiefer Gluth, ihre Reden, ihre Ermahnungen sind eben an das Volk gerichtet zu den verschiedensten Zeiten, um es aufzurichten, um ihm Kraft und Muth zu verleihen, um das Vaterland und das Volksleben zu stützen und zu heben; sie lieben ihr Vaterland, schildern es gern und freudig als ein Land, das von Milch und Honig fließt, in dem man nicht in Dürftigkeit sein Brot essen müsse, dessen Steine Eisen seien, aus dessen Gebirgen Du das Erz hauest; sie schildern es freudig als ein Land, das von Gott gar mannigfach ausgestattet ist: aber das Wesentlichste bleibt ihnen immer:

> Denn von Zion geht die Lehre aus und das Wort Gottes von Jerusalem. — Jerusalem, Berge rings um es her, Gott aber rings um sein Volk!

Und mit einer Naivetät und Innigkeit wird uns das Verhältniß zwischen diesem Lande und Egypten dargestellt:

> Das Land, wohin ihr gehet, um es einzunehmen, ist nicht, so heißt es, wie das egyptische Land, aus dem ihr ausgezogen

seid; da habt ihr die Saat gesäet und den Boden dann bewässert mit eigener Thätigkeit, wie einen Gemüsegarten. Das Land aber, in das ihr nun einzieht, das ist ein Land von Bergen und Thälern, das trinkt Wasser vom Regen des Himmels; das erforscht Gott immerdar, seine Augen sind immer auf es gerichtet vom Anfange bis zum Ende des Jahres.

Egypten ist allerdings ein Garten Gottes, so erscheint es den Israeliten, ein Land, das durch die jährliche Ueberschwemmung des Nil, durch die Canalisirung überall hin seine Wasser trägt, das mit sicherer Thätigkeit angebaut werden kann und seine Fruchtbarkeit Jahr für Jahr mit seltenen Ausnahmen entfaltet, seine reichen Schätze in großer Ergiebigkeit darbietet. Allein darum steht doch Palästina höher: Ein Land von Bergen und Thälern, es bedarf des Regens, es wird abhängig von den Naturerscheinungen, so daß Gottes Auge immer darauf ruhen muß vom Anfang bis zum Ende des Jahres; das ist der Ruhm, die Herrlichkeit des Landes.

Dieses Land, ja sie rühmen es als ein ganz besonders bevorzugtes und begabtes, und dennoch auch dann, wenn es dahinschwindet, wenn es ihnen entrissen worden, ist ihre Kraft nicht gebrochen, sie wurzeln dennoch nicht am Boden, die Liebe zum irdischen Vaterlande beruht in der Liebe zu einem höheren, aus dem ein Strahl sich niedersenkt zu dem niederen Vaterlande. Nachdem der Dichter geklagt, daß die Stadt zerstört, daß die Bewohner in die Verbannung geschickt worden, nachdem er seine Klagen reichlich hat ausgeschüttet, spricht er es dann aus: Doch Du, o Gott, dauerst ewig, Dein Thron für Geschlecht und Geschlecht. Ein Gedanke, der durch die Jahrtausende hindurchgeht, wenn auch das Volksleben geschwunden ist. Ist es ein Wunder, daß eine solch frohe Zuversicht auch auf die spätere Zeit mächtig eingewirkt hat? Dies Wort hören Sie wieder lange Jahrhunderte nachher. Wiederum war ein zweites Mal das Staatsleben zerbrochen, alle Hoffnung geknickt, das letzte Aufflackern, das unter Benkosiba stattfand, war ausgelöscht, und der Druck der Römer lastete schwer auf dem jüdischen Volke. Da war einst Akiba mit seinen Freunden in Jerusalem, sie sahen einen Schakal herauskommen aus der Stätte, wo ehedem das Allerheiligste stand. Die Genossen Akiba's weinten, zerrissen die Kleider, Akiba blieb in stiller, fast fröhlicher Stimmung. „Wie", sagten die Freunde zu ihm, „seit wann bist Du denn so theilnahmlos an dem Geschick unseres Volkes? Siehst Du denn nicht zum zweiten Male das Wort erfüllt: Ja, darüber weinen wir, über den Berg

Zion, der verwüstet, Schakale wandern darin umher." „Nun, meine Freunde", erwiderte Akiba, „ja, das Wort hat sich nochmals bewahrheitet, das andere Wort bewährt sich auch: Du, o Gott, dauerst ewig, Dein Thron für Geschlecht und Geschlecht! Ich lebe in stiller, ruhiger Zuversicht."

Daß die Propheten ihre eigene Persönlichkeit aufgaben, wenn es galt, dem großen Ganzen sich hinzugeben, daß sie in Selbstlosigkeit wirkten, nicht denkend an Anerkennung, an Ruhm und die Verkündung des eigenen Preises, ein jedes Wort von ihnen giebt ein Zeugniß dafür. Es ist, als schallte es durch alle Propheten, das Wort, das von einem unter ihnen ausgesprochen wird:

> Meinen Rücken gab ich den Schlägern, meine Wangen denen, die sie rauften, mein Antlitz barg ich nicht vor Schmach und Anspucken. Doch steht Gott, der Herr, mir bei, darum mache ich mein Antlitz zum Kiesel, ich weiß, ich werde nicht zu Schanden werden.

Und wenn auch von verschiedenen Seiten ihnen zugerufen wurde: Laßt uns mit der Erhebung, verkündet uns von Wein und berauschenden Getränken; wenn das Wort ihnen auch entgegenschallte: Thöricht ist der Prophet, es rast der Mann des Geistes, sie beugten sich nicht, sie entweihten nicht die Lippe, sie verschlossen nicht den Mund: Gott, der Herr, spricht, wer sollte nicht auch das prophetische Wort verkünden? Es war eine höhere Kraft, die sie anregte, die sie nicht schweigen, nicht das Wort vertrocknen ließ, es war eine sittliche, geistige Erhebung, die sie auf eine Höhe hinstellte, zu der wir auch in späterer Zeit immer noch emporschauen müssen.

So ist das Judenthum eine großartige Erscheinung des Alterthums, so sind die Träger und Organe desselben Männer von einer Würde und Geistesgröße, daß wir unsere Bewunderung ihnen zollen müssen. Sie traten auf ohne äußere Anregung, ohne Ermunterung, ohne Vorbild, im Gegentheile in einer Umgebung, die davon abschreckte, unter Völkern, die dem Götzendienste verfallen waren, unter Priestern und Verkündern anderer Völker, die der Sinnlichkeit huldigten, die menschliche Natur entwürdigten. Woher nun diese Kraft, die als ein so urplötzliches auftritt? Wir gelangen hier an den tiefen Grund der menschlichen Seele, über den hinaus wir nicht können, an eine Urkraft, die schöpferisch aus sich selbst wirkt, ohne daß sie von einem äußeren Antriebe getragen würde.

3. Die Offenbarung.

Wir unterscheiden im Allgemeinen bei dem Menschen ein doppeltes geistiges Wirken, eine zwiefache, bevorzugende Begabung; wir unterscheiden das Talent und das Genie, die einander zwar vielfach berühren, zwischen denen die Grenzlinie nicht so scharf gezogen werden kann, und die dennoch in ihrer ganz entschiedenen Besonderheit bleiben, die sich nicht blos gradweise von einander trennen, sondern auch in ihrer ganzen Art, in ihrer tieferen Wurzel. Das Talent ist die Begabung, leicht und rasch aufzunehmen, in sich zu verarbeiten, mit Geschick und Gewandtheit es wiederzugeben; es lehnt sich jedoch an das, was bereits vorhanden ist, an die Leistungen, die vorliegen, an die Schätze, die bereits erworben sind, es schafft nichts Neues. Anders das Genie. Es lehnt sich nicht an, es schafft, es entdeckt Wahrheiten, die bis dahin noch verborgen waren, es enthüllt Gesetze, die bis dahin noch nicht bekannt waren; es ist, als wenn sich ihm die Kräfte, welche in der Natur tief unten arbeiten, in ihrem Zusammenhange, nach ihrem gesetzmäßigen Ineinanderwirken in höherer Klarheit enthüllten, als wenn sie greifbar vor es hinträten, als wenn die geistigen Bewegungen in dem Einzelnen wie in der Gesammtheit der Menschen ihren Schleier vor ihm hinwegzögen, damit es hineinzuschauen vermöge in den tiefsten Urgrund der Seele und dort die Triebfedern und Beweggründe sich loszulösen verstände. Das Talent kann geübt werden, es kann sogar durch mühsamen Fleiß erworben werden; das Genie ist eine freie Gabe, es ist ein Gnadengeschenk, ein Mal der Weihe, das eingeprägt ist dem Menschen, das nimmermehr erworben werden kann, wenn es nicht in dem Menschen vorhanden ist. Das Talent kann daher auch den Hindernissen und Schwierigkeiten nicht widerstehen, wenn sie übermächtig gegen es auftreten, wie es nicht gedeihen kann unter ungünstigen Umständen; das Genie dagegen tritt mit siegreicher Macht gegen die härtesten Widerwärtigkeiten auf, es bricht sich Bahn, es muß seine Kraft entfalten, denn es ist ein lebendiger Drang, eine Macht, die stärker ist, als der Träger, eine Berührung mit der in der Natur zerstreuten Kraft, die gesammelt sich auf ihm niederläßt, mit dem Allgeiste, der in höherer Erleuchtung sich ihm kundgiebt. Das Talent verbreitet das aufgespeicherte Wissen, vervollkommnet es auch hier und da, macht es zum Gemeingute; das Genie bereichert die Menschheit mit neuen Wahrheiten und Erkenntnissen, es giebt den Anstoß zu allem Großen, was in der Welt geschieht, sich ereignet hat und ereignet.

Wenn Columbus eine neue Welt uns entdeckt hat, so war er

nicht besonders dazu vorbereitet, nicht befähigt durch größere geographische Kenntnisse, durch reichere Erfahrung, die er auf seinen Fahrten gemacht; sie konnten ihn auch nicht berechtigen zu dem Schlusse, daß ein neuer Continent vorhanden sein müsse. Es war ein genialer Blick, der ihm gewissermaßen die Oberfläche der Erde erschloß, es war ihm vergönnt, hineinzuschauen in das Wesen der Erde und zu ahnen, es müsse hier eine solche Welt noch vorhanden sein, und so gestaltete sich in ihm, was als Wissen unvollkommen war, dennoch zur tiefen lebendigen Ueberzeugung, deren Wahrheit nachzuweisen er Alles aufbot. Copernicus war nicht etwa der größte Astronom seiner Zeit, es mögen Andere genauere Berechnungen angestellt und weit über ihm gestanden haben, aber es war, wie wenn vor seinem Blicke das ganze Getriebe der Kräfte, die einander ziehen und drängen, die ganze Bewegung der Welt sich offenbarte, wie wenn der Schleier, welchen trübe Traditionen verdichtet, vor ihm hinweggezogen worden wäre, er mit kühnem Blicke in den Gang des Universums hineingeschaut und, was er entdeckt, festgehalten hätte als eine rasch aufgefaßte Wahrheit, die er nachher zu begründen versuchte — nicht genügend, da sie viel fester, genauer erklärt, begründet werden mußte, als er es vermochte, und doch mit tiefster Erkenntniß. Newton soll, unter einem Apfelbaume sitzend, durch den Fall eines Apfels darauf gekommen sein, das Gesetz der Gravitation aufzustellen. Einen Apfelfall beobachteten viele vor ihm, aber nicht mit dem Auge des Genies. Dieses sieht eben in der einzelnen Erscheinung das große, umfassende Gesetz, das diese Erscheinung als eine einzelne aus sich entstehen läßt, es schaut durch diese Aeußerlichkeit in das innere Weben, aus dem Alles hervorgeht. Und so ließen sich die Beispiele aus einem jeden Gebiete häufen. Den Geschichtsforscher, dem die Weihe aufgeprägt ist, macht nicht die Gründlichkeit, die Sorgsamkeit der Forschung, das reiche Wissen aller Einzelheiten aus, er muß vielleicht sehr oft eine Masse Stoffes, die ihn belästigt, von sich abweisen, um nicht verwirrt, von den Einzelheiten erdrückt zu werden. Was ihm seine besondere Bevorzugung giebt, das ist, daß sein Blick mehr geschärft ist, um hineinzuschauen in den Charakter der Zeit, daß das ganze Räderwerk der Ideen, welche die Zeit tief innerlich bewegen, vor ihm sich aufrollt. Es ist, als stände die Zeit in ihrer Einheit, aufgedeckt in ihren tiefsten Gründen, vor seinem geistigen Auge, als habe er die bewegenden Persönlichkeiten in ihren geheimsten Absichten belauscht. So erhält das auch schon Bekannte erst seine richtige Stelle, weil der

Zusammenhang der Dinge und der Persönlichkeiten erst vollkommen klar geworden. Sie nennen dies vielleicht Scharfsinn, glückliche Combinationsgabe; nun, wenn der scharfsinnige Denker nicht irre geht, wenn die Combination die rechten Glieder zu verbinden weiß, dann ist es Genialität. Und was ist es, was den Dichter befähigt, so tief in die Seele hineinzuschauen, daß er den Charakter, die Begierden, die Leidenschaften mit der vollsten Klarheit erkennt, als wären die Kammern des Herzens ihm vollkommen eröffnet? Was befähigt ihn, alle Verschlingungen und Verkettungen in den verschiedenen Verhältnissen und Beziehungen, wie sie auch sich verwickeln und dem gewöhnlichen Blicke sich verstecken, den Charakter in seiner Ganzheit zu erfassen und darzustellen? Ist es die reichere Erfahrung, die ihm zu Theil wird? Ist es, daß er selbst etwa Alles erlebt? Sicherlich nicht! Es ist der Blick, der sicherer und geschärfter aus der einzelnen Erscheinung das ganze Leben der menschlichen Seele in sich aufnimmt und es wiederzugeben weiß. Ja, nur die Genialität befähigt den Einzelnen, daß er mächtig eingreift in die Bewegungen des Geistes und sie Jahrhunderte hinaus fördert, und wie den Einzelnen, so auch ganze Völker.

Die Griechen rühmten sich, Autochthonen, aus und auf dem eigenen Boden geboren zu sein. Ob dieser Anspruch ein berechtigter ist, das mag dahingestellt bleiben, aber ein anderer Anspruch, der vielleicht der tiefere Sinn davon ist, wird sicherlich zugegeben werden, nämlich das Autochthonenthum des Geistes, die Ursprünglichkeit ihrer besonderen Volksanlage. Die Griechen hatten nicht Vorbild und Lehrer in Kunst und Wissenschaft, sie waren sich selbst Lehrer und Meister, sie traten alsbald mit einer Vollendung auf, die sie zu Lehrern der Menschheit fast für alle Zeiten macht. Es ist, als wenn dem Volke eingeboren wäre der höhere, lebendigere Sinn für das Schöne, Harmonische, Wohlgefügte und lieblich Gestaltete, es ist eine Volksgenialität, die es befähigte, daß aus ihm Meister in jeglicher Kunst und Wissenschaft hervortraten. Darum lauschten auch die späteren Jahrhunderte gerne den Worten dieses Volkes, eilten dahin, wo sie die Werke der bildenden Kunst erschauen konnten, sich gewissermaßen wieder jung badeten in dem geistigen Quelle, der von ihm ausgeht und durch die Jahrhunderte hinrauscht. Hat nicht das jüdische Volk gleichfalls eine solche Genialität, eine religiöse Genialität? Ist es nicht gleichfalls eine ursprüngliche Kraft, die ihm die Augen erleuchtete, daß sie tiefer hineinschauten in das höhere Geistesleben, die enge Beziehung zwischen dem Menschengeiste und dem Allgeiste lebendiger erkannten, inniger empfanden, die höhere Aufforderung des menschlichen Lebens, die tiefere Natur des Sittlichen im Menschen mit einer größeren Kraft und Klarheit erschauten und als Erkenntniß aus sich heraus gebaren? Ist es also, so ist dies die innigere Berührung des Einzelgeistes mit dem Allgeist, das Hineinleuchten der Alles erfüllenden Kraft in die einzelnen Geister, so daß sie ihre endliche Schranke durchbrachen, das ist, scheuen wir doch das Wort nicht, Offenbarung, und zwar wie sie im ganzen Volke sich kundgab.

Auch die Griechen waren nicht alle Künstler, nicht alle Phidias oder Praxiteles, aber es war das griechische Volk allein befähigt, daß aus seiner Mitte große Meister erstanden. In ähnlicher Weise war es im Judenthume. Nicht alle Juden waren sicherlich Propheten. Das Wort: Wer wollte, es wäre das ganze Volk Propheten, war ein frommer Wunsch; das andere: Ich werde meinen Geist ausgießen über alles Fleisch, ist eine Verheißung, zur Wirklichkeit war sie allerdings noch nicht geworden. Aber dennoch ist es das Volk der Offenbarung, aus dem dann die bevorzugten Organe derselben hervorgegangen sind; es ist, als wenn die Lichtfunken zerstreut gewesen wären, die dann von den höher Bevorzugten zusammen in eine Flamme gesammelt worden waren. Auf dem Dornstrauch erwächst keine Rebe, aus einem verwahrlosten Volke gehen keine Propheten hervor, wie im Volke Judäa's. Die geschichtlichen Bücher der Bibel sprechen zwar meistens tadelnd über die Sitten, über die Versunkenheit, in der sich Israel befand zu der Zeit der Könige, sie wollen uns vorbereiten auf die Verwüstung, die als Strafgericht über die Sündhaftigkeit eingebrochen ist; aber in diesem Volke müssen edle Kräfte in reicher Anzahl vorhanden gewesen sein, es muß die Anlage dagewesen sein, wenn solche bedeutende Männer aus ihm entstehen, aus ihm sich entwickeln konnten. Das Judenthum ist nicht ein bloßer Prediger in der Wüste gewesen, und war es nicht ganz durchgedrungen, so war es doch eine Kraft, die in Vielen zwar schwächer, aber dennoch in dem Maße vorhanden war, daß sie, in den Einzelnen sich concentrirend, solche Geisteshelden zu erzeugen vermochte. Das Judenthum will auch keineswegs ein Werk Einzelner sein, sondern das der Gesammtheit. Es wird nicht gesprochen von dem Gotte Mosis oder von dem Gotte der Propheten, sondern von dem Gotte Abraham's, Isaak's und Jacob's, von dem Gotte des ganzen Stammes, der Urväter, in denen sich gleichfalls diese Anlage, der hineinschauende Blick vorfand; es ist die Offenbarung, die in der Gesammtheit ver=

borgen lebte und in den Einzelnen den vereinigenden Mittelpunkt fand. Es ist eine große Wahrheit, daß selbst der größte Prophet sein Werk unvollendet ließ; er soll nicht dastehen als der Atlas, der die Welt auf seinen Schultern trägt, der ein Werk vollführt ohne Mitwirkung, der Anreger und Vollbringer. Man weiß nicht, wo er begraben ist, und die alten Lehrer sagen: „Es sollte sein Grab nicht als Wallfahrtsstätte dienen, wohin man zieht, um den Einzigen zu verehren, der über das Menschenmaß hinausgehoben würde." Moses wirkte nach seinem großen Maße als einer in der Gesammtheit.

Ja, das Judenthum ist entstanden in dem Volke der Offenbarung. Und warum sollten wir das Wort denn nicht gebrauchen dürfen, da wo wir auf den Urgrund stoßen, auf eine Erleuchtung, die von dem höheren Geiste ausgeht, die nicht erklärt werden kann, nicht aus einer Entwickelung sich zusammensetzt, die mit einem Male als ein Ganzes da ist, wie eine jegliche neue Schöpfung, die aus dem Urgeiste hervorgeht. Wir wollen das Wort nicht in dogmatischer Weise beengen und begrenzen; es mag verschieden aufgefaßt werden, aber in seinem inneren Wesen bleibt es dasselbe. Es deutet dorthin, wo die menschliche Vernunft in Berührung tritt mit dem tiefen Urgrund aller Dinge. Die alten Lehrer des Judenthums haben es niemals in Abrede gestellt, daß diese großartige Erscheinung doch immer mit einer menschlichen Begabung zusammenhängt. Der Gottesgeist ruht nur, so sprechen sie, auf einem Weisen, auf einem Manne von sittlicher Kraft, der unabhängig ist, weil genügsam durch Besiegung aller Ehrsucht, aller Lust; ein Mensch von innerer Bedeutung, in sich das Göttliche verspürend, er nur ist fähig, das Göttliche in sich aufzunehmen, nicht ein bloßes Sprachrohr, durch das hindurchzieht das Wort, welches gesprochen wird, ohne daß er selbst sich dessen bewußt wäre, nein, ein Mensch im wahren Sinne des Wortes, berührend das Göttliche und daher für dasselbe empfänglich. Ein Mann, der ebenso tiefer Denker wie inniger Dichter im Mittelalter war, Jehuda ha-Levi, bezeichnete die Offenbarung mit Bestimmtheit als eine solche, die in dem ganzen Volke lebendig war. Israel, sagt er, ist das religiöse Herz der Menschheit, das in seiner Gesammtheit die größere Empfänglichkeit stets bewahrte, und die einzelnen bedeutenderen Männer waren die Herzen dieses Herzens. Maimonides sprach von der blitzartigen Erleuchtung, als welche die Offenbarung zu betrachten sei; dem Einen sei die Erleuchtung blos für eine kurze Zeit vergönnt, dem Andern wiederhole sie sich, und wiederum bei Moses sei sie eine andauernde gewesen, eine Erleuchtung, die die Dunkel erhellt, den Menschen in die Verborgenheiten einen Blick thun läßt, der ihm enthüllt, was Anderen verdeckt geblieben. Das Judenthum ist eine solche Religion der Offenbarung, ist aus solchen Blicken in das Göttliche entstanden und hat das Geschaute zu einem Ganzen verbunden; es ist eine Religion der Wahrheit, weil der Blick in das Wesen der Dinge ein untrüglicher ist, das Unveränderliche und Ewige schaut, und so bleibt die Lehre auch eine ewige, und so hat das Judenthum auch seine Aufgabe für die Dauer der Zeiten erfüllt.

4. Nationalität. Sclaverei. Stellung der Frauen.

Eine jede Neugeburt tritt mit Schmerz in das Dasein, einen jeden neuen Gedanken, der schöpferisch, weltumgestaltend in die geistige Welt eintritt, erwartet ein schwerer und hartnäckiger Kampf mit all jenen geistigen Mächten, die auf ihr Gewohnheitsrecht trotzen und die es wohl fühlen, daß ihnen durch eine mächtigere Kraft der Untergang droht; sie treten gegen ihn auf mit der ganzen Plumpheit und Derbheit des trägen Besitzes, mit der ganzen heftigen Anmaßung geistiger Hohlheit, die sich so leicht zu herber Schärfe aufstachelt. Die Idee, die ein neues geistiges Leben zu schaffen bemüht ist, will allerdings mit geistigen Waffen kämpfen, sie trägt in sich die Bürgschaft eines sicheren Sieges, es ist ein Unvergängliches in ihr, das allen Schwierigkeiten gewachsen ist, allen gefährlichen Hindernissen Trotz zu bieten vermag; aber wenn sie auch leicht beschwingt in die geistige Welt eintritt, wird sie dennoch durch den fortwährenden Kampf genöthigt, auch gröbere, stoffliche Wehr und Rüstung anzulegen, um nicht von vorn herein erdrückt zu werden. Der junge David tritt einen ruhmreichen Kampf an, er vollführt ihn auch siegend, da will ihm Saul, der von seinem kühnen Unterfangen hört, Helm, Harnisch und Panzer umlegen; David versucht es, aber er wehrt es dann wieder ab und spricht: Ich bin nicht gewohnt, darin zu gehen. Er geht den Kampf ein gegen Goliath, allein bewaffnet mit seiner Hirtentasche und Feldsteinen, — und er siegt. Es ist die Zuversicht des kühnen Jünglings, der den Zwang scheut und den freien Leib nicht in Fesseln schlagen will; es ist die Siegesgewißheit, die in dem Hirtenknaben sich ausprägt, dessen Sinn erwachsen ist und erstarkt in der freien Natur. Aber glauben Sie, daß David, als er dann in den Ernst des Lebens eingeht, es gleichfalls abgelehnt hat, Panzer und Helm zu tragen? Wie er tiefer in den Kampf des Lebens eintritt, da muß er auch den Brauch des Lebens annehmen, wenn er auch des kühnen, jugendlichen Geistes voll ist. Und so geht es auch der Idee, wenn sie lebendig werden soll, daß sie, trotz des geistigen Lebens, das sie in sich fühlt, auch die Waffen führen und in den blutigen Kampf eingehen muß, der ihr von allen Seiten entgegensteht.

Der Offenbarungslehre des Judenthums ist der Kampf nicht erspart worden. Im Kampfe erstarkt der einzelne Mensch, er bedarf eines solchen, er wird jedoch von ihm hie und da bestäubt werden. Auch das Judenthum bedurfte eines solchen Kampfes der Welt gegenüber, doch hat auch mancher Erdenstaub dadurch sich ihm angesetzt. Einer ganzen Welt, die in andern Anschauungen befangen war, trat ein kleines Nomadenvölkchen entgegen, das eben erst aus einem großen, dem Götzendienste huldigenden Reiche kam. Es mußte eng zusammenhalten, wenn es nicht der Wucht der Außenwelt unterliegen sollte; es wollte mit dem Gottesgeiste, der in ihm lebendig angefacht war, einen neuen Glauben verkündigen, ihn aufrecht erhalten und siegreich machen für die ganze Welt. Eine schöne, große, erhabene, aber auch schwere Aufgabe! Eine jede Berührung mit der Außenwelt war ein Fallstrick, ein jedes Wort, das gewechselt wurde mit einem außerhalb Stehenden, eine Verführung; ein jedes freundliche Zusammenkommen, ein jedes Mahl, genossen mit ihm, war eine Entweihung, denn es war den Götzen geweiht. So war eine jede engere Berührung ein Frevel, ein Kampf, der ihnen dargeboten wurde von der Außenwelt. Und konnte es im Innern Israels fehlen, daß Manche begierig hinschauten nach dem, was Glänzendes sie überall umgab? Allerdings, es war ein lebendiger Geist in dem ganzen Volke, nicht blos in den einzelnen bevorzugten Trägern, die ein Rüstzeug waren, um siegreich die neuen Gedanken in dem entsprechenden Ausdrucke zu befestigen und auszuprägen, er war im ganzen Volke, wenn auch in minderem und schwächerem Grade; aber sollten nicht auch sehr viele gewesen sein, die sich von dem sinnlichen Gepränge, von der Uebermacht, die sie bestach, verführen ließen? Die ganze Geschichte Israel's während der Zeit des ersten Tempels, also während der eigentlichen Gründung des Glaubens, bietet uns eine unzählige Masse von Beispielen des Abfalls, des energischen Kampfes, welchen die wahrhaft Begeisterten, die großen Männer gegen die Versunkenen führen mußten.

Jemehr nun die Verführung in Israel selbst eintrat, jemehr die Gefahr drohte, daß der Wurm auch den eigenen gesunden Stamm zernagen werde, um so glühender mußte der Eifer der Besseren werden, um diese Gefahr fernzuhalten; sie mußten mit aller Entschieden=

heit, mit einem Feuereifer, der nicht blos erwärmte, sondern das Böse verzehrte, gegen alle Verderbniß, gegen das Einfressen des Uebels auftreten. Dürfen wir uns nun bei einem solchen Verhältniß wundern, wenn wir hie und da einen schroffen, harten Ausdruck gegen andere Völker finden, wenn da auch unerbittliche Entschiedenheit gegen sie gepredigt und auch geübt wird, darf es uns wundern, daß da, wo die Würfel nicht fallen um ein Land, um irgend ein irdisches Gut, sondern, wo eine Idee vertheidigt wird, die sie als ihr höchstes Gut ehren, die sie über die Völker erhebt, die bestimmt ist, von dem dazu erwählten Volke über die ganze Erde verbreitet zu werden, darf es uns wundern, wenn mächtig das Feuer in ihnen lodert, sie in Gluth versetzt, wenn sie auch mit Gesinnungen auftreten, die nicht immer das reinste Wohlwollen, die freundlichste Anerkennung gegen diejenigen ausdrücken, die als Verführer das Werthvollste ihnen rauben wollen? Man versetzt sich gar nicht in die Zeit und Lage hinein, wenn man mit der weichmüthigen Toleranzidee, die berechtigt ist, wo besonnene gegenseitige Anerkennung und Prüfung herrscht, eine Zeit mißt, in der einmal zwei Gegensätze sich auf Tod und Leben bekämpfen, wenn man mit vornehmer Gleichgültigkeit ein jedes schroffe Wort beurtheilen will, von feindlicher Nationalität und Nationalstolz spricht, die übrigens noch jetzt für bedeutend weniger werthvolle Güter auftreten, während es keineswegs lediglich Volksthümliches gilt, sondern Geistesfreiheit zu erhalten, die Wurzel der Wahrheit zu schützen und alle giftigen Einflüsse unschädlich zu machen. Nein, es darf uns nicht befremden, wenn uns mancher gehässige Ausdruck, manche gehässige Vorschrift entgegentreten; beachtenswerth bleibt vielmehr die Frucht wahrhaft geistiger Kraft, die dem Volke innewohnte, daß unter jenen Kämpfen dennoch das Bewußtsein, die Menschheit zu umfassen und für sie zu arbeiten, nicht aus Israel geschwunden ist, daß bei diesem feindseligen Bestreben, das gegenseitig herrschen mußte, das Wort immer gilt: daß für die Welt dieser Glaube entstanden sei, daß die ganze Erde von ihm umfaßt werden solle. Es zeugt von dem tiefen geistigen Leben des Judenthums, daß diese Reinheit und Klarheit des Blickes nicht völlig getrübt sind. So erhebt es uns, wenn wir trotz Ausbrüchen der Kampfesbegierde doch wieder jene erquickende geistige Luft einathmen, wie sie von den Worten der Propheten ausströmt: Es spreche nicht der Sohn der Fremde, der sich Gott zugesellt: Mich hält ja doch Gott fern und sondert mich ab von seinem Volke, und nicht spreche der Entmannte (wir haben

hier an die Eunuchen des persischen Hofes zu denken): Bin ich ja
ein ausgedorrter Stamm. Denn so spricht der Herr zu den Ent=
mannten, die meine Feste hüten, wählen, was ich begehre, und an
meinem Bunde festhalten: Ich gebe ihnen in meinem Haus und
meinen Mauern Denkmal und Namen, besser als Söhne und Töchter,
ewigen Namen, der nicht vergeht. Und die Söhne der Fremde, die
Gott sich zugesellen, ihm zu dienen und seinen Namen zu lieben, die
Feste hüten, sie nicht entweihen, an meinem Bunde festhalten: Ich
bringe sie auf meine heilige Höhe, erfreue sie in meinem Hause des
Gebetes, auch ihre Opfer wohlgefällig auf meinem Altar, denn mein
Haus wird ein Haus des Gebetes genannt werden allen Völkern.
Es genügt mir nicht, heißt es anderswo, daß Du allein mir treuer
Diener seist, so mach' ich Dich zum Lichte für die Völker. Auch
von ihnen, heißt es dann wiederum, werde ich selbst zu Priestern
und Leviten nehmen. Die Menschheit soll von der einen Wahrheit
umfaßt werden.

Es ist thöricht, wenn man spricht, das Judenthum lehre einen
Nationalgott, einen Gott, der blos dem einzigen Volke angehöre.
Solchen Aussprüchen gegenüber, bei der sich so oft wiederholenden
Aussicht in die Zukunft, wo Gott wird einer sein und sein Name
nur einer, ist eine derartige Behauptung kindisch. Wohl mag hie
und da ein Ausdruck erscheinen, als wäre den Götzen einige Bedeu=
tung beigelegt: Größer ist unser Herr als alle Götter, und ähnlich.
Aber wie bezeichnet der Prophet diese so oft! Ein Hauch und ist
Nichts nütze an ihnen. Und mit welcher feinen Ironie zeigt er,
wie die Götter gemacht werden, wie die Arbeiter hämmern und einer
dem andern die Hand reicht, und wie der eine Theil des Stoffes
gebraucht wird, um die Speise darauf zu kochen, und der andere, um
einen Gott daraus zu verfertigen! Wie kann da von einem National=
gotte die Rede sein? Ja, von Gott, der zuerst erkannt worden in die=
sem Volke, ja allein von ihm erkannt worden, der aber Gott der ganzen
Welt ist, dessen Thron der Himmel, dessen Fußschemel die Erde ist.
Das ist der Gott der Welt, der Gott, der geistig und räumlich Alles
durchdringt und erfüllt, der Gott, der dann anerkannt werden wird
von allen Völkern. Wir nehmen hier einen Kampf wahr, bei dem
freilich manche Aeußerungen vorkommen müssen, die nicht ganz und
vollkommen der geistigen Höhe entsprechen, und doch ringt sich's all=
mälig zu lichter Klarheit durch. Wir schauen den alten Jacob, wie
er, von Nacht umringt, kämpfen muß, und es bestäubt sich ein Mann

mit ihm und er hinkt an der Hüfte, er wird verletzt, aber er siegt doch, er siegt menschlich und göttlich und er wird zum Segen des Alls.

Allein das Judenthum sollte nicht blos einen neuen Gottesgedanken in die Welt bringen, es sollte auch alle menschlichen Verhältnisse verklären und veredeln. Die Männer, die es aussprachen in der alten Zeit: Der eigentliche Grund und Nerv der Lehre ist: Was Dir mißfällt, das thue auch Deinem Nächsten nicht, das ist der Grund und die Wurzel der Lehre, das übrige ist die Erklärung, gehe hin und lerne sie, oder der Spruch: Du sollst lieben Deinen Nächsten wie Dich selbst, das ist der große umfassende Grundsatz der Lehre, oder der andere: Dies ist das Buch der Zeugungen des Menschen, das ist noch ein größerer Grundsatz, Mensch sein und überall den Menschen erkennen und alle Nachkommen gleich und ebenbürtig, — die Hillel, Akiba und Ben Soma, die Solches aussprachen, sie sind die Säulen und Träger des Judenthums und wir müssen ihr Wort wohl beherzigen. Das Judenthum also, sage ich, ist nicht blos in die Welt eingetreten, um einen neuen Gottesbegriff ihr zu schenken, sondern die menschlichen Verhältnisse, die Erkenntniß und Würdigung des Menschen zu verklären. Aber grade bei der Beziehung zwischen Mensch und Mensch wird es desto mehr zutreffen, daß die Idee sich zuerst hie und da beschränken, eingehen muß in die verschiedenen Verhältnisse, wenn sie irgend einen Erfolg haben soll. Auch des einzelnen Menschen Wirksamkeit wird, wenn er durch seine Höhe losgerissen von seinen Genossen steht, nicht eingeht in ihr Treiben, nicht Antheil nimmt an ihrem Streben, sich nicht als eingreifend erweisen, mag er noch so bedeutend sein; die Menschen mögen wohl zu ihm hinaufschauen in Ehrerbietung, aber sie werden nicht von ihm beeinflußt. Will der Mensch wirken, so muß er eingehen in die bestehenden Verhältnisse, es muß ein gegenseitiges Anbequemen stattfinden. Bei dem Gottesgedanken freilich da giebt es keine Vermittelung, keine Nachgiebigkeit, der reine Geist und die Sinnlichkeit lassen sich nicht vermitteln; wo es das Höchste gilt, konnte das Judenthum nicht mit Nachgiebigkeit auftreten, es mußte mit Entschiedenheit der Gegensatz bekämpft werden. Anders bei den Beziehungen unter den Menschen selbst, da darf, da muß der Gedanke allmälig verklärend, lösend wirken, bis dann die harte Rinde zerbröckelt abfällt.

Die Völker des Alterthums glaubten kaum bestehen zu können, ohne daß das Sclavenwesen unter ihnen fest gegründet war als ein unumstößlich Recht. Der freie Bürger sollte nicht Arbeit verrichten, sie war den Sclaven übertragen; der Sclave war ein Eigenthum seines Herrn, eine Waare, ein Ding, das vollständig dem Belieben seines Herrn übergeben war. Das Judenthum tritt mit dem Gedanken auf, daß jeder Mensch berufen sei zur Arbeit; es setzt Gott den ersten Menschen zwar zuerst ins Paradies, in den Garten Eden, aber auch, um dort zu arbeiten und zu hüten. Doch alsbald tritt er in nüchternere Verhältnisse ein und es wird ihm gesagt: Im Schweiße Deines Angesichtes sollst Du Dein Brod essen. Die Menschheit insgesammt aber ist geschaffen im Ebenbilde Gottes, nicht blos der Stammvater dieses oder jenes Volkes, sondern der Stammvater Aller, der auch die ganze Menschheit aus sich hervorgehen läßt als eine gleich berechtigte. Freilich, daß das Judenthum ganz die Sclaverei breche, sie mit seinem ersten Eintreten in die Weltgeschichte gänzlich vertilge, wäre der Natur und der geschichtlichen Entwickelung der menschlichen Verhältnisse ganz widersprechend gewesen, ein Beginnen, das im Volke selbst und für die Menschheit, welche erzogen und nicht mit einem Male umgeformt werden kann, nicht die beabsichtigten heilsamen Erfolge gehabt hätte. Die Sclaverei wurde also nicht ganz aufgehoben, aber sie bestand eigentlich blos dem Namen nach ohne den wesentlichen Gehalt; der neue Wein, der in den alten Schlauch gegossen, diesen schon zerstören mußte. Im Stamme, im Volke selbst kann von eigentlicher Sclaverei nicht die Rede sein, denn der Sclave diente blos sechs Jahre oder ward schon früher frei, wenn das Jubeljahr eintrat; er trat dann in seine bürgerlichen Verhältnisse wieder ein als vollgültig und ebenbürtig. Aber auch die fremden Sclaven, die wohl geduldet wurden, wie wurden sie behandelt! Die kleinste Beschädigung am Körper des Sclaven, das Ausschlagen eines Zahnes wurde nicht etwa als bloßer Nachtheil betrachtet, den der Eigenthümer sich selbst, seiner Waare zufügte, nein der Sclave ging frei aus. Und wurde gar der Sclave erschlagen, so wurde Strafe geübt an dem Herrn, und welch' ein schönes Wort ist es, das die Sclaverei in ihrer Härte ganz und gar aufhebt: Du sollst den Sclaven nicht ausliefern seinem Herrn, wenn er vor ihm bei Dir sich rettet; bei Dir weile er in einer Deiner Städte, welche er sich erwählt. Täusche ihn nicht!

Mit diesen Worten ist eine Frage gelöst worden vor Jahrtausenden, die heutigen Tages sich blutig eingräbt in einen ganzen Welttheil und ihn zerfleischt, und die Bewohner dieses Welttheils sind Bekenner der herrschenden Religion, von denen die Einen den Glauben umfassen, welcher den Anspruch macht, daß nur in ihm, sonst in keinem anderen Heil gefunden würde, die Andern an der zähen puritanischen Form mit missionssüchtiger Propaganda haften. Der Kampf, der dort entbrannt ist, ist nicht einmal etwa um das Wesen der Sclaverei, ob dieselbe stattfinden dürfe; es haben wohl die Einen sie verworfen für sich, aber sie fanden es bisher ganz in der Ordnung, daß sie für einen Theil des großen Staates als Grundgesetz aufrecht erhalten werde. Die ganze Frage besteht darin, ob der Sclave, der entflohen ist in jene Gegend, ausgeliefert werden müsse, ob es nicht Diebstahl sei, wenn man ihm einen Aufenthalt gestatte außerhalb, ob da nicht das Recht gekränkt, die Begriffe aller Gerechtigkeit erschüttert würden. Diese Frage einer peinlichen religionslosen Gewissenhaftigkeit hat das Judenthum vor drei Jahrtausenden gelöst, und wenn es durchgedrungen, sein Geist überall ein lebendiger sein wird, der Geist, der aus ihm sich verbreitet, ganz und ungeschwächt übergegangen sein wird, dann wird die Frage entschieden sein, die Wahrheit und das echte Recht, die Menschlichkeit und die Anerkennung eines Jeglichen in seinem menschlichen Werthe werden dann und erst dann siegen über jene Schein-Gerechtigkeit, die sich um so mehr brüstet, je hohler sie ist.

Ein Höheres ist noch, wie das Familienleben betrachtet wird innerhalb eines Volkes. Es liegt ein großer Schatten auf dem so schön begabten und so herrlich entwickelten griechischen Volke, daß die Weihe des ehelichen Lebens so wenig in den Vordergrund tritt, daß die Innigkeit in der Familie so wenig ausgeprägt ist; es ist der Werth des Weibes seinem wahren Wesen nach im Griechenthum nicht nach Gebühr hervorgehoben worden. Wie anders ist dieses im Judenthume! Von vorn herein tritt der Gedanke uns entgegen: Es verläßt der Mann seinen Vater und seine Mutter und verbindet sich mit seinem Weibe und sie werden zu einem Fleische, zu einer wesentlichen Einheit. Die Ehrerbietung gegen die Eltern, so tief eingepflanzt, so innig genährt und gepflegt, tritt zurück gegen die Innigkeit, die im Hause Mann und Weib mit einander verbinden soll. Das Weib soll dem Manne folgen: Nach ihm ist Dein Begehr und er soll über Dich herrschen, aber dennoch in voller Ebenbürtigkeit; er verbindet sich mit seinem Weibe, sie werden zu einem Wesen.

Und welche edle Frauengestalten treten uns innerhalb des jüdischen Schriftthums entgegen! Welch ein edles Verhältniß innerhalb der Familien, so schlicht, so anspruchslos, aber doch so groß und herzerquickend! Die Erzmütter stehen fast auf derselben Stufe, wie die Erzväter; auf sie schaut die spätere Zeit zurück, gerade wie auf die Erzväter. Und welch ein Leben begegnet uns da, wenn wir z. B. hinschauen auf Rebecka, wie sie zuerst erscheint in unbefangener Jungfräulichkeit, freundlich und wohlwollend auch dem fremden Manne, auf seine Bitte bereitwillig für ihn schöpft und auch für die Kameele sorgt! Sie tritt mit ihm in das Haus der Ihrigen, und siehe da! er ist hergesendet von dem hochgeachteten Verwandten aus der Ferne, er soll um die Tochter freien. Man fragt Rebecka, sie hat die volle freie Wahl: Willst Du ziehen? Doch es zieht sie dorthin, das Herz sagt ihr, daß dort die Stätte sei, wo sie zu gedeihlichem Entfalten gelangen werde, und sie spricht: „Ja, ich gehe." Sie tritt die Reise an, unbefangen schaut sie sich überall um, da tritt der ihr entgegen, dem sie bestimmt ist, ihn das Leben hindurch zu begleiten, und sie fragt: Wer ist der Mann? Der Knecht erwidert: Das ist der Sohn meines Herrn, Isaac, der, der Dir Dein Lebensgefährte sein soll. Züchtige Röthe umzieht ihre Wangen und sie bedeckt sich mit dem Schleier. „Er führt sie in das Zelt der Mutter und er liebte sie." Und Jacob führte sein Weib Rahel heim, denn er liebte sie, er diente um sie, und die sieben Jahre waren in seinen Augen „wie einige Tage". Wir treten weiter vor, es wird die Geschichte des großen Retters uns erzählt, seine Jugend ist umgeben von ernsten Gefahren; Moses wird geboren unter drohenden Wolken, die über Israel heraufzogen. Er wird in einem Kästchen ins Schilfmeer gelegt, die Schwester Miriam duldet es nicht daheim, sie eilt in die Nähe, um zu erfahren, was mit dem Bruder geschehe. Die Königstochter kommt vorbei, um zu baden, sie bemerkt das Kästchen, öffnet es und sieht einen Knaben. Das Mädchen, sonst schüchtern und befangen, aber jetzt, wo es die Rettung des Bruders gilt, tritt muthig heran und sagt: Soll ich Dir eine Säugerin holen von den ebräischen Frauen? Miriam, die in ihrer ersten Kindheit mit solch hingebendem Muthe auftritt, es befremdet uns nicht, daß sie dann eine Prophetin ist, und die alten Lehrer sagen von ihr sicherlich schön und wahr: Miriam war für Israel wie ein frischer Brunnquell, der sich labend ergoß; sie verband die glühende Begeisterung für die Wahrheit mit der Innigkeit des weiblichen Gemüthes. Wiederum sagen die alten Lehrer tief erfassend: Durch das Verdienst der Frauen sind die Israeliten aus Aegypten erlöst worden. Die Männer waren dem Drucke hingegeben, sie mußten die schwere Arbeit verrichten; wer wahrte das Haus, wer hielt den reinen Sinn aufrecht unter den Kindern, wer hütete das Feuer der Sittlichkeit? Es waren die Mütter, die dafür wirksam waren, und ihr Verdienst war es, daß Israel sich würdig machte, erlöst zu werden aus den Gefahren, die es umgaben. Wir gehen weiter, in die Zeit hinein, die eine trübe, verwirrte Heroenzeit zu werden schien, in die Zeit der Richter, wo die Gesammtheit sich auflöste und dem Anscheine nach zerbröckelte. Bald hier, bald dort trat ein Richter auf, ward das Lichtlein angezündet; da tritt uns wiederum eine schöne Gestalt entgegen, Deborah, die Prophetin und Richterin, ein muthiges, kühnes Weib, eine begeisterte Anführerin, und dennoch mit dem vollen Bewußtsein des Weibes. Sie will nicht amazonenmäßig in den Krieg hineinziehen, sie sagt es dem Barak: Es wird Dein Ruhm nicht sein, daß durch die Hand eines Weibes Gott den Sieg verschafft. Doch, wie er den Kampf nicht ohne sie unternehmen will, nun dann zieht sie mit und gewinnt den Sieg, und in begeisterten Worten verkündet sie es dann, strafend, lobend, als echte Prophetin Gottes. Und später, als diese Zeit um war und ruhigere Verhältnisse sich gestalten wollten, an der Schwelle dieser Epoche begegnet uns wieder ein Weib, vor der wir in Ehrerbietung stehen. Es ist Hanna, die Mutter Samuel's. Mit der ganzen weiblichen Sehnsucht beklagt sie es, daß ihr Kinder versagt seien, und sie steht in Innigkeit und betet aus der Tiefe des Herzens: „Denn ich bin ein Weib beschwerten Gemüthes." Und Elkana, ihr Mann, tröstet sie: Hannah, warum weinst Du und warum ist Dein Herz betrübt? bin ich Dir nicht mehr werth als zehn Kinder? Welch' eine Innigkeit in diesen kurzen Worten! Und Ruth, welch' eine liebliche Gestalt! Es ist ein Judäer hingezogen in die Fremde, und dort schließen sich seinen beiden Söhnen zwei Schwiegertöchter an; aber der Mann stirbt, die Söhne sterben auch und kein Kind bleibt ihnen. Die Mutter Naomi kehrt zurück, und die zweite Schwiegertochter, — die eine, Orpah, ist zu sehr Moabiterin, als daß sie mit ihr ziehe, sie verläßt sie, als sie fortzieht — Ruth, schließt sich an Naomi an: Nein, wo Du übernachtest, da übernachte auch ich, Dein Volk ist das meine, Dein Gott mein Gott, und sie folgt ihr als ein gehorsames Kind, bleibt ihre Tochter, sorgt freundlich für ihr Alter, ist ihr liebevolle Begleiterin; ist sie nicht würdig, die Ahnmutter des David zu sein?

Dies Alles wird so kindlich ohne Prunk dargestellt, weil es so tief in der Natur Israel's liegt; es muß hervortreten, und oft erfahren wir es blos als unscheinbaren Nebenzug. Darf es nun wundern, wenn in diesem Volke, in dem — ein seltenes Beispiel des Alterthums — das Weib nicht geringschätzig behandelt wurde, sondern sein wahrer Werth anerkannt worden ist, darf es uns wundern, wenn in diesem Volke bei einem kargen Schriftthume, in dem lediglich dem religiösen Leben oder der Geschichtserzählung gewidmeten Schriftganzen dennoch sich ein Büchlein findet, das als Lieder der Liebe bezeichnet wird? Zu einer Zeit, die von außen her drückend beeinflußt war, wo nicht die Weihe der Sinne, sondern die Unterdrückung derselben, nicht die Verklärung des natürlichen Lebens, sondern dessen Abtödtung als Frömmigkeit betrachtet wurde, da konnte man sich nicht hineindenken, daß dieses Büchlein, seinem natürlichen Sinne nach, eine schöne, reine Liebe feiern solle. Gesetzt auch, es trüge noch einen sogenannten tieferen Gedanken in sich, so viel bleibt sicher, auch das Bild muß eine Wahrheit haben, wenn es ein höheres Verhältniß abspiegeln soll. Jedoch, wie ein neuerer geistvoller Forscher sagt, als der Dichter sang, da war die Sprache noch nicht den schmerzhaften Tod der heiligen gestorben, da war noch frische Lebendigkeit in ihr, da quoll auch aus des Dichters Brust noch der Gesang, der die Liebe verherrlicht. Und so finden wir in diesem Büchlein allerdings manche sinnliche Ausschmückung, aber wie tief wird das höhere edle Verhältniß der Liebe dargestellt, welche Innigkeit liegt nur in den wenigen Worten: Ich schlafe und mein Herz wacht! Da ist eine Welt von Empfindungen ausgedrückt, und ohne hier weiter einzugehen in die Darstellung des Buches, — wer es mit reinem Sinne liest, findet, daß tiefe Empfindungen edel in ihm ausgedrückt werden. Natürlich auch, daß der späte Spruchdichter eingeht auf die Betrachtung des wackeren Weibes, und der Schluß der Weisheitslehren ist zu seiner Verherrlichung bestimmt: Ein wackeres Weib, wer findet es? Höher denn Perlen ist sein Werth. Wer findet es, das will nicht bedeuten, es sei selten, nein, er beschreibt es als eine wohlbekannte Erscheinung, aber wer es findet, der hat ein köstliches Gut gefunden. Und so schließt er dann: Es erheben sich ihre Söhne und preisen sie, ihr Mann und rühmet sie: Trügerisch ist Anmuth, vergänglich Schönheit, ein gottesfürchtig Weib, es wird gerühmt. Nur der grübelnde, trübsinnige Kohelet, der unter tausend Männern kaum einen einzigen erträglichen findet, er findet allerdings unter tausend Frauen auch nicht eine, die ohne Fallstrick und List wäre. Aber im Allgemeinen ist das nicht der Gedanke, der das Judenthum durch=

zieht, und wenn auch einzelne orientalische Anschauungen sich einmischen, so bleibt doch die reine Werthschätzung des Weibes, die sittliche Höhe des ehelichen Lebens der Grundgedanke.

Das Judenthum lehrt die Ehe des **einen** Weibes mit **einem** Manne, die Monogamie. Wenn auch hie und da Ausnahmen erscheinen, so sind es eben Ausnahmen, so ist es eben, daß das Gesetz nicht geradezu einschreitend eingreifen mag zu einer Zeit, wo rings umher die entgegenstehende Sitte herrschend war; aber dem tieferen Wesen des Judenthums entspricht allein die Monogamie, entspricht allein die Innigkeit zwischen Mann und Weib. Es ist daher ganz natürlich, daß in der späteren Zeit, als auch die äußeren Einflüsse anders wurden, in Europa ein Lehrer auftrat, der den Bann aussprach gegen Jeden, der das Naturgesetz des Judenthums verletzen wollte. Und in solchen Ländern, wo die Polygamie herrscht, hat das Judenthum sie dennoch schwinden lassen, und wenn es sie auch nicht gerade durch das Gesetz untersagte, die Sitte, der lebendige Geist, wie er stets im Judenthum herrschend war, hatte längst das gesetzlich Gestattete untersagt. In solchen Früchten zeigt sich der tiefere Kern des Judenthums, und so ist allezeit in ihm ein edles Familienleben gepflegt worden. Freilich, einen Liebeshof, ein Spielen mit der Minne kannte das Judenthum nicht, ebensowenig wie es sich in ein Mysterium der unbewußten Jungfräulichkeit, die dennoch mütterliche Gefühle in sich trägt, versenkt. Gesund und urkräftig, rein und frisch sprudelte immer jener reine Quell, der aus dem Hause über alle Lebensverhältnisse sich ergießt; das reine Familienleben hat Israel zu aller Zeit frisch und kräftig erhalten. Hat dieses im Drucke es emporgehoben, so wird es ihm auch zu besseren Zeiten nicht entgehen, und das Wort wird eine Wahrheit bleiben, wie Bileam es aussprach, als er Israel sah nach seinen Stämmen gelagert: Wie schön sind Deine Zelte, Jacob, Deine Wohnungen, Israel!

5. Opferdienst und Priesterthum; getheiltes Volksthum.

Der Gottesbegriff eines Volkes ist zugleich der Maßstab für seine sittliche Anschauung und ebenso umgekehrt. Die höhere oder niedrigere sittliche Bildung eines Volkes ist die Besiegelung seines mehr oder minder geläuterten religiösen Bewußtseins. Wie der einzelne rohe Mensch, so ehrt auch das minder gebildete Naturvolk blos die stärkere Macht. In der Gewalt, die es entweder über Andere hat oder die Andere ihm gegenüber geltend machen können, liegt die Werthschätzung, die es für sich selbst in Anspruch nimmt oder Anderen beweist. Nicht das Recht, nicht die sittliche Würde, nicht die Reinheit der Gesinnung hat bei ihm eine Geltung, es ist vorzüglich und wesentlich die rohe Gewalt, die irdische Macht. Der ungebildete Mensch, wie das Naturvolk beugt sich tief vor demjenigen, der über ihm steht, der seine Macht ihn oder es fühlen lassen kann, und andererseits sind sie auch wiederum hart, tyrannisch gegen diejenigen, welche unter ihnen stehen. Das Volk, das blos noch zuerst einen religiösen Instinct hat und nicht zu religiöser Klarheit sich emporgearbeitet hat, nicht von einer höheren Idee durchweht ist, erkennt in Gott zunächst den Mächtigen, es fürchtet sich vor der Gewalt, die sich über ihm zeigt, die es niederdrücken kann; vor dieser Macht beugt es sich, gerade wie auch vor dem höherstehenden Menschen, aber es zeigt auch andererseits in seiner Behandlung derjenigen, welche es als sich Untergeordnete betrachtet, wie tief es noch in sittlicher Beziehung dasteht. Darum zeigt sich uns in dem Verhältniß zum Sclaventhume, zu dem schwächeren Geschlechte gerade die Höhe oder Niedrigkeit des religiösen Bewußtseins. Das Judenthum, — das war der Zweck der Erörterungen, die vorangegangen sind — das Judenthum bewährt sich als eine Religion, die in Gott den Heiligen, das Ideal der sittlichen Reinheit verehrt, dadurch, daß es auch in seinen menschlichen Verhältnissen immer den sittlichen Werth hervorhebt, daß es nicht blos den Mächtigeren als den allein Berechtigten anerkennt, sondern ihm nur soweit die Macht gewährt, als er das Recht dazu hat. Das Recht, die reine, gegenseitige sittliche Beziehung, sie sind ihm das Höchste, der Maßstab, nach dem es seine Verhältnisse abmißt.

Diese Verschiedenheit der Stufe, auf welcher die Völker sich befinden, muß sich namentlich kundgeben in der Gottesverehrung; in der Art, wie man Gott naht, muß es sich entscheiden, ob man in Gott nur die höhere Macht ahnt, vor ihr zittert, sie zu versöhnen versucht, oder den Heiligen ehrt, zu ihm emporblickt, als zu dem Vorbilde der höchsten Sittlichkeit, dem reinsten Ausdrucke des Erbarmens und des Wohlwollens. Wo in Gott zunächst die Macht anerkannt wird, ist das Streben vorherrschend, ihn sich wohlgeneigt zu machen; man beugt sich vor ihm, damit er nicht seinen Zorn ergieße, man versucht, sich solche freundliche Gesinnung zuzuwenden mit irgend welcher äußerlichen That, ihn durch Geschenke, die man ihm darbringt und die mit Entbehrungen verknüpft sind, sich geneigt zu machen, das Uebelwollen von sich abzuwenden. Das ist der Ursprung des Opferdienstes. Das Opfer ist das Bestreben, durch irgend etwas, was man sich entzieht, und sei es auch das Liebste, den etwaigen Zorn des Gottes zu dämpfen oder ihm doch jedenfalls zu zeigen, wie man ihm tief unterwürfig ist, da man ja Alles hingiebt, wenn es ihm ein Wohlgefallen ist. Der roheste Ausdruck eines solchen Gefühls, das auf der untersten Stufe des religiösen Lebens sich entfaltet, ist das Menschenopfer, und zwar dann derjenigen Menschen, die uns am nächsten stehen, am liebsten sind. Das rohe Heidenthum opferte den Göttern die Kinder. Das Liebste und Wertheste, was ich habe, — das drückt das Opfer aus, — bringe ich meinem Gotte dar, und er wird Wohlgefallen daran finden, da ich nicht anstehe, wegen seiner eine jede Regung und Empfindung in mir abzutödten, zu seinem Wohlgefallen das Theuerste mir zu entziehen. Es ist eben das niedrigste religiöse Gefühl, das darin sich ausdrückt, eine vollständige Verkennung des göttlichen Wesens, das versöhnt werden muß durch knechtische Entwürdigung, auferlegte Härte. Auf dieser Stufe fürchtet man in der Gottheit das Grausame und Willkürliche und nährt dadurch auch Grausamkeit und Willkür in dem Menschen. Das war die Religion, die Israel umgab, die Gottesverehrung oder Götterverehrung unter jenen Völkern, welche zuweilen über Israel herrschten, immer aber doch so nahe es begrenzten, daß nothwendig diese Gesinnung ihm bekannt wurde und auch hie und da Einfluß auf es ausübte. Der Molochdienst war bekanntlich ein solcher Dienst, der Menschenopfer verlangte; im Feuer seine Kinder verbrennen, war der schreckliche Opferdienst, wie er als Gottesverehrung bezeichnet wurde.

Das Judenthum führt einen energischen Kampf gegen diese Herabwürdigung des göttlichen Wesens; gegen diese Art des Opferdienstes kennt es kein Erbarmen. Allerdings, es sind auch die Spuren davon in seine Geschichte eingegraben, er ist nicht ohne Einfluß geblieben auf die schwachen Gemüther innerhalb Israels, die in dieser Selbstbekämpfung der zärtlichsten Gefühle einen Act der Hingebung an Gott zu sehen glaubten; aber mit welcher Entrüstung kämpfen die Propheten gegen diesen wildesten Ausbruch des rohesten Heidenthums! Schon an der Schwelle des Judenthums läßt es im Innern des einzelnen Stammvaters diesen Kampf führen und siegreich überwinden. „Elohim versuchte den Abraham." Verschiedene Gottesnamen sind in der heiligen Schrift gebräuchlich, und die alten Lehrer geben uns dafür eine sinnige Erklärung: Elohim heißt Gott als der Mächtige, der Strenge, der gleichfalls in Gott verehrt wird, wie auch die andern Völker dies in ihm in irgend einer Weise anerkennen; aber der andere Namen „Er ist", wie wir früher schon ihn kennen gelernt, der Unaussprechliche, das ewige Sein, das allem irdischen und geistigen Sein zu Grunde liegt, „der Gott der Geister für alles Fleisch", er ist der Gott des Erbarmens, des Wohlwollens, der innigen Liebe und Güte gegen die Menschen. Elohim nun versuchte den Abraham. Der alte Gottesbegriff, wie er damals herrschte, war auch in Abraham mächtig, die Anerkennung dieser göttlichen Macht ist in ihm so lebendig, daß er als deren treuer Diener sich beweisen will. „Opfere Deinen einzigen lieben Sohn!" Was hast Du Höheres empfangen, womit kannst Du Deine Unterwürfigkeit besser an den Tag legen? Er ist bereit dazu, alles ist dafür gerüstet; da ruft der Bote des Gottes „Er ist" vom Himmel hernieder: „Strecke Deine Hand nicht aus gegen den Knaben." Die höhere Gotteserkenntniß regt sich nun in ihm: Wie, Gott ist mächtig, aber ist er nicht auch allgütig? Gott ist allmächtig, aber ist diese Macht eine tyrannische? Verlangt sie von dem Menschen, daß er seine Gefühle nicht veredle, sondern daß er sie hinschlachte? Ist das Gottesdienst, Gottesdienst die eigene Verstümmelung oder die Verstümmelung des Einzigen, was Dir gehört? Nein! Strecke Deine Hand nicht aus gegen den Knaben, das ist wahre Verehrung des Allerbarmenden, und Abraham opferte den Knaben nicht. Nicht die Bereitwilligkeit zum Opfer ist die wahre Frömmigkeit Abraham's, sondern die Unterlassung desselben, nicht, daß er sein Kind darbringt, sondern, daß er es bewahrt, nicht, daß er sich blind der göttlichen Macht unterwirft, um das Kind von sich loszureißen, sondern daß er Gott in seiner höheren und wahreren Würde erkennt, ist seine wahre, geläuterte Frömmigkeit. Darum ist es nicht wohlgethan, auf den Willen zur Opferung immer hinzuweisen als Act der höchsten Frömmigkeit Abraham's, er war und ist vielmehr ein Vorbild dadurch, daß er es unterlassen.

So wird uns gleich von vorn herein dieser Kampf dargestellt und zugleich der Sieg des reineren sittlichen Bewußtseins, und dieser Sieg geht durch das ganze Judenthum hindurch. Der Molochdienst wird als ein Greuel verabscheut, den Gott verwirft, der uns tief entwürdigt, und wenn von einem grauenhaften Orte die Rede ist, da wird das Thal Hinnom als solcher bezeichnet, wo dem Moloch geopfert wurde. „Ge Hinnom", das Thal Hinom, Gehinnom, Geenna, ist später die Bezeichnung des Ortes geworden, wo das Böse zusammengehäuft ist, wo die Strafe ihren schärfsten Ausdruck findet, wo die Verdammniß weilt; es ist die Hölle. So ist das Menschenopfer im Judenthume mit aller Energie bekämpft worden, da gab es keine Vermittelung.

Allein auch das thierische Opfer ist nicht minder der Ausdruck eines niedrigen religiösen Bewußtseins, auch das thierische Opfer ist das Bestreben, wohlgefällig zu werden durch die Entäußerung irgend eines Eigenthums, ohne daß damit eine sittliche Umwandlung bezweckt, ohne daß die Veredelung gefördert werde. Auch das thierische Opfer ist nicht der Wurzel des Judenthums entsprossen, es ist geduldet worden, aber auch blos geduldet, bekämpft immer von den Edelsten und Besten in Israel, seinen Propheten, die es mit den schärfsten Worten in seiner Niedrigkeit bezeichnen. „Womit", so spricht der Prophet Micha, „womit soll ich Gott entgegenkommen, mich beugen vor dem Gotte der Höhe, soll ich ihm entgegenkommen mit Brandopfern, mit jährigen Kälbern?" Hat der Herr denn Wohlgefallen an Tausenden von Widdern, an Myriaden von Oelströmen? „Nun, dann soll ich Ihm wohl meinen Erstgebornen für meinen Frevel darbringen, die Frucht meines Leibes zur Sühne meiner Seele?" Er hat Dir verkündet, o Mensch, was gut ist und was Gott von Dir verlangt: Gerechtigkeit üben, Milde und Wohlthun lieben und bescheiden wandeln vor und mit Deinem Gotte! Das ist das Manifest des Prophetenthums gegen das Opfer, und dieses Manifest wiederholt sich vielfach, wird überall mit andern Ausdrücken in ähnlicher Weise bezeugt. Wozu mir, spricht der Herr, die Fülle eurer Opfer, ich bin übersatt der Brandopfer von Widdern, des Fettes der Gemästeten, begehre nicht Blut der Stiere, Lämmer, Böcke! Willst Du mir Opfer darbringen, spricht der Psalmist, hung're ich? Und hungerte ich, brauche ich es Dir zu sagen? Ist mein nicht das Gethier auf tausend Bergen? Weg mit den Opfern! Und Jeremias spricht mit trockener Nüchternheit, aber wahrlich mit einer fast auffallenden Entschiedenheit aus: Ich habe nicht geredet, spricht der Herr, und nicht befohlen euren Vorfahren, da ich sie herauszog aus dem Lande Aegypten, in Betreff des Brandopfers und Schlachtopfers. Klarer, entschiedener kann es nicht ausgesprochen werden. Freilich, das Opfer war in der alten Zeit so tief in das allgemeine Bewußtsein eingegangen, so der entsprechende Ausdruck des blos natürlichen religiösen Bewußtseins, daß es auch in Israel Eingang fand, und wie alles Leibliche einen großen Raum einnimmt, das Geistige aber, ein Flüchtiges, im Raume sich nicht sichtbar macht, so mag freilich die Gesetzgebung über die Opfer einen sehr großen Raum einnehmen, aber dennoch ist sie nur der Ausdruck eines Geduldeten. Und wollen Sie noch einen starken Beweis dafür, so sehen Sie, wie da, wo die Gebote wiederholt werden, im 5. Buche Mosis, die Vorschriften über das Opfer eingeschrumpft sind, nur kurz angedeutet, als etwas Gebräuchliches, aber nicht mit der Umständlichkeit, die ein solch wichtiger Theil des Gottesdienstes, wenn er ein gebotener wäre, zu beanspruchen berechtigt ist. Das Opfer ist ein geduldetes im Judenthume gewesen, und wie bald schwindet es auch dahin! In der Zeit des zweiten Tempels erheben sich die Häuser des Gebetes mächtig, mit einer siegenden nebenbuhlerischen Kraft neben dem Tempel zu Jerusalem, der den Opferdienst beibehielt und der als das Symbol des einheitlichen Staates seine Bedeutung sich wahrte, während die eigentlichen Gotteshäuser sich zur geistigen Bedeutung über diesen Tempel erhoben. Und als dieser zerstört wurde, wurde unter seinem Schutte auch der Opferdienst begraben. Schon früher ist der Gedanke betont worden: Was in einer Religion wahrhaft wurzelt, das läßt sich ihr nicht nehmen, mögen auch die Umstände noch so ungünstig sein, es kämpft der ganze innere Geist dagegen und sucht es zu erhalten, und kann er es nicht in der alten Weise, so sucht er es in einer Umgestaltung zu wahren. Es ist, als wenn die ganze Wurzel beschädigt werde, und da heißt es: Entweder ganze Auflösung oder Bewahrung mit seinen naturgemäßen Aeußerungen. Als das Heidenthum fiel in seiner Aeußerung, da fiel es auch in seiner ganzen inneren Ideenbegründung. Wäre das Opferthum nun ein nothwendiges im Judenthum gewesen, so würde es sich sicherlich, als der Tempel sank, erhalten haben, und Versuche wurden auch gemacht. Aber der Gedanke war vollständig erschöpft, das Opfer hatte seine Bedeutung im Innern der Gemüther schon längst verloren, es war eine Gewohnheit, die sich forterbte, eine Einrichtung, an die manche staatliche Institution sich anlehnte, mit der so viele Träger ihr Ansehn verknüpft hatten, die daher nicht mit einem Male gestürzt werden konnte. Aber wie der Sturm hereinbrach, da war der entwurzelte Stamm ein Spiel der Winde, und das Opfer ist in Israel geschwunden und bleibt geschwunden. Eine jede Begründung der Religion auf Opferdienst, auf irgend ein Opfer, das einmal dargebracht worden, sei es ein menschliches, etwa gar ein göttliches, oder ein thierisches, ein jeder sehnsüchtige Rückblick auf den früheren Opferdienst, als auf eine höhere und vollere Lebensäußerung, ein jeder Ausspruch, daß der Opferdienst nun einmal geschwunden sei und daher ersetzt werden müsse durch ein Gebet, eine jede solche geistige Anerkennung des Opferwesens ist ein Rückfall in das Heidenthum. Mit dem Thiere, das als gottesdienstlich dargebracht wird, wird zugleich die höhere religiöse Erkenntniß geopfert, aus der Asche, in dem nach der Höhe wirbelnden Rauche des Opferthieres steigt ein Götze empor.

Der Opferdienst, wo er herrschend ist, verlangt auch eine besondere Art der Ausführung, er verlangt auch besonders damit Beauftragte, es müssen ganz besonders dazu bestimmte Personen sein, die es verstehen, das Opfer darzubringen, die sich dazu angeschickt, sich gereinigt, geweiht haben, um so auch den Göttern oder Gott besser entgegentreten zu können. Die Gottesverehrung durch Opfer ist die Mutter eines besonderen Priesterthums; wo Opfer sind, da sind auch Priester nöthig, Bedienstete, die es verstehen, die Götter zu besänftigen, ihnen in der rechten Weise nahezukommen. Aber auch das Priesterthum in seinem Zusammenhange mit dem Opferdienst ist gleichfalls nicht rein aus der Wurzel des Judenthums entsprossen. Schon von vorn herein, noch bevor die zehn Worte gesprochen, läßt Gott durch Moses dem Volke sagen: Ihr sollt mir allesammt sein ein Reich der Priester und ein heilig Volk! Das sind die Worte, die Du sprechen sollst zu den Kindern: Israel's. Allesammt Priester! In der Religion des Judenthums bedarf es nicht der Vermittelung besonderer Personen, ein Jeder sei selbst sein Priester, selbst sein Mittler zu Gott. Das Priesterthum ist gleichfalls nur im Judenthume geduldet worden, und wiederum geht der Kampf gegen dasselbe die ganze Geschichte des Judenthums hindurch. Es ist nichts Vereinzeltes, wenn uns Züge mitgetheilt werden von Unzufriedenheit mit dem Priesterthume in der ersten Zeit seiner Begründung, wie in der späteren Zeit, es ist charakteristisch für das jüdische Volksleben. Auf der einen Seite ist das Bedürfniß dazu vorhanden, das Volk steht einmal auf dem Standpunkt des Opferdienstes, da müssen auch Priester sein, und weil sie sein müssen, sollen sie auch in besonderer Reinheit dastehen, nicht Götzenpriester, sondern Priester des wahren Gottes, so daß sie als solche durch sittliches Streben, durch ernstes Ringen nach Selbstheiligung dem Volke vorangehen können. Allein es haftet einmal an jeder Einrichtung, die blos eine Nachgiebigkeit gegen die Schwäche der menschlichen Natur ist, der Makel ihres niederen Ursprunges. Die Priester bewährten sich nicht während der ersten Zeit im Judenthume, immer kämpfen die Propheten gegen die Priester. Die Priester sind Verächter meines Namens! Priester wie Volk gleich sündig! Sie werden bezeichnet und geschmäht als solche, die eigennützige Absichten verbanden mit ihrem hohen Dienst. Das Priesterthum ist also ein geduldetes und keineswegs ein integrirender Theil des Judenthums. Als dann durch die Einheit des Tempels jedenfalls der Götzendienst gebeugt wurde und derjenige Theil des Priesterstandes, welcher diesem Tempel angehörte, zu einem höheren Ansehen gelangte, war eine Zeit lang das Priesterthum wohl in hohen Ehren, so daß bei der Rückkehr aus dem babylonischen Exil auch die Nachkommen der Priester zu Herrschern wurden. Allein sie erhielten sich nur eine kurze Zeit, sie bewährten sich auch diesmal nicht, und wiederum trat der Kampf gegen sie mit aller Entschiedenheit auf, und wiederum erschallt das Wort in einem der späteren Bücher: Gott hat ja Allen gegeben das Erbe, das Königreich, das Priesterthum und die Heiligung! Das ganze Volk gleich! Und wiederum sprechen es alle die älteren Schriften aus jener zweiten Periode aus, daß die Priester im zweiten Tempel sich nicht bewährt haben, daß sie selbstsüchtig seien, arm an religiöser Erkenntniß. Wie in dem ersten Tempel neben den niedrig stehenden Priestern die großen Gottesmänner, die Propheten, sich erhoben, die keine priesterliche Function bekleideten, nicht aus dem Priesterstamme hervorgingen, so im zweiten Tempel neben den Priestern die Gelehrten, die Männer des Wortes und der Erkenntniß, Männer, aus den untersten Klassen des Volkes entsprossen, aber von dem Gottesgeiste durchdrungen.

Auch das Priesterthum ist mit dem Tempel gefallen, und wenn auch einzelne Trümmer des zusammenstürzenden Baues sich erhalten haben, wenn gewisse Einrichtungen, die daran sich knüpfen, noch jetzt schwächlich fortbestehen, so sind es eben Trümmer, die als Erinnerung an das Alterthum ihre Bedeutung wohl haben mögen, die aber die tiefere Wurzel des Judenthums, die wahre jüdische Frömmigkeit nicht berühren.

So tritt die weltumbildende Idee des Judenthums in die Erscheinung. Ich habe in einzelnen Zügen die innere Macht, den Inhalt derselben, sowie einzelne ihrer wichtigen Aeußerungen im Leben Ihnen vorzuführen gesucht. Diese weltumbildende und bewegende Idee des Judenthums bedurfte natürlich, wenn sie in die Erscheinung treten wollte, einer gerüsteten Schaar, die auch ihre Waffen führte, es bedurfte einer größeren Einheit, die die Fahne ihrer Idee hoch emporhob, bereit zum Siege oder zum Tode, es bedurfte eines geschlossenen Volkswesens, einer innig in sich verketteten Zusammengehörigkeit, wenn die Idee als eine berechtigte Macht auftreten wollte. Das ist der Widerspruch, der bei allen Erscheinungen der Geschichte sich kundgiebt. Die Idee ist eine umfassende, aber sie bedarf der Träger, und diese müssen in sich geschlossen sein, wenn sie nicht zerstreut werden wollen. Die Idee des Judenthums ist eine die Menschheit umfassende, sie bedurfte aber eines einzelnen Volkes, das sie zunächst ins Leben einführte. Daß dadurch manche Widersprüche sich kundgaben, daß allgemeines Menschthum und Nationalität in Widerstreit geriethen, davon haben wir Einzelnes schon zu beleuchten gesucht.

Es knüpft sich hier aber noch ein anderer Gedanke daran. Es ist das Loos der tiefer auf die Gesammtheit einwirkenden culturhistorischen Völker, daß sie bei aller geistig mächtigen Einheit zu einer wirklich vollkommenen staatlichen Einheit nicht zu gelangen vermögen. Ein Volk, das keine so glänzende Mission hat, schließt sich enger, leichter zusammen zu der Aufgabe, die ihm geworden. Jedes Volk besteht zwar aus einzelnen Stämmen, aber der gebildetere, kräftigere erhebt sich dann und sammelt die andern unter sich, und so wird es eine Einheit. Völker aber, die von tieferem Geiste durchdrungen sind, eine mächtigere Idee in sich tragen, können zu einer solchen Einheit weniger gelangen. Sehen Sie das griechische Volk an! Das Dorische, das Jonische, das Attische, das Lacedämonische, jedes hat ein griechisches Gepräge, es zeigt sich darin die Macht des griechischen Geistes; allein dieser Geist war ein zu umfassender, als daß er sich nicht hätte mannigfach ausprägen sollen, es hat jedes seine scharf geschnittene Eigenthümlichkeit und es läßt sich das Eine nicht durch das Andere verwischen. Das griechische Volk gelangte nicht zu einer Einheit, ein jeder Stamm will sich besonders wahren. Es ist allerdings eine geistige Einheit in ihm vorhanden, und diese geistige Einheit ist sicherlich mächtig genug und wußte Widerstand zu leisten gegen feindlichen Anprall. Es erzählt uns die Geschichte nicht davon, wie persische Diplomaten mit stiller Verachtung dieses kleine Volk betrachtet haben mögen, und mancher Staatsmann mag gesprochen haben, wie doch Hellas nur ein geographischer Begriff sei, wie es nur einzelne Stämme seien, die man leicht überwältigen könne. Aber an diesem geographischen Begriff stolperte das gewaltige Perserreich und wäre fast daran zu Grunde gegangen, und von den Persern, von diesem mächtigen Reiche, würden wir kaum etwas Näheres wissen, wenn nicht eben jenes Hellas uns Nachrichten von ihm überliefert hätte, und zugleich das geknechtete und verachtete Judäa. Die Einheit ist demnach allerdings eine mächtige und das Volksbewußtsein war in ihm lebendig, aber zu einer wahrhaft staatlichen Geschlossenheit gelangte das griechische Volk nicht, und nur dann, als die Kraft erschöpft war und die Eigenthümlichkeit zu erlöschen anfing, da kam ein roherer Stamm, der macedonische, und fügte sie nun in eins zusammen, breitete die schalen Ueberreste griechischer Bildung über die Welt aus, aber das echte Griechenthum war es nicht mehr. Das Griechenthum ist darum nicht untergegangen, es ist immer wieder aufgelebt, um die Welt zu erfrischen, sein Geist ist nicht gestorben, wenn auch das Volk untergegangen ist, wenn auch der Staat nimmer eine wahre Einheit darstellte. Es ist in ähnlicher Weise, wenn auch nicht so umfassend, mit den italienischen Staaten des Mittelalters gegangen. Es sind Staaten, klein an Gebiet, aber groß in ihrer Eigenthümlichkeit, die so scharf ist und so tief sich eingrabend in die culturhistorische Entwickelung der Völker, daß ein jedes seine Eigenthümlichkeit zu wahren entschlossen war, so daß es nicht zu einem geeinigten Gesammtstaate gelangen konnte. Ob Piemont nun dazu bestimmt ist, der italienische Macedonier zu werden, das liegt im Schooße der Zukunft. Ob auch Deutschland gleichfalls ein solches

Bild uns darbietet, ob auch ihm die culturhistorische Stelle in der Geschichte geworden ist, und ob deswegen ein jeder Stamm darauf bedacht ist, die Selbständigkeit sich zu wahren, so daß sie zu einer Einheit, die sie aus dem Tiefsten ihres Innern ersehnen, dennoch nicht gelangen können? ob das deutsche Volk wirklich nicht die Aufgabe hat, ein größerer Staat zu werden, sondern ein großer geistiger Factor in der Menschheit? Nun, das schlechteste Loos ist es keineswegs, das einem Volke werden kann, obgleich es schmerzlich und tief betrübend ist für diejenigen, die mit inniger Liebe am Vaterlande hangen und nicht blos seine geistige Bedeutung wünschen, sondern auch seine volle eingreifende Macht.

Doch dem sei, wie ihm wolle, Israel war ein solches Volk. Auch Israel hatte eine Idee, die sein Volksdasein überschritt, und gerade deshalb prägte sich wiederum in den einzelnen Stämmen diese Idee in verschiedenartiger Weise aus, und so konnte es zu keiner inneren Einheit des staatlichen Lebens gelangen. Die alte Geschichte des jüdischen Volkes ist uns sehr trümmerhaft zugekommen, blos nach gewissen Gesichtspunkten von den Berichterstattern aufgefaßt und wiedergegeben; ein großer Theil ist uns vom Standpunkt dessen, der zuletzt der siegreiche blieb, dargestellt, nämlich von dem des Stammes Juda, der allein zuletzt noch sich erhielt. Die Geschichte ist zunächst ferner von dem Gesichtspunkte aus geschrieben, in wiefern das Volk sündig war oder nicht, in wiefern die Könige fromm oder abgefallen. Die Geschichte eines Staates oder Volkes hat aber noch viele Factoren, die mitwirken, und wenn auch die Verwirklichung des Gottesbegriffes die eigentliche Aufgabe war, so gab es im jüdischen Staate doch eine allgemeinere Geschichte, und diese ist uns nur in Trümmern zugekommen, wir müssen sie errathen, uns zusammensuchen. Das Volk lebte in Stämmen, das zeigt sich uns immer. Jeder einzelne Stamm bleibt lange Zeit ziemlich selbständig, diese Stämme verbanden sich zu kleineren Ganzen. Von diesen Gruppirungen erfahren wir Verschiedenartiges: eine Gruppirung in vier Theile; es ist die Abstammung nach den vier Müttern, die dem Volke schon eine gewisse Theilung aufdrückten und einen jeden Theil für sich als zusammenhaltend kennzeichnen. Neben dieser Theilung finden wir noch eine andere Gruppirung. Die Stämme, wie sie in der Wüste lagern, ziehen immer je drei unter der Fahne eines Hauptstammes; aber auch von dieser Viertheilung erfahren wir sehr wenig. Hingegen zeigt sich eine andere Theilung schon von der ersten Zeit an als maßgebend. Ich sage: von der ersten Zeit an, denn es ist ein sehr bedeutendes Wort, das die alten Lehrer aussprechen: Die Erzählung von den Erzvätern, von den ersten Begründern Israels, hat hohe Bedeutung für die Geschichte der späteren Zeit. Es werden die Züge hervorgehoben, die maßgebend sind für die spätere Geschichte. Da stehen nun von vorn herein als Hauptstämme Ruben, Ephraim, Juda.

Ruben, der Erstgeborene, der die Berechtigung hat, aber dennoch nicht anerkannt wird; er zeigt sich als derjenige, der zuerst seßhaft wird, zuerst Land sich erwirbt und so eine Bedeutung erlangt über die andern Stämme, und er entbehrt dennoch des Vertrauens. Er beansprucht wohl Vorrang, er sucht sich — so heißt es vom alten Ruben, und das ist das Charakteristische des späteren Stammes — das Kebsweib seines Vaters anzueignen und so die Herrschaft sich zu erwerben. Als Absalom sich die Herrschaft seines Vaters David anmaßen will, sagt der schlaue Rathgeber Achithophel zu ihm: Komm zu den Kebsweibern Deines Vaters, dann hört ganz Israel, daß Du gebrochen hast mit Deinem Vater, und es erstarken Deine Anhänger. Als Adoniah, der unter David gleichfalls die Herrschaft sich zuwenden wollte, ohne daß sein Beginnen glückte, nach dem Tode Davids die Erlaubniß erhält, im Lande zu weilen, geht er zur Bath=Seba, der Mutter Salomo's, und sagt zu ihr: Laß mir doch durch Salomo die Abischag, die Sunamiterin, die zuletzt um David war, zum Weibe geben. Dies scheint ihr ein ganz unschuldiges Verlangen und Bath=Seba trägt Salomo ganz arglos dieses Verlangen des Adoniah vor; Salomo aber ergrimmt und spricht: Nun, verlange gleich für ihn das Reich! Als nach Saul's Tode David die Herrschaft über Juda antritt, der Schwächling Jsboseth, der Sohn Saul's, aber noch eine Zeit lang Schattenkönig der übrigen Stämme bleibt, während der Feldherr Abner seine Hauptstütze ist: da zeigt dieser die Lust, sich selbst zu erheben, durch die Aneignung eines Kebsweibes von Saul. Jsboseth wagt ihm Vorstellungen zu machen; aber Abner läßt nun seinem Unmuthe freien Lauf und — vollzieht seinen Abfall, geht alsbald zu David über. — In ähnlicher Weise sagt der Prophet Nathan in seiner Strafrede zu David, es solle ihm doch genügen, daß Gott ihm die Frauen seines früheren Herrn Saul gegeben habe. Sie sehen, daß in dem Verkehre mit den Kebsweibern des Vaters und Herrschers der Anspruch begründet wurde zur Erwerbung der Herrschaft, und so spiegelt sich die Anmaßung des Stammes bereits in dem Beginnen des alten Ruben ab. Rubeniten, Dathan und

5. Getheiltes Volksthum.

Abiram, sind es, die sich gegen Moses empören. Ja, sie erscheinen insgesammt fast als losgelöst, und das andere Israel traut ihnen nicht. Als es einst zum nationalen Kampfe kommt, da spricht Deborah, die Prophetin, das Wort aus: Ruben, warum weiltest Du müßig zwischen den Hürden, zu hören das Blöken der Heerden, ja bei den Strömen Rubens da sind gar große Bedenken. So wird Ruben in den Hintergrund geschoben, getadelt, er, der Ansprüche macht, ohne daß sie Anklang finden. Er will Joseph retten, man hört nicht auf ihn; er will sich für Benjamin verbürgen, er erhält keine Antwort darauf; er beklagt sich später, daß man ihm nicht gefolgt, er findet kein Gehör. Wenn Jakob vor seinem Ende die Söhne segnet, sagt er von ihm: Du warst bestimmt zu Ansehn und Macht, doch flüchtig wie das Wasser hast Du Ansehn Dir verscherzt. Es lebe Ruben, spricht Moses in seinem Segen, er sterbe nicht, es seien seine Mannen eine geringe Anzahl, weiter nichts! Ruben geht auch zuerst zu Grunde. Schon bevor die andern Stämme ins Exil abgeführt wurden, wird sein Land erobert und sie werden in die Gefangenschaft geführt. Das ist der eine Stamm, der Bedeutung anstrebt, aber zu keiner dauernden gelangen kann.

Ein andrer, mächtigerer ist der Stamm Ephraim. Mit einer wahren Anmuth übergossen ist die Geschichte Ephraims von seiner frühesten Zeit oder vielmehr die Geschichte Josephs, des Vaters Ephraims; sie ist ein Vorbild der späteren Zeit, der Geschichte des Stammes selbst. Joseph ist gleichfalls ein Erstgeborener, er ist der Erstgeborene des geliebten Weibes, des Weibes, das eigentlich das Weib Jakobs war, das er zuerst geschaut, für das er gedient, das er liebte, das er sein ganzes Leben lang im Herzen trug. Joseph selbst ein schöner, liebenswürdiger Jüngling, wie tritt er überall edel auf! Er blickt träumerisch in die Zukunft, aber gerade darin liegt ein emporstrebender Geist, eine tiefe Ahnung seiner einstigen Bedeutung und Größe, und nicht blos, daß er groß ist und groß wird, sondern er ist auch sittlich groß, seine Reinheit bewährt sich in dem Widerstande gegen alle Versuchungen, er bleibt in den schwersten Prüfungen durch die Unschuld seines Herzens unbefangen und froh. Doch er zieht nach der Fremde, seine Größe zeigt sich im Ausbreiten seiner Macht, weniger im Innern; das ist die Bedeutung des Stammes Ephraim. Wir wissen nicht genug von ihm, um diese Bedeutung vollkommen aufzeigen zu können, die Berichte sind alle judäisch gefärbt, und dennoch blickt überall seine hervorragende Stellung durch.

Von Ephraim kommt derjenige, der zuerst in Kanaan eintritt, Josua ist ein Ephraimite, er ist der Nachfolger von Moses. Ephraim begründet zuerst die Macht Israels. Die ersten Propheten traten in Ephraim auf und verkündeten den edlen hochherzigen Geist, der sich in ihm zeigte. Freilich, es hat den Drang, eine große Macht zu werden, es begnügt sich nicht damit, innerhalb Israels von Bedeutung zu sein, es geht oft auf Eroberungen aus. Die israelitische Großmacht beeifert sich, eine asiatische zu werden; aber daß es ganz Israel beherrschte, von diesem Ziele bleibt es doch weit entfernt.

Neben Ephraim steht immer Juda. Juda, finsterer, nicht so liebenswürdig auftretend, seiner ganzen Erscheinung nach in sich geschlossener, straffer und durch diese Straffheit zäher, die Idee mächtiger in sich entwickelnd. Juda rettet Joseph vom Tode, Juda leistet für Benjamin die Bürgschaft und er tritt für ihn ein, als ihn Joseph zurückhalten will. Aus Juda ist auch einer der Abgesandten, Caleb, der Sohn des Jefunne, der gleichfalls für die Eroberung des Landes begeistert ist und das Zagen der anderen Stämme als eine unwürdige Handlung verwirft. Juda ist es auch, das seine Stammeseigenthümlichkeit sich wahrt und das eine kurze Zeit auch die Herrschaft über ganz Israel erreicht. Sicher war diese Herrschaft keine enge, die Selbständigkeit der Stämme war wohl noch entschieden genug, so daß auch David's und Salomo's Zeit keine wirkliche Gesammtmonarchie darbietet, doch war wohl, wenn auch widerwillig, Juda's Hegemonie anerkannt. Da ist ein bezeichnendes Wort, wie es das Innerste der Volksbewegung ausspricht: David war gestorben, und Salomo folgte ihm; er war ein weiser Fürst und von seiner Weisheit wird namentlich eine Geschichte mitgetheilt, die zugleich den innersten Gedanken der Zeit enthüllt. Es traten einst, wird erzählt, zwei Frauen vor ihn hin, die eine hatte ein lebendiges, die andere ein todtes Kind, aber beide behaupteten, das lebendige sei das ihre, und beide sagten: Mir muß das lebendige zugetheilt werden. Da sprach Salomo: Holet ein Schwert herbei und zertheilt das Kind und es nehme eine jede sich die Hälfte. Die eine war damit zufrieden, die andere aber sagte: Lasset das Kind leben, gebet es ihr ganz, aber tödtet es nur nicht. Da sprach Salomo: Das ist die rechte Mutter; sie giebt es lieber auf, als daß sie sein Leben bedrohte. Ein schöner Zug echter Klugheit! Aber es ist mehr als dies, es ist die volle Bezeichnung der damaligen Volkszustände. Zertheilung des Reiches war die Losung, und die Erbitterung, die der

5. Getheiltes Volksthum.

Eine gegen den Andern in sich trug, bewährte sich, als der starke Arm Salomo's erschlafft war; als er starb, da erfolgte die Zertheilung des Reiches wirklich, da machte diese Sehnsucht jedes einzelnen Stammes sich bemerkbar, sich als Gebieter hinzustellen. Mein ist der lebendige Sohn, mein ist das ganze Volk, so sprach ein jeder dieser Stämme es aus. Nun, so theilet das Reich! Nein, die Theilung wollten sie nicht, die verabscheute der wahre Vaterlandsfreund; dennoch konnte es keiner der Nebenbuhler über sich gewinnen, zu sagen: Gebet ihm das ganze Reich, aber zertheilet es nicht! Salomo's Wort mahnte, aber es zündete nicht; die Theilung des Reiches erfolgte und gegenseitige Gehässigkeit von Juda und Ephraim, Ephraim mehr großstaatlich, Juda ein kleiner Mittelstaat. Wollen Sie einen bezeichnenden Ausdruck dafür hören? Es war ein König in Juda, Amazia, ein siegesgewohnter, kriegsgerüsteter, tapferer Mann, der manchen Nachbar gedemüthigt und gezüchtigt, der König von Israel war Joas. Nun schickte Amazia zu Joas und ließ ihm sagen: Wohlan! wir wollen uns messen! Da gab Joas die schneidende Antwort: Der Dorn auf dem Libanon schickte einst zur Ceder auf dem Libanon: Wohlan, gieb Deine Tochter meinem Sohn zum Weibe. Da kam ein kleines Thierchen von dem Felde und zertrat den Dorn. Hören Sie hier nicht den Hochmuth einer Großmacht gegenüber einem Mittelstaate? So behandelt Ephraim Juda und es kam so weit, daß Ephraim sich mit auswärtigen Staaten verband, um Juda zu demüthigen. Pekach verband sich mit den Assyriern gegen Juda, und mit solchen Schritten besiegelte Ephraim oder das Reich Israel seinen Untergang; es glaubte sich der israelitischen Idee entwachsen, wollte asiatische Großmacht sein, und um diesem Verlangen nachzukommen, glaubte es das Interesse Israel's, sein geistiges Leben verrathen zu dürfen, um angeblich größeren, allgemeineren Zwecken dienen zu können. Da kam eine größere, die assyrische Macht, und zertrat es. Juda blieb auf dem Kampfplatz stehen, diese assyrische Macht mußte von ihm abziehen, und Juda erhielt sich noch eine längere Zeit, und in dieser kurzen Spanne, die ihm zugewiesen war, traten die großen Männer auf und belebten den inneren Volksgeist. Juda wußte sich seine innere straffere Einheit zu bewahren durch die Einheit des Gottesdienstes in Jerusalem, wie in allen seinen religiösen Einrichtungen. Juda entwickelte den Geist zu einer unversiegbaren inneren Festigkeit. Es mußte auch unterliegen, es wurde vom babylonischen Reiche verschlungen, und dennoch nicht verschlungen; sein staatliches Leben wurde aufgezehrt, aber sein inneres geistiges Leben blieb trotz dem Exil. Juda mußte auswandern, aber es wanderten blos seine Bürger aus, die Genossen des Glaubens blieben eine Einheit. Die zehn Stämme sind aufgezehrt, ein Theil verband sich mit andern Völkern, ein Theil ging in das Reich Juda; dieses aber blieb, blieb der Träger des geistigen Lebens, und mit seinem Namen wird nun benannt die Religion, die durch Jahrtausende als die siegreiche auf dem Kampfplatze sich behauptete.

6. Exil und Rückkehr. Tradition.

Lassen Sie uns noch einige Augenblicke bei den verschiedenen Staatengruppirungen verweilen, die zugleich auch den sich entwickelnden religiösen Richtungen innerhalb Israels entsprechen. Ruben, so sprachen wir es aus, hatte zuerst aus dem Nomadenzustande heraus feste Sitze sich auserkoren; es war zuerst zu einem staatenbildenden, volksgründenden Elemente in Israel geworden, wird aber als ein später zurückgedrängter Stamm doch nicht mit der Beachtung behandelt, die seine erste Gründung eines Volksthums vielleicht verdiente. Es war auch sicherlich in der religiösen Entwickelung zurückgeblieben. Wohl ist jenseits des Jordan in dem Gebiete, das Ruben und denen, die sich ihm anschlossen, gehörte, die Gründung der Offenbarungslehre vollzogen worden. Moses hat dieses Land nicht überschritten, er ist innerhalb desselben geblieben und dort gestorben, dort war zunächst die Offenbarung, dort war also auch die Gründung der jüdischen Idee und die Befestigung derselben, ihre Ausarbeitung nach den verschiedensten Lebensgestaltungen; aber dennoch war es offenbar ein zurückgebliebener Standpunkt, unreif in seiner Entwickelung, die durch höhere Entfaltung verdrängt, dann auch völlig in Vergessenheit gerieth. Schon früh heißt es, es habe Ruben mit den andern Stämmen einen Altar sich erbaut dem lebendigen, einzigen Gotte, aber dennoch habe dies Bedenken erregt, als sei hier eine götzendienerische Eigenthümlichkeit, so daß die anderen Stämme fast dieselben mit Krieg überzogen hätten. Ruben sank dahin laut- und klanglos, und sein Land fiel Ammon, Moab und Edom zu, Völkern, welche als besonders feindselig dem Judenthum gegenübertretend geschildert werden. Daß innerhalb dieses Gebietes ein geistiges Leben, wie es von den übrigen Stämmen überliefert ward, sich erhalten habe, davon findet sich keine Spur. Später wird dieses Gebiet wieder erobert, als zu dem Staate Judäa gehörig, und es zeigt sich wieder keine Verschiedenheit, es tritt das Leben des Judenthums, weit sich verbreitend, auch dorthin. Der alte Standpunkt ist besiegt.

Als der zweite erhob sich freilich ebenso wie durch staatliche Macht so auch durch geistige Hoheit und Veredelung Ephraim. In Ephraim, das uns ebenso durch geistige Begabung, wie durch edle feine Sitten ausgezeichnet mannigfach erscheint, erstehen die Propheten, da sind die Männer, die die volle, reine Gotteserkenntniß in sich tragen, die die Lehre nach ihrer tieferen Auffassung und vollständigen Entwickelung verkünden. Es gelangt freilich auch nicht im ganzen Volke zu seiner lebenskräftigen Blüthe, auch Ephraim schwindet dahin, auch ihm war die Grundlage des staatlichen Lebens und damit auch der Boden für die weitere religiöse Entwickelung entzogen, aber es schwindet dennoch nicht ganz und gar dahin. Das Reich Israel wird von Assyrien zerstört, die Bewohner werden in die Gefangenschaft getrieben, ein Theil aber (wie überhaupt im Alterthume blos theilweise Vertreibungen, aber nicht gänzliche Vernichtungen und Ausrottungen eines Volkes stattfanden), ein Theil bleibt dennoch auf staatlichem Boden. Und zu den Zurückgebliebenen gesellte sich ein Kreis von neuen Ansiedlern, die von dem Sieger dorthin gesendet wurden, um das Land nicht der Verödung preiszugeben. Da bewährte sich die Macht höherer Bildung, der Sieger muß sich geistig unterwerfen dem Besiegten. Wie späterhin rohe Horden das römische Reich zerstörten, als Sieger zwar ungestraft das alte Volksthum zertraten, aber doch der höheren Bildung sich beugen mußten, durch sie gesittigt wurden und zu einem menschheitlichen Bildungselemente sich gestalteten, so ging es auch dort. Die Ansiedler, die das Land Israel theilen sollten mit denen, die jenes Gebiet von früher bewohnten, jenes Gebiet nämlich des Reiches Israel, sie gestalteten sich allmälig selbst zu Israeliten, zu Ephraimiten. Sie nannten sich von nun an nach Schomron, der alten Hauptstadt des Reiches, Schomronim, Samaritaner; es waren Israeliten, die allerdings zuerst in einer gewissen Mischung mit ihren assyrischen Gewohnheiten das Israelitenthum aufnahmen, aber doch mehr und mehr sich der echt ephraimitischen Idee, also der Grundlage des Judenthums, anschmiegten, die reine Gottesidee in sich aufnahmen und auch zugleich das Leben, wie es aus dieser Gottesidee hervor sich arbeitete, sowohl im sittlichen Verhalten als auch in einzelnen Formenausprägungen. So fügten sich diese und wurden vollkommen Samaritaner. Allerdings, es war gleichfalls eine überwundene Stufe! Das Reich Israel war zurückgeblieben in seiner religiösen Erkenntniß, und wenn es auch die Grundlage hatte, den lebendigen Geist, der rastlos auf derselben fortarbeitete, wie er in Juda gepflegt wurde, hatte es abgewiesen; es blieb ihm nur das Gesetz Mosis, aber die großen Propheten, die in Juda erstanden waren, Jerusalem als ihren Mittelpunkt betrachteten, auf das Davidische Haus als die Träger des Staats-, Volks- und religiösen Bewußtseins hinblickten, diese großen Propheten mußten sie eifersüchtig und feindselig von sich fernhalten. Sie hatten den Buchstaben wohl, aber der volle Geist strömte in ihnen nicht lebendig und brachte keine edleren Früchte zur Reife, sie klammerten sich darum an ihre alten heiligen Stätten. Sichem, schon zu alter Zeit die Stätte, wo das religiöse Leben gepflegt wurde, es blieb die heilige Stadt, der Berg Garizim, an den die Stadt sich anlehnte, ward als Ort der Offenbarung verehrt, sie die Orte besonderer Gnadenausströmung; das Opfer dort darzubringen, galt ihnen als das Werk der höchsten Frömmigkeit. Die Samaritaner nahmen später gar manches aus der jüdischen Lehre an, sie, die dürftig an Erkenntniß waren, die blos alte Erinnerungen und Ueberlieferungen hatten, mußten aus dem lebendigen Geistesquell schöpfen, der im Judenthume immer neu befruchtete; sie nahmen an, aber blos theilweise und nur insoweit, als es ihrer Eigenthümlichkeit nicht gefährlich zu werden drohte. So blieben sie eine sieche religiöse Genossenschaft und erhielten sich als solche dennoch lange. Das ist die Macht selbst der gebrochenen Idee, daß sie als lebenspendend immerhin sich bewährt; sie erhielten sich lange, ja bis zum heutigen Tage, aber ihr Dasein war ein sieches, ihr religiöses Leben ein krankhaftes, ihre geistige Entwickelung konnte sich nicht erheben, sie klammerten sich an die verwitterten Trümmer an, auf denen wohl Moos entsteht, aber keine gesunde, erquickende Pflanze. Selbst zu den Zeiten, da ein neuer Aufschwung durch die Welt zog und auch diese Gegenden berührte, war wohl wiederum ein Zucken in den erstarrten Gliedern, wollten sich hie und da Einzelne regen, aber zu einem vollen Leben gelangten sie nicht, und so sanken sie immer tiefer in geistige Verkommenheit, in bürgerliche Vertrocknung, ihre Anzahl schwand mehr und mehr dahin, sie konnten sich nicht losreißen von dem Fleckchen, das ihnen allein immer neue Nahrung gab; die Idee in ihnen war keine menschheitliche, die in die ganze Welt getragen werden konnte, sie mußten sich an ihre Mutterstadt festhalten. Da lebten sie, da leben sie noch heute, zusammengeschmolzen auf etwa hundert Familien, und so sehen sie dem Untergang entgegen, um fortzuleben in der Erinnerung an eine große Jugendzeit, die aber, weil sie sich nicht zur Manneskraft zu erheben vermochte, auch in der Mitte abbrach.

Juda war es, welches die Entwickelung voll und ganz übernahm und durchführte. In Juda, in seiner engen Einheit, in seinem Durchdrungensein von dem Glauben an den Einzigen, der als der Reine und Unbildliche gefaßt wurde als „er ist", in diesem Glauben, der in ihm sich vollständig verkörperte, der, wie er selbst eine Einheit in sich trägt, auch Einheit erzeugte in allen seinen Einrichtungen, in ununterbrochener Folge innerhalb seines Königsgeschlechtes, Einheit in seinem Tempel und allen seinen Anordnungen, mit lebendigem, sittigendem Geist in allen seinen Aeußerungen, die diesem Glauben entstammten: Juda war es, das zur wahren Manneshöhe heranreifte und die Offenbarungslehre zur vollen Lebensmacht gestaltete. In ihm entstanden dann auch diese großen Männer, deren umfassende Werke, aber warum nennen wir sie Werke? deren umfassende Lebensworte, Lebensthaten uns bis auf den heutigen Tag als ein Lebenspendendes zugekommen sind. Juda war es, das in sich die Idee so mächtig ausbildete, daß sie auch nicht mehr an einen bestimmten Boden geknüpft sein mußte. Das Volksthum innerhalb Israels war nicht die Mission, die ihm geworden war, nicht durch das Volksthum war Israels Aufgabe erfüllt. Völker, welche blos ihre Staaten zu gründen, zu erhalten, sie eine gewisse Zeit zu bewahren beauftragt sind von der Weltgeschichte, um gleichfalls ihren Beitrag zu erfüllen, sind, wenn sie von den Staaten losgelöst werden, zerschnitten, ihr Leben und Wirken hört dann auf und sie gehen ihrem Untergang entgegen. Ein Volksthum aber, das blos Mittel ist zu einem höheren Zweck, die äußere Erscheinung einer großen, die Menschheit umfassen sollenden Idee, das eine Zeit lang sich sammeln muß, damit eine geeinigte Schaar vorhanden ist, innerhalb deren der Gedanke zum vollen Ausdruck gelangen kann, um dann als vollgekräftigt sich über die Welt verbreiten zu können, ein solches Volksthum mag als Staatsthum aufhören, aber seinem innersten Wesen nach ist es nicht gebrochen. Juda fiel, aber das Judenthum fiel nicht mit. Das Judenthum, — denn das ist eben der Name, wie ihn von da an die Offenbarungslehre trug und trägt, — das Judenthum ist der volle Ausdruck der Offenbarungslehre und darum ist für die Religion Juda's der bezeichnende Name: Judenthum. Lassen Sie uns diesen Namen auch als einen Ehrennamen tragen und bewahren! Es ist auf diesen Namen und auf den Namen seiner Genossen viele Schmach gehäuft worden, der Hohn hat sich um ihn gelagert, und deßhalb ist er oft von den Genossen mit einer gewissen Aengstlichkeit betrachtet worden; man möchte ihn gerne mit einem andern vertauschen: Israeliten, mosaische Glaubensgenossen u. dgl. m. Wir sind aber nach dem engeren Begriffe keineswegs Israeliten. Wir sind Israeliten als die Nachkommen Jakobs oder Israels, aber nicht Israeliten als die Genossen des Reiches Israel. Wir sind nicht mosaische Glaubensgenossen allein, wir hangen nicht blos an dem engen Gesetze, wenn es auch unser Symbol ist, das umfassende Buch, das von Anfang bis zu Ende die Gotteslehre in sich schließt. Weisen wir nicht zurück die großen Männer, die in Juda entstanden sind, die Jesajas und Jeremias, die Dichter der Psalmen und Hiob, sie sind mit der lebendige Geist, sie sind der wahrhafte Quell, der das Ganze durchströmt, und wenn wir uns wie die Ephraimiten blos an den todten Buchstaben des Gesetzes halten wollen und nicht den geistigen Quell aufnehmen, dann sind wir freilich keine Juden, aber wir verdienen es auch nicht zu sein.

Juda fiel, aber das Judenthum blieb auch dann, als Juda in die Gefangenschaft getrieben wurde; denn auch ihm war das Loos nicht erspart worden, es fiel unter die Macht Babylons. Aber es war in sich gefestet, und nun bewährte es sich, daß es eine höhere geistige Macht in sich trug. Wohl hing es in der Gefangenschaft die Harfe an die Weiden, es wollte nicht singen das Lied Zion's, es strömte die Klage aus seinem Herzen, es strömte aber auch das volle Bewußtsein aus ihm empor, daß die höchsten Güter mit ihm in die Gefangenschaft gewandert und nicht der Verkümmerung preisgegeben waren. Es war nach Babylon ausgewandert, und wie denn in der Geschichte dieses Volkes Alles providentiell ist, überall die Leitung einer höheren geschichtlichen Macht sich kundgiebt, so auch in dem Geschicke, das ihm nun ward. Nicht lange blieb es unter babylonischer Macht, auch Babylon mußte einem anderen Reiche weichen; Babylons Erinnerungen sind unter die Erde gesunken, es trat ein anderes Volk an seine Stelle, das persische, das von milden Sitten, von einer höheren Erkenntniß beseelt war. Es war allerdings auch ein asiatisches Volk, lebte auch in den damaligen Anschauungen, trug aber doch eine höhere eigenthümliche Bildung in sich. Juda oder vielmehr die Genossen des Judenthums, die in Persien lebten, hatten von dessen Erkenntniß nichts aufzunehmen, sie trugen ihre Eigenthümlichkeit in sich und entwickelten sie auch selbständig; allein es war doch von großem, mächtigem Einfluß, daß sie nicht mehr den Kampf zu bestehen hatten gegen den rohen Götzendienst. Das Leben in Persien war von reinerer Art; in der Lichtreligion, der Verehrung der reinsten Ausstrahlung des göttlichen Wesens, fanden die Perser ihre besondere religiöse Nahrung. Die Juden haben von den persischen Ansichten Nichts aufgenommen, jedenfalls nicht Bedeutendes. Eine Umgestaltung durch den Einfluß der Parsen anzunehmen, dafür sind keine Thatsachen vorhanden, dafür ist eine nöthigende Veranlassung nicht sichtbar; es mögen, wie die alten Lehrer sogar selbst berichten, einzelne, untergeordnete Anschauungen sich eingeschlichen haben, die aber auch untergeordnet blieben. Die Alten sagen, die Namen der Engel seien aus Babylon mit den Juden in ihre Heimat gewandert, und was heißt das anders, als daß der ganze Engelglaube aus Babylon, aus Persien übergegangen sei? Dieser Engelglaube, dieser große Hofstaat, der um Gott sich versammelt, wie der irdische Herrscher ihn in Persien hatte, die Annahme von sieben Erzengeln, die wie die höchsten Fürsten um den König, so um Ormuz als die höchsten dienenden Mächte sich versammeln, dieser Glaube mag wohl übergegangen sein, auch das Judenthum nahm die Lehre von Engeln und ihrer dienenden Wirksamkeit vielfach an, allein zu einem einflußreichen Glauben, zu einer Lehre, die mit Entschiedenheit auf die Gesammtheit der Gestaltung des Judenthums eingewirkt hätte, erhoben sie sich nicht. Im Gegentheile aber finden wir entschiedenen Kampf gegen das Parsenthum, insofern es dem Grundgedanken des Judenthums entgegentrat.

Das Parsenthum erkannte einen Dualismus an: Ormuz als Schöpfer und Gott des Lichtes und des Guten, Ahriman als Schöpfer der Finsterniß und alles Bösen. Da tritt der Prophet, der besonders aus dem Standpunkt jener Zeit heraus schreibt, jener große Seher, der keineswegs das Parsenthum haßt und gegen seine Herrschaft die Stimme erhebt, der im Gegentheile in Jubeltönen Cyrus und seine That feiert, derselbe Prophet tritt mit den Worten auf: Ja, Israel wird befreit werden, damit sie es erkennen von Ost und West, daß Keiner außer Mir, Ich der Herr und sonst Keiner, der das Licht bildet und die Finsterniß schafft, der Frieden und Heil stiftet und das Böse schafft, Ich der Herr mache dies Alles. Nicht, wie die Perser annehmen, daß zwei Geister wirken, nein, derselbe Gott er ist der Schöpfer der Finsterniß und des Bösen. Es ist mit einer schneidenden Schärfe ausgesprochen, wie wir es sonst nicht finden, wie es eigentlich dem Geist des Judenthums nicht ganz und gar zusagt, Gott geradezu als Schöpfer des Bösen darzustellen, allein es mußte hier der Gegensatz mit aller Entschiedenheit hervorgehoben werden. Als die Zeit um war, der Einfluß des Parsenthums nicht mehr drohte, und die Lehrer diesen Vers mit aufnahmen in das tägliche Gebet, da änderten sie dafür: der bildet das Licht und schafft die Finsterniß, der den Frieden und das Heil stiftet und schafft das All — nicht das Böse!

So lebten die Juden unter den Persern, wie es scheint, im Allgemeinen nicht unter Druck, doch wohl eifrig bedacht für die Pflege ihres eigenthümlichen geistigen Lebens. Da trat in diesem Volk ein Mann auf mit einer civilisatorischen Mission, mit einer großen weltgeschichtlichen Aufgabe. Ein jeder Held, ein jeder große Eroberer ist das Werkzeug in der Hand der Vorsehung, und was seine Ehrsucht unternimmt, wird zum Saatkorn des Segens für viele Länder. Cyrus unternahm es, manches Reich zu zerstören, er machte große Eroberungen und stiftete ein großes persisches Reich; er war aber sicherlich auch ein edler Mensch, von höherem Geiste durchdrungen. Alles, was die Alten über ihn uns berichten, trägt nicht den Charakter eines blutigen Eroberers an sich, sondern den einer edlen, hochherzigen Persönlichkeit, und so bekundete er sich den Juden gegenüber, die in seinem Lande wohnten. Er verstand die eigenthümliche Erscheinung dieser in sich eng geschlossenen Schaar der Juden, die im fremden Lande ihre Einheit bewahrten, und er rief ihnen zu: Wer ist unter Euch, den Gott antreibt, um wiederum hinanzuziehen nach Jerusalem, der thue es und ziehe dahin. Und sie zogen dorthin, nicht alle, es blieb ein großer Theil der Bevölkerung zurück; es waren auch nicht die Schlechtesten gerade, die zurückblieben. Es verband sich schon damals Innigkeit zum Glauben mit der Liebe zur neuen Heimath, obgleich eine kurze Zeit nur, zwei Menschenalter kaum, dahingegangen waren, seitdem sie dieses neue Vaterland zum Besitze erhalten hatten. Es waren viele zurückgeblieben, aber dennoch zog ein großer Theil, ihm folgten allmälig mehrere einzelne Schaaren, und sie gründeten zum zweiten Male den Staat, das Volksleben. Wiederum eine Erscheinung, wie sie kaum in der Geschichte sich wiederholt. Wenn ein Volk einmal sein Land verlassen hat, wenn der Staat zerstört ist, die Genossen vertrieben sind, dann ist zum zweiten Male Staat und Volk nicht wiederherzustellen; wenn einmal die Nerven des Volkes zerschnitten sind, der Faden losgerissen, das innere Volksleben erstarrt ist — neues Leben aus demselben Boden hervorzulocken, ist eine schwere Aufgabe. Dem Versuche, die erstarrten Glieder mit neuem Saft zu durchströmen, hat sich kaum irgend ein Volk gewachsen gezeigt; das Beispiel der Juden ist fast das einzige in der Weltgeschichte. Die Juden kehrten zurück und bildeten wiederum ein neues Volksthum, und warum gelang es gerade ihnen? Weil sie mehr waren als ein Volk, weil sie eine Genossenschaft waren, durch das Band einer Idee in sich geeinigt. Von dem Riesen Antäus erzählt die griechische Sage, er sei unbesiegbar gewesen, so lange er auf dem Erdboden gestanden habe, aber wenn er emporgehoben worden, sei er leichter zu besiegen gewesen; als Hercules daher die Aufgabe übernommen, ihn zu tödten, vermochte er ihn auf der Erde nicht zu bewältigen, aber sobald er ihn in die Höhe gehoben hatte, war es ihm ein Leichtes. So ergeht es fast jedem Volke. Auf seinem Boden schöpft es stets neue Kraft, wenn es ununterbrochen auf demselben weilt, ist seine Lebensdauer lange verbürgt; ist es aber aus diesem Boden hervorgehoben, so ist seine Kraft versiegt. Aber Juda war nicht blos ein Volk, es war Träger eines Gedankens, durchströmt von einer lebendigen Idee, die es in seinem Volksthum nur äußerlich darzustellen bemüht war und die es daher zum zweiten Male auszuprägen unternehmen konnte.

Freilich die eigentliche unmittelbare Schöpfungskraft der Offenbarung, sie war nun zu Ende. Wohl traten bei diesem Wiedereinzuge in Juda Männer auf, die gewissermaßen das Siegel der Propheten, der Schluß derselben sind. Vor Allen jener Seher, der mit solchem Jubel die schöne Zeit der Verjüngung und Erneuerung begrüßte, jener große Seher, der als einer der Edelsten, Weitsichtigsten mit umfassendem Blicke, mit höherer Anschauung alle Zustände durchdringt und die Aufgabe Juda's für die ganze Menschheit mit eindringlicher Kraft schildert. Er begrüßt diese Zeit und Cyrus, den Helden dieser Zeit, mit begeisterten Worten: Der da spricht zu Kores: Mein Hirt! Er erfülle all Mein Begehr, daß er rufe, Jerusalem werde erbaut, das Heiligthum gegründet. So spricht der Herr zu Seinem Gesalbten, zu Kores: Ich habe seine Rechte gefaßt, vor ihm zu demüthigen Völker, den Gurt der Könige löse Ich, die Thüren öffnen sich ihm, die Pforten ihm nicht verschlossen. Ich ziehe vor Dir einher, ebene Ungrades, breche eherne Thüren, zerhaue Riegel von Eisen, gebe Dir Schätze der Finsterniß, Tiefverborgenes, daß Du wissest, daß Ich der Herr bin, der Dich ruft, der Gott Israels.

6. Rückkehr.

Und darauf folgt nun: Damit sie es wissen von Ost und Westen... daß ich Bildner des Lichtes und Schöpfer der Finsterniß u. s. w. Hier hören wir die Begeisterung eines hoch begabten Sängers, der durchdrungen war von der lebendigen Idee des Judenthums, mit Innigkeit, mit höchstem Entzücken die Zeit begrüßt, in der es wiederum als ein lebendiges Volk auch eine lebendige Wirksamkeit entfalten konnte. Auch mehrere andere Propheten: Haggai, Zacharia, Malachi traten im Anfange des Unternehmens auf und begrüßten die Zeit im Offenbarungsgeiste. Aber doch mußte die Zeit bald kommen, wo der Strom der göttlichen Offenbarung versiegte; die Offenbarungslehre war geschlossen, sie hatte sich vollkommen eingelebt in Israel und Juda.

Die Offenbarung war zu Ende, aber neben ihr mußte doch noch ein lebendiger Geist das Ganze weiter leiten und durchziehen, wenn es nicht erstarren sollte; der Geist, der früher in unmittelbarer Wirksamkeit die Männer ausrüstete und die Lehre schuf, mußte als der erhaltende und belebende weiterwirken. Wie in der Natur die Schöpferkraft auf wunderbare Weise das ganze Dasein hervorgerufen, dann aber, als es zur endlichen Ruhe kam, selbst gewissermaßen ruhte, aufhörte Neues zu zeugen, aber diese Schöpfungskraft noch als die des Erhaltens und Förderns sich kundgiebt, dieselbe Kraft, welche schuf, in den Gesetzen lebt, die sie regeln und leiten, in der Frische und Dauer, die der Natur verliehen ist, als lebendiger Strom, der sie immer neu befruchtet, so ist es in dem Geistesleben, das durch die Offenbarung geschaffen worden und durch die Tradition erhalten und belebt werden sollte. Der schaffende Geist war nicht ganz aus dem Judenthum gewichen, es war nicht ein vollständiger Abschluß, so daß nichts mehr neu sich erzeugen, nichts sich veredeln konnte, der lebendige Geist durchströmte weiter die Zeiten. Wenn auch die Klage erschallte: Es ist kein Prophet mehr unter uns, so wirkt darum doch derselbe heilige, veredelnde Geist immer weiter. Die Tradition ist die Kraft der Entwickelung, welche im Judenthum fortdauert als eine unsichtbar schöpferische, als ein gewisses Etwas, das niemals seine volle Ausprägung erhält, aber immer wirkt und schafft. Die den Körper belebende Seele ist innerhalb des Judenthums die Tradition, sie ist die ebenbürtige Tochter der Offenbarung. Sie schwand nie und wird nicht schwinden innerhalb des Judenthums, sie ist der Quell, der die Zeiten immer befruchtet und bei jeder Berührung mit der Außenwelt je nach dem Bedürfnisse auch neu gestalten muß. Das war es, womit das neue Volksleben, das neue religiöse Leben begründet wurde. Wenn einst die Zeit kommen sollte, aber sie wird nicht kommen, wo der Strom der Tradition versiegt, wo man auf das Judenthum hinblickt als auf ein vollständig Abgeschlossenes, wo man mit dem nach hinten gewandten Antlitze auf das schaut, was die früheren Zeiten erschaffen haben, und blindlings dies bewahren will, wo man auf der anderen Seite sich zwar nicht mit Bereitwilligkeit unter die Vergangenheit zu beugen, dennoch aber mit einer romantischen Ehrfurcht, mit einer gewissen alterthümelnden Liebe auf das Judenthum als eine Trümmer hinschaut, die in ihrer trümmerhaften Gestalt erhalten werden müsse, oder Andere wieder mit vornehmer Gleichgiltigkeit an dieser Trümmer vorübergehen, nirgends aber eine gestaltende Kraft sich zeigen, nirgends eine lebendige Kraft hervorbrechen wollte: Wenn einst eine solche Zeit kommen sollte, dann freilich mögen Sie dem Judenthume das Grab aushöhlen, es ist dann todt, es ist dann geistig vollkommen geschwunden, es ist dann ein wandelndes Knochengerüste, das eine Zeit lang noch fortdauern mag, aber dem Untergange sicherlich entgegengeht. Das ist das Judenthum nicht; das Judenthum hat eine fortzeugende Tradition. Ja ehren wir dieses Wort! Die Tradition ist wie die Offenbarung eine geistige Macht, die immer weiter wirkt, eine höhere, die nicht aus dem Menschen hervorkommt, sondern ein Ausfluß des göttlichen Geistes ist, die innerhalb der Gesammtheit wirkt, ihre Träger sich auserwählt, in stets reiferen und edleren Früchten sich manifestirt und dadurch Lebensfähigkeit und Lebensdauer bewahrt.

Mit der Tradition ist das zweite Volks- und Staatsleben, die zweite Epoche des jüdischen Lebens entwickelt worden. Wohl mußte dieses Staatsleben durch einen schweren Kampf begründet werden, und bei allem Jubel, der zuerst die Gemüther durchdrang, schlich sich doch bald die Trauer über die Dürftigkeit der Mittel und die Geringfügigkeit der Ergebnisse ein. War es doch eine zweite Geburt, die nun geschehen sollte, und es zeigt sich da bald, daß man mit einer gewissen Aengstlichkeit verfuhr, nicht aus dem lebendigen, schaffenden Geiste schöpfte, sondern mit peinlicher Rücksicht das Alterthümliche, und wenn es auch nicht mehr in die Zeit hineinpaßte, bevorzugte. Wieder trat Priesterthum und Opferdienst alsbald in den Vordergrund, ja um so mehr, als in Juda das Davidische Geschlecht und die treu gebliebenen Priester, die Söhne Zadoks, zu hohem Ansehn gelangt waren und diese als die natürlichen Führer betrachtet wurden, um die sich alle schaarten, und die ersten Gründer auch die Nachkommen dieser beiden Geschlechter waren, ein Nachkomme Davids und

6. Priesterherrschaft.

ein Nachkomme der Söhne Zadoks. Da nun der neue Staat doch die Lehnsherrlichkeit unter Persien tragen mußte, so war es natürlich, daß der regierende Davidide von geringerer Bedeutung war, der hohe Priester sich die höchste Ehre erwarb und so eine Priesterherrschaft sich bildete, ein Adel, der zugleich auf seine Heiligkeit pochte, eine Familie, die ihre persönlichen Ansprüche mit denen des Heiligthums identificirte, ihre menschlichen Leidenschaften in das heilige Gewand kleidete. Jener große Seher sprach daher auch harte Worte aus gegen diejenigen, die sich ihrer angeborenen Heiligkeit rühmten, sich brüsteten mit ihrem vornehmen Stamme, welche den Gottesknecht, der aber doch der einzig treue ist, jenen Mittelstand, der sich eng anschloß an das Alte und Heilige, aber nicht zu den Herrschenden gehörte, verhöhnten, obwohl er doch der Mittelpunkt war des staatlichen und religiösen Lebens. Wir hören Klagen ertönen über den tiefen Druck, über den inneren Verfall, und dazu kam, daß das Volksleben sich nicht kräftigen konnte; es hatte sich nicht von innen heraus erzeugt, es war ein Geschenk von des persischen Königs Gnaden. Aber eine geschenkte Freiheit ist ein abgebrochenes Reis, das keinen mütterlichen Boden hat, das verwelkt und dahinsiecht. So war tiefe Betrübniß in das Volk eingekehrt, ein gewisses Verzweifeln an sich selbst. Manche trübe, verzweifelte Worte, die wir aus dem Munde des Predigers hören, sind aus jener Zeit ganz heraus geschrieben; es ist die Unsicherheit, die sich des ganzen Volksgeistes bemeistert, wenn das innere und äußere Leben angetastet wird, wenn die Bildung sich zu hoher Stufe emporgeschwungen hat und dennoch ihren vollen Ausdruck nicht finden darf. Es war, wie der Prophet es sagt: Es sind die Kinder zum Durchbruche gekommen und ist nicht Kraft da zur Geburt. Es will sich nichts entwickeln, es zersplittert sich Alles und zerklüftet sich, es nagt das Gefühl der Ohnmacht. Das ist das tiefste Wehe eines Volkes, daran bricht das Herz, daran bricht auch die geistige Kraft. So sollte es in Israel nicht werden, es sollte wohl Schweres auf ihm lasten und es dennoch sich wieder aufraffen. Es giebt einen Punkt, den kein Volk sich verletzen läßt, um den es ringt mit aller Macht seiner Seele, zu dessen Vertheidigung es alle Kräfte wachruft, das ist sein Herzpunkt. Auch Israel ward an seinem Herzpunkte angegriffen, das war der Glaube, der durch die Berührung mit dem Griechenthum gebrochen werden sollte. Da entstand ein Kampf um das innerste Leben, und neu gestärkt ging das Judenthum daraus hervor.

7. Griechenthum. Sadducäer und Pharisäer.

Die Weltgeschichte ist einige Jahrhunderte träge dahingeschlichen über das neue jüdische Staatsleben und Volksthum, ohne daß besondere Erfolge bemerkbar gewesen wären. Wird ein Land in einem Tage neu hervorgebracht, ein Volk mit einem Male geboren? So ruft der große Prophet aus jener Zeit aus, und wir sprechen es ihm nach. Es geht manches Jahrhundert scheinbar still in der Geschichte vorüber, während tief unten in dem Innersten des Volkslebens doch eine nachhaltige Wirksamkeit geübt wird, die dann zur gelegenen Zeit hervorbricht; selbst große Weltereignisse gehen an einem gewissen Kreise ganz unmerkbar vorüber, und man glaubt kaum, daß sie eine Spur dort eingegraben hätten, und doch ist sie eingesenkt und sie wird sich, wenn Luft und Licht günstig sind, wenn innere Antriebe mächtig drängen, in Früchten und Erfolgen zeigen. Alexander, der Macedonier, gründete sein großes Weltreich, in welchem er Stücke aus drei verschiedenen Welttheilen einigte; durch dieses Unternehmen wurde das Griechenthum weithin ausgebreitet, wurden griechische Geistessaaten innerhalb des großen Reiches ausgestreut. Allerdings das Griechenthum, das mit den Waffen Alexanders über die Welt zog, war bereits ein erschöpftes und abgeblaßtes, Alexander selbst, wenn auch ein Zögling des Aristoteles, war gewissermaßen ein wildes Pfropfreis auf dem Oelbaume des Griechenthums, und was er mit seinen Waffen bewirken wollte, war sicherlich weniger die Ausprägung des griechischen Geistes als die Unterjochung der Völker unter seine Herrschaft. Aber mit ihm zog doch immer eine für jene Länder neue, wenn auch ziemlich veraltet gewordene griechische Bildung. Sein Reich überdauerte nicht sein Leben, es zerfiel mit seinem Tode, aber griechische Staaten erhielten sich dennoch in jenen Gegenden, zu denen auch Palästina gehörte. Das Begegniß Alexanders selbst mit dem jüdischen Volke ist ziemlich in Sagen gehüllt. Sein Auftreten erschütterte den ganzen Orient, sein Name strahlte überall und durch lange Zeiten; auch von dem jüdischen Volke wurde er nicht vergessen, er ward gefeiert als ein Herrscher, der den Juden nicht ungünstig gewesen, der sogar dem damals regierenden Hohepriester mit unterwürfiger Ehrerbietung entgegengekommen sei. Wie viel daran geschichtliche Wahrheit ist, wie viel die Sage verherrlichend hinzugefügt hat, vermögen wir heute nicht mehr genau zu bestimmen. Alexander selbst wirkte auf die Entwickelung des Judenthums und des jüdischen Volkes sicherlich nicht ein, aber die Staaten, die aus seinem großen Weltreiche sich hervorbildeten und nun gleichfalls auf griechische Bildung gegründet waren, hatten ihren Einfluß in verschiedenartiger Weise.

Wenn zwei geistige Weltmächte aufeinander stoßen, wie Hellenenthum und Hebräerthum, wie griechische Bildung und jüdische Religion, wenn zwei solche geistige, die Welt umbildende Mächte einander begegnen, so geht es sicherlich nicht ohne Neubildung vorüber, so wird, sei es im Kampfe, sei es in geistiger Durchdringung, immer ein neues Etwas erzeugt, es entstehen Schöpfungen, die den Charakter entweder beider in sich tragen, oder den überwiegenden des Einen, doch geschwängert in gewisser Weise mit dem Charakter des Anderen. In zwei verschiedenen Arten nun wirkte das Zusammentreffen des Griechenthums mit dem Judenthume. In Egypten, namentlich in Alexandria, der Stadt, welche von Alexander selbst als eine Freistätte gegründet worden, und die sich auch bald zu einer freien Stätte des griechischen Geistes erhob, in Egypten, einem Lande, das jedenfalls einen von Bildungselementen tief durchfurchten Boden enthielt, wuchs die alte griechische Bildung, wenn auch nicht in verjüngter Gestalt, doch als ein gewisser Nachwuchs auf, sie verbreitete sich dort namentlich unter den Höherstehenden, unter den geistig Begabteren. Die griechische Bildung wurde ein neues Lebenselement daselbst, ohne daß sie schöpferisch zu wirken, neue gesunde Erzeugnisse hervorzulocken vermocht hätte. In dieser neuen griechischen Heimath herrschte mehr Anlehnung an das Alte, gelehrtes kritisches Untersuchen und Forschen, ein Bemühen, sich die äußere Form der alten Wissenschaft und Gelehrsamkeit anzueignen und wiederzugeben, ein kleinmeisterliches Gelehrtenthum, das von innerem, wissenschaftlichem Triebe nicht befruchtet war. Was sich von da zu uns herübergerettet hat, was uns sonst davon mitgetheilt wird, zeigt keinen frischen, lebendigen Geist, blos das Bestreben, pünktlich und genau das Alte zu durchforschen, den Buchstaben zu pressen und an den Knochen herum zu nagen. Dennoch verbreitete das Alexandrinerthum mancherlei Bildung.

Wiederum zeigt sich hier eine merkwürdige Seite des Judenthums, die ihm seine Bedeutung verbürgt. Ueberall, wo eine neue Bildung sich erzeugt, wo der Geist ungehemmt sich entwickelt, ein frisches Volksthum, eine frische, geistige Entwickelung sich bemerkbar macht, schließt sich das Judenthum rasch an, nehmen seine Bekenner bald die neue Bildung in sich auf, verarbeiten sie, und sie erkennen in diesem Lande, das ihnen das Höchste bietet, geistige Freiheit, geistigen Aufschwung, ihre Heimath. Wie die gesunde Pflanze nach Luft und Licht sich sehnt und dorthin sich ringt, sich hindurchschlingend durch allerhand Hindernisse, so ist es gewissermaßen auch im Judenthume. Luft und Licht verlangt es, und wo sie ihm geboten werden, ist seine Heimath, da fühlt es sich wie im Vaterland, als wäre es seit Jahrhunderten daselbst eingebürgert. Es ist der Vorzug des Menschen vor dem Thiere, daß er auf dem ganzen Erdboden, nicht blos in bestimmten Theilen der Welt, seine Wohnstätte wählen kann, daß überall, wo nur Leben sich erzeugen kann, wo nur irgend organische Wesen sich erhalten können, er auch seine Stätte zu gründen vermag; er ist der Herr der Erde, nicht wie das Thier, das an einen gewissen Boden geknüpft ist. Das Judenthum bewährt hier seinen umfassend menschlichen Charakter. Ueberallhin vermag es sich zu acclimatisiren, überallhin seine Saaten zu tragen und Antheil zu nehmen an dem dortigen Volksleben, namentlich da, wo tiefere Bildung auch den Boden zu einem geistigen umzugestalten weiß.

Genug, die Juden hatten sich bald in Egypten eine neue Heimath gegründet. Ob sie erst mit Alexander dorthin gekommen, oder ob sie schon bei der Auflösung des judäischen Staates zum Theil als Flüchtlinge mit Jeremias dorthin gewandert und bei freier Entwickelung mehr hervortraten, mag dahingestellt bleiben, sie waren da und zwar als voll eingelebt und eingebürgert. Bald war die griechische Sprache ihre Sprache, deren sie sich nicht blos bei dem täglichen Verkehr bedienten, sondern die auch die Sprache ihrer Religion wurde, der jüdischen Religion. Sie gingen so weit, daß sie in Leontopolis, einer Stadt des Bezirkes Heliopolis, sich einen Tempel erbauten, der ein Abbild des Jerusalemischen war, nicht etwa, um sich von Jerusalem loszusagen, um die Verbindung mit dem Mutterlande abzubrechen, sondern in dem vollen Bewußtsein, diesem Lande anzugehören und dort ganz voll ihren religiösen Bedürfnissen genügen zu können. Es war der Oniastempel, der da gegründet wurde und der, wenn er auch nicht vollkommen anerkannt war in Palästina, doch nicht als götzendienerisch verpönt wurde. Der Tempel war das äußere Haus, aber höher stand der Geist, die Lehre; auch sie sollte ihnen zugänglich sein im Griechenthume, in der griechischen Sprache. Daß für einen griechisch-egyptischen Fürsten, einen der Ptolemäer, dies geschehen sei, ist Verherrlichung der Sage; es lag vielmehr in dem Drange der Bevölkerung, die Bibel, ihr schriftliches Heiligthum, sich vollkommen anzueignen in griechischer Sprache. Die hebräische war ihnen damals, als die Uebersetzung unternommen wurde, freilich noch nicht entschwunden, aber sie war ihnen jedenfalls nicht so heimisch und geläufig mehr, daß sie das Buch, das ihnen das Lebensbrod und das Lebenswasser reichen sollte, voll hätten aufnehmen können; die griechische Sprache sollte es ihnen näher führen.

Wir haben hier das erste Beispiel in der Geschichte, daß ein Buch eine Uebersetzung erhielt. Die hebräische Bibel wurde in das Griechische übersetzt, und diese Uebersetzung ist uns zugekommen, sie ist bekannt unter dem Namen der Siebzigerübersetzung. Die verherrlichende Sage berichtet nämlich, daß siebzig Aelteste dieses Buch übersetzt hätten, und zwar jeder für sich abgesondert; alle aber stimmten vollkommen überein, und so zeigte sich, daß die Uebersetzer gleichsam von göttlichem Geiste durchleuchtet waren. So schmückte die Sage jene Uebersetzung aus, nicht blos unter den griechischen Egyptern, sondern auch in den Schriften der Palästinenser, auch in den thalmudischen Schriften wird sie uns mitgetheilt, — ein Beweis, mit welcher Anerkennung und Ehrfurcht dieses Werk auch von der Fremde betrachtet wurde. Diese Uebersetzung trug den dortigen griechischen Geist zum Theile in sich, sie schmiegte sich wohl eng an den Buchstaben der heiligen Schrift an, gab vollkommen den Inhalt wieder je nach dem Verständnisse, das die Uebersetzer davon hatten, aber es fehlte nicht an einigen Umgestaltungen, die den dortigen Anforderungen entsprachen. Abgesehen von einzelnen, dem Drang der Verhältnisse dargebrachten Abweichungen, ist auch auf religiöse und philosophische Anschauungen Rücksicht genommen. In ersterer Art, — um blos eine Vorstellung zu geben, wie die Verhältnisse des Landes berücksichtigt worden, — erblicken wir zum Beispiel die Vorsicht, mit der sie in der Uebersetzung vermieden, etwa dem Königshause zu nahe zu treten oder den Volksvorurtheilen zu verfallen. So wird unter den Thieren, welche zum Genusse untersagt sind, der Hase genannt. Das hebräische Wort würde im Griechischen die Uebersetzung erhalten haben: Lagos; allein die Königsfamilie hieß die Familie der Lagiden, und so würde es einen Anstoß gegeben haben, wenn in dem Gesetzbuche der Juden dieser Name, als der eines unreinen Thieres, vorgekommen wäre. Sie wandelten es um und schrieben ein Wort, das der Fußhaarige oder Fußdichte bedeutet, ein Wort, das sie sich neu bildeten, um dem Anstoß zu entgehen. Die Esel waren eine Thiergattung, die als zum Reiten nur von der untersten Klasse gebraucht wurden; in der heiligen Schrift kommen jedoch die Esel vielfach als Reitthiere vor. Die griechischen Uebersetzer vermieden das Wort, um nicht Spötteln und Kopfschütteln entstehen zu lassen. Aber auch in Gesetz und Religion vermieden sie sorgsam, was dem kritischen Sinn jener Neugriechen einen Anstoß bieten konnte; namentlich sinnliche Bezeichnungen für Gott, Ausdrücke, die als naiv poetische in der heiligen Schrift gestattet sind, aber dem nüchternen Sinne Jener aufgefallen wären.

Dieses Einleben in die griechische Bildung und griechische Sprache drang immer weiter, ohne daß die jüdisch-religiöse Anschauung in den Gemüthern dadurch wankend geworden wäre. Ja, das Aufgeben der hebräischen Sprache wurde dort vollkommen herrschend; sie, die allerdings in gewissem Sinne die Trägerin ist der jüdisch-religiösen Anschauung, die einen frischen Hauch des religiösen Gedankens ausströmt und an der sich zu nähren zugleich eine Nahrung für das jüdisch-religiöse Leben ist, sie wurde unter den griechisch-egyptischen Juden nach und nach ziemlich vernachlässigt und vergessen, so daß selbst die bedeutendsten Gelehrten, ein Philo, schülerhaft in derselben unterrichtet waren. Selbst in einer späteren Zeit, im zweiten und dritten Jahrhundert n. Chr., als ein großer Theil der griechischen Juden in eine andere Religion übergegangen war, der treue Ueberrest sich enger an das hebräische, palästinische Judenthum schloß, hatte man noch das Bedürfniß einer griechischen Bibelübersetzung. Man merkte nun, daß die alte Uebersetzung zu wenig dem Texte entsprach, man verlangte ein engeres Anschließen an denselben, konnte aber der Uebersetzung nicht entrathen! Man mußte daher den Versuch neuer griechischer Uebersetzungen machen, obgleich das Hebräische damals auch unter ihnen mehr verbreitet war. Solche Uebersetzungen unternahm das Alterthum nicht, um ein Kunstwerk zu schaffen und der Nachwelt zu überliefern, sondern aus dem innersten, tiefsten Bedürfnisse der Zeit. Drei Uebersetzer der Bibel zu jener Zeit werden uns genannt: Aquila, Theodotion, Symmachus, und Trümmer ihrer Uebersetzungen sind noch vorhanden. Selbst die Lehrer des Thalmuds lobten sie wegen dieser Arbeit, und das biblische Wort: Es breite Gott aus Jafeth, und Er wohne in den Zelten Sem's, wurde in einer nach jener Zeit üblichen Umdeutung dahin angewendet, die Schönheit des Jafeth wohne in den Zelten Sem's, die Anmuth des Griechenthums mache sich auch einheimisch in den Zelten des Semitismus, — ein Vers, der auch von Andern in verschiedener Weise verrenkt und mißbraucht wurde. Als später nämlich das Christenthum herrschend wurde, deutete man das Wort: Gott breite Jafeth aus und er (nämlich Jafeth) wohne nun in den Zelten Sem's; Jafeth sei der Erbe Sem's, er werde das neue Israel. Und in neuerer Zeit hat man mehr schillernd als wahr davon gesprochen, wie der alte Sem erst durch die Bildung aus Jafeth's Stamm geglättet werden müsse. Genug! Das griechisch-geistige Leben wurzelte tief in den Juden, und noch aus der späteren Zeit wird uns berichtet, ein Thalmudlehrer habe vernommen, wie das Volk das Schemagebet in griechischer Sprache verrichtet habe. Sie sehen, wie die alte Zeit uns Beispiele bietet, daß ein gebildetes Volksthum mächtig auf die Geister wirkend auch an dem religiösen Leben des Judenthums keineswegs spurlos vorübergeht, und daß die Bekenner des Judenthums treu und anhänglich ihrer Religion bleiben, wenn sie auch eingehen in Sitte und Sprache des Landes.

Während der Alexandrinismus, als Scholastik des Alterthums, im Allgemeinen wenig Saftiges und Kräftiges bietet, ist es um so bedeutsamer, daß er grade innerhalb des Judenthums als eine Triebkraft wirkte, als eine Wurzel zu neuen Schöpfungen. Es erwuchs das Bestreben, das jüdische ererbte Gut mit den neu gewonnenen Erkenntnissen zu vereinigen, die Wahrheiten des Judenthums in ihrem Werthe noch zu erhöhen durch die neu zuströmende griechische Bildung, beide Schätze mit einander in Einklang zu bringen, so daß der eine die Herrlichkeit des andern um so heller hervortreten, um so glänzender erstrahlen lasse. Die verschiedensten literarischen Versuche sind, wenn auch nicht besonders werthvolle, Producte dieses treibenden Verlangens. Eine Frucht ernsten geistigen Ringens war besonders die alexandrinisch-jüdische Philosophie. In der Philosophie vor Allem mußte das Aufeinandertreffen des Judenthums mit dem Griechenthume einen harten geistigen Kampf und eigenthümliche Resultate erzeugen. Es bedurfte hier der Vermittelung zwischen zwei scharfen Gegensätzen. Das Judenthum geht von seiner Selbstgewißheit aus, von der inneren Erfahrung, von einer lebendigen Ueberzeugung, für die es keines Beweises bedarf und die nicht vollständig bewiesen werden kann. Das Griechenthum ging im Gegentheile von der Untersuchung, von der menschlichen Forschung aus, von dem Sinnlichen emporsteigend, entwickelnd und ablösend, um zu dem höheren Gedanken zu gelangen. Zwei verschiedene Wege, die nicht blos im Verfahren auseinandergehen, sondern auch in der ganzen Anschauungsweise! Und diese beiden einander schroff entgegengesetzten Anschauungen prallten auf einander. Allein auch im Griechenthum gab es eine Richtung, die, wenn sie auch dem griechischen Geiste angehörte, dennoch mit einem gewissen prophetisch-poetischen Schwunge das Höhere zu erfassen bemüht war und von diesem Höheren zu dem Niederen herabstieg, jenes in tiefere Stufen sich einsenken ließ. Sie will gleichfalls das Göttliche, das Ideale unmittelbar erfassen, durch Intuition, durch erhöhte Anschauung. Mit solch kühnem Schwunge erfaßte Platon das ewig Gute, das ewig Schöne; aus ihm erzeugen sich einzelne Ideen, die als Musterbilder, — man weiß nicht, ob sie an sich auch eine gewisse Existenz haben oder blos als Bilder des Geistes zu denken sind, — sich in den wirklichen Dingen ausprägen, sie selbst vollkommen, während die einzelnen sinnlichen Gegenstände sie blos in Begrenztheit darstellen. Das war eine Richtung, die den jüdischen Philosophirenden besonders zusagen mußte. In ihr fanden sie die Brücke zwischen den rein urgeistigen und den stofflichen Dingen. Wie geht der höchste Geist, der ewig vollkommene, ein in die unvollkommene Welt? Musterbilder schafft er aus sich, sagte Plato, er schaut in sich hinein, und da entsteht Vollkommenes, aber dieses Vollkommene prägt sich wiederum in untergeordnete Existenzen aus und so geht es tiefer hinunter von Mittelursachen zu Mittelursachen, bis die wirklichen Dinge entstehen und die Schöpfung uns entgegentritt. Gott, das ewige Sein, das ewig Vollkommene ist die höchste Ursache, doch der ewig Reine tritt nicht in unmittelbare Verbindung mit diesem Unreinen, erst durch vielfache Ausströmungen und Verkettungen entsteht das Irdische.

Eine solche Auffassung war den jüdischen philosophisch gebildeten Griechen sehr genehm. Sie bot ihnen eine glückliche Handhabe, Gott in seiner Unantastbarkeit und Unfaßbarkeit zu erhalten und dennoch nun die verschiedenen sinnlichen Bezeichnungen, wie sie in der Schrift vorkommen, anzuerkennen, indem sie dieselben auf die untergeordneter Wesen beziehen konnten. Das damalige Griechenthum, steif und nüchtern, war nicht geeignet, in naive poetische Gebilde sich hineinzudenken und den poetischen Ausdruck gelten zu lassen, ohne daß die Erhabenheit des Gedankens dadurch verletzt würde. Man hielt am Buchstaben fest, und war dieser zu sinnlich, so mußte er sich gewaltsamen Erklärungen fügen. Auch daran ließ man es für die Bibel nicht fehlen. Erzählungen und Gebote wurden aus ihrer schlichten Natürlichkeit zu künstlichen Philosophemen gezwängt, man glaubte, sie dadurch zu erheben; die symbolische Erklärungsweise ist ein Product des jüdisch-alexandrinischen Geistes. Die sinnlichen Ausdrücke und Begebenheiten in Beziehung auf Gott aber übertrug man auf solche untergeordnete Geister, die aus Gott sich erzeugt haben. Bei Philo, dem bedeutendsten Manne aus dieser jüdisch-alexandrinischen Zeit, und wohl auch schon bei Früheren, deren Schriften wir nicht mehr besitzen, faßt sich dies zusammen in den Logos. Philo ist ein gläubiger, glühender Jude, er ist vollkommen hingegeben der Ueberzeugung von der Wahrheit des Judenthums, die für ihn keines Beweises bedarf, mit der größten Liebe giebt er sich der Untersuchung über die Lehre des Judenthums hin, den sittlichen Geist desselben faßt er in edler Reinheit auf, aber auch er ist keineswegs frei von symbolischer Deutung, und das Grundwesen der jüdisch-alexandrinischen Philosophie spitzt sich ihm zusammen in den Begriff des Logos. Dieser Ausdruck bedeutet im Griechischen ebensowohl den Gedanken — was Philo darunter versteht — wie auch das Wort. Er ist der Demiurg, der Weltschöpfer; er ist zuerst von Gott erzeugt, als reine Idee aus ihm hervorgegangen; als eine von Gott ausgehende Kraft erzeugt er nun die Welt, wirkt weiter auf sie belebend und umgestaltend ein. Das war die Versöhnung, welche das Judenthum mit dem Griechenthume feierte. Die alexandrinisch-jüdische Philosophie ist die Mutter zahlreicher Philosophieen, die das ganze Mittelalter hindurch entweder rein oder gemischt herrschten, sie ist die Mitschöpferin einer neuen Religion, bei deren erstem Eintritt sie höchst bedeutsam umgestaltend wirkt und sie mit einem gewissen Strahlenkranze umgiebt, mit einem gewissen philosophisch-mystischen Glanze beleuchtet. Das die eine Seite, wie die Berührung des Griechenthums mit dem Judenthume wirkte.

Aber noch in einem andern Lande berührte sich Griechenthum mit Judenthum und zwar in Palästina selbst. War der egyptische Staat doch von wirklicher Bildung erfüllt, so scheint der syrisch-griechische Staat noch auf einer tieferen Stufe sich befunden zu haben. Es war eine rein äußerliche Bildung, ein Firniß ohne wahrhafte Durchbildung; keine Spur ist uns von einer in demselben herrschenden eigenthümlich griechischen Denkweise und Productivität geblieben. Aber jemehr Halbbildung, um so mehr Fanatismus, je weniger innerer Gehalt, um so größerer Werth wird auf die Aeußerlichkeit gelegt. Wenn die Religion keine wahrhaft innere Macht ist, wenn das Staatsleben nicht wirklich von einer Idee getragen wird, so kommt der Eifer in das Volk, eine äußerliche Einheit herzustellen, und dazu gehört der Versuch, dem Staat scheinbar eine Religionseinheit zu verleihen. Wie wir in späterer Zeit diesem Streben in dem Ausdrucke des christlich=germanischen Staates begegnen, so finden wir hier das Bestreben, den Staat als einen heidnisch=hellenischen zu begründen. Palästina stand unter der Oberhoheit der Syrer, es sollte nun ein Glied dieses heidnisch=hellenischen Staates werden. Das Judenthum hatte in seinem zweiten Staatsleben bis dahin schon manche Leiden und Prüfungen zu erdulden, es trug sie still, zuweilen auch mit einem Aufschrei der Klage, doch nie regte sich ein vollkräftiger Wille, den Druck abzuwehren. Nun aber war es an den Herzpunkt gekommen, nun war die Zeit herangenaht, wo über Sein oder Nichtsein entschieden werden sollte.

Nicht alle zeigten sich bereit, in diesen Kampf einzutreten. Die Männer, die an der Spitze standen, die Priester, die Söhne Zadoks, sollen keineswegs von glühendem Eifer erfüllt gewesen sein, den Kampf zu unternehmen; mit Winkelzügen glaubten sie den Sturm beschwören zu können. Die Bildsäule des Zeus sollte in dem Tempel aufgestellt werden; sie wurde aufgestellt. Es sollten für den Herculestempel Beiträge gegeben werden, sie wurden gegeben. Es sollten Gymnasien, nicht etwa Bildungsstätten, sondern Ringschulen, errichtet werden in Judäa, was an und für sich nicht ein Abfall gewesen wäre, aber doch so recht eine eigenthümliche Aeußerung der griechischen Sitte war, sie wurden errichtet. Man ging auf jede Weise mit Nachgiebigkeit dem Herrscher entgegen, vielleicht um den Sturm zu beschwichtigen, vielleicht auch aus Feigheit und niederträchtiger Gesinnung, um sich nur zu erhalten. Aber das Herz des Volkes konnte das nicht dulden, und war es von seinen Herrschern verlassen, so mußte es aus seinem Innersten heraus den Widerstand gegen fremde Unterdrückung unternehmen, die nicht blos das irdische Vaterland zerstören, sondern auch das geistige ihm rauben wollte. Eine kleine Schaar unter der Anführung der Hasmonäer, einer hochherzigen Priesterfamilie, sammelte sich, leistete Widerstand, fand Anklang, die Begeisterung verbreitete sich, der übermüthige Dränger mußte weichen und aus dem zerrütteten kleinen Staate wurde durch diesen Aufschwung ein, wenn auch nicht für die Dauer, so doch für längere Zeit, als man hätte ahnen dürfen, in sich kräftiger und selbständiger Staat. Griechenthum und Judenthum hatten sich hier gemessen, freilich das abgeschabte und abgelebte Griechenthum und wohl auch das nicht vollkräftige Judenthum, und doch trug letzteres den Preis davon, es erhielt sich, während das syrische Reich nach kurzem Siechthum unterging.

In solchen Zeiten, die in dem Innersten des Volksgemüthes wühlen, werden auch die Volkskräfte aus ihrer tiefsten Heimathsstätte hervorgelockt, entwickelt sich auch das geistige Leben rasch und mächtig. Es war Jahrhunderte lang still und mit einem Male wird es geräuschvoll, da sehen wir die bewegende Triebkraft, die neue Erzeugnisse, neue oder vielmehr neu gekräftigte Richtungen hervorbringt. Bereits mit dem Entstehen des zweiten Volkslebens waren verschiedene Parteien in ihm aufgetreten. An der Spitze des Volkes, als Anführer bei der Rückkehr, stand ein Nachkomme des alten hohenpriesterlichen Geschlechtes, und zwar des Geschlechtes Zadok; der Ahn dieses Geschlechtes war als Hohepriester an dem salomonischen Tempel hoch geehrt, seine Nachkommen hatten ununterbrochen an dem jerusalemitischen Tempel die Priesterfunctionen verrichtet. Neben dem Nachkommen aus der Familie Zadoks, Josua, Sohn Jozadak's, stand auch ein Nachkomme aus der Familie des David, Serubabel, Sohn des Schealthiel. Beide zusammen waren die Anführer, sie beide und ihre unmittelbaren Nachfolger bleiben auch ferner die Häupter des Volkes. Aber das Volk war weder damals noch später selbständig, es stand zuerst unter der Oberhoheit der Perser, dann unter der der Egypter, dann der Syrer, bis der Kampf ausbrach. Von den Oberherren wurden Satrapen gesandt, und diese waren doch die eigentlichen Herren des Landes. Ein einheimischer König oder Fürst, der die bürgerlichen Angelegenheiten lenkte, wurde kaum geduldet, und wenn er geduldet wurde, war seine Macht so unbedeutend, daß sein Ansehen sich bald verlor. Anders war es mit dem Hohenpriester, der das religiöse Leben repräsentirte; sein Ansehen mußte, da sein Amt das einzige heimische und zugleich ein heiliges war, um so mehr steigen, und bald vereinigte er, was von bürgerlicher Obmacht übrig blieb, mit der priesterlichen Macht. Es war das die einzige Zeit im Judenthume, wo in gewissem Sinne eine Hierarchie vorhanden war, wo eine eigentliche Priesterherrschaft zur Geltung kam, aber sie bewies sich auch kläglich genug. Diese Priesterfamilie war die der Zadokiten. Das Volk, das zurückgekehrt war, begeisterte sich an dem Streben, das alte Volksthum wiederherzustellen, klammerte sich mit aller Macht an diejenigen an, die als die Häupter dastanden, namentlich an die religiösen Vertreter des Volkes, es schloß sich den Priestern mit Ehrerbietung an. Es galt damals, das Alte mit Entschiedenheit festzuhalten; Tempel und Tempeldienst, das damit verknüpfte Priesterthum und die Abgaben an Tempel und Priester waren der Mittelpunkt des religiösen Lebens. Von solchen Gesinnungen waren die Eifrigen im Volke erfüllt. Die Rückkehrenden fanden aber auch innerhalb Palästina's gar manche Elemente, die unterdessen herangekommen waren und entweder gar nicht oder nur sehr lau dem jüdischen Glauben anhingen. Mit aller Strenge sonderten sich nun die Eifrigen von solchen Mischlingen ab und hießen daher „Abgesonderte", „von den Völkern des Landes und deren Unreinheit sich absondernd", sich eng an die Häupter und Führer anschließend. Der andere Theil hieß das „Volk des Landes"; es waren eben diejenigen, welche zum Theil noch gar nicht in das Judenthum eingegangen waren, zum Theil mit schwachen alten Erinnerungen oder gar als Proselyten, als Fremdlinge sich anlehnten. Denn auch solche wurden willig aufgenommen, wenn sie auch nicht mit entschiedener Strenge festhielten an den Vorschriften, welche die Abgesonderten für sich als bindend erachteten.

Es ist eine landläufige Phrase, daß das Judenthum dem Proselytenthume ernst entgegentrete. Dies hat seine theilweise Wahrheit, muß aber dennoch nach seinem wahren Sinne erfaßt werden. Eine jede Religion, welche von ihrer Wahrheit überzeugt ist, Wahrheit sein will nicht blos für einen engen Kreis, sondern für die Menschheit, muß auch das Bestreben haben, sich über die ganze Menschheit zu verbreiten. Wenn sie sich einengen wollte auf den engen Boden, den sie nun einmal einnimmt, blos an diejenigen sich richtet, die in ihr geboren sind, die einem bestimmten Lande angehören, eine abgeschlossene Geschichte haben, dann hat sie aufgehört, das Charakteristische wahrer Religion an sich zu tragen, dann ist sie eine Secte geworden, aber keineswegs mehr der Lebensduft, der als ein allgemeiner sich über das Allgemeine verbreitet. Das Judenthum hat im Gegentheile gerade zuerst von Proselytenthum gesprochen, es kennt zuerst die Fremdlinge, welche sich Gott zugesellen und welche als Vollberechtigte aufgenommen werden, während das übrige Alterthum nur den Bürger kennt, der im Lande geboren, auf dem Boden erwachsen ist. Ihm bleibt der Fremde immer fremd, bis er etwa in späteren Geschlechtern in dem Volke einlebt oder ihm das Bürgerrecht zuerkannt wird. Das Judenthum hat die Schranken des engen Volksthums gebrochen; nicht die Geburt macht den Juden, sondern die Ueberzeugung, die Anerkennung des Glaubens, und auch derjenige, welcher nicht von jüdischen Eltern erzeugt ist, aber den wahren Glauben in sich aufnimmt, wird ein Vollberechtigter. Das Proselytenthum in seinem edleren Sinne, wonach von den bisher Fernstehenden die Ueberzeugung aufgenommen wird, weil sie gleichfalls sich mit ihr einverstanden erklären, dieses Proselytenthum ist ein Product des Judenthums. Freilich Proselytenmacherei, bloße Uebertragung der Aeußerlichkeit, Anwendung der Gewalt, um das Affectiren des Glaubens zu erzwingen, ohne durch die innere Kraft der Wahrheit zu überzeugen, ist dem Judenthum entschieden widerwärtig, vor ihr warnt es. Fremdlinge, Proselyten bildeten also damals einen großen Theil des Volkes.

Schon in der ersten Zeit nun, bevor der syrische Kampf ausgebrochen war, entstanden einzelne Mißverständnisse zwischen den verschiedenen Theilen des Volkes. Die Zadokiten, Fürsten und Priester, wurden, wie dies einmal in dem Charakter einer solchen angeborenen und noch dazu mit besonderer Heiligkeit verbundenen Würde liegt, mehr und mehr engherzig, sie suchten auf sich das ganze Wesen der Religion zu beziehen, sie wurden allmälig nicht Vertreter und Diener der Religion, sondern sie sollte ihnen dienen. Die Abgesonderten, der kräftige Kern des Bürgerthums, fanden hingegen in den Priestern und Herrschern nur insofern ihre Vertreter, als sie das religiöse und das Staatsleben wirklich wahrten, und sobald dieselben ihre persönlichen Verhältnisse den Anforderungen der Religion und des Staates voranstellten, waren die Abgesonderten, das Bürgerthum, auch Gegner der Zadokiten. Als der große Kampf dann ausbrach und da grade das Herrschergeschlecht sich lau zeigte, das Bürgerthum dagegen mit aller Kraft und Begeisterung auftrat, da gruppirten sich diese Sonderungen entschieden als besondere Parteien. Die Zadokiten, die Sadducäer, waren die Einen, die Nachkommen des Priesterstandes in Verbindung mit allen vornehmen Geschlechtern; die Abgesonderten, die Pharisäer, wie man sie mit einem aramäischen Ausdrucke bezeichnete, waren der andere Theil. Allerdings hatten die Hasmonäer oder

Makkabäer auf den Bürgerstand sich gestützt, die Nachkommen der Zadokiten von dem Throne gestürzt, auf den Schultern des Bürgerthums stiegen die Hasmonäer zugleich auf den Thron und Altar. Auch die Hasmonäer wurden Fürsten und Hohepriester, allerdings durch eigenes Verdienst, aber dennoch durch engen Anschluß an das gesunde, kernige Volk. Allein auch hier bewährte sich eine allgemeine geschichtliche Erfahrung. Die neue Dynastie freut sich zu sehr, wenn der alte Adel sich mit ihr ralliirt. Die Sadducäer waren der alte Adel, und bald glichen sich die Differenzen zwischen den neuen Königen und Priestern und den Nachkommen derer, die früher diese Aemter verwaltet hatten, aus, die Sadducäer wurden die Hofleute, der Adel des neuen Hofes, und dieser hielt sich an den adeligen Kreis, an die durch ihre angestammte Würde mächtige Partei. So brach der Kampf zwischen Sadducäern und Pharisäern ernstlich aus; die herrschende Dynastie schwankte hin und her, doch im Ganzen mehr dem Adelgelüste sich fügend.

Es war ein politisch-religiöser Kampf, der zwischen Sadducäern und Pharisäern ausgebrochen war, so daß die Kluft immer weiter sich öffnete, ein politisch-religiöser Kampf, in dem man für jene Zeit kaum zu unterscheiden vermag, welches Element, das politische oder religiöse, überwiegend gewesen. Im religiösen Leben lag die Grundabweichung der Pharisäer nämlich darin, daß man die Heiligkeit des Priesterthums nicht so in den Vordergrund gestellt haben wollte. Der Spruch aus dem zweiten Makkabäer-Buche, das der damaligen Zeit angehört, drückt diese Gesinnung präcise aus: Ist ja Allen gegeben das Reich, das Königthum, die Priesterschaft und die Heiligung. Das ganze Volk sollte nach dem Sinne der Pharisäer als ein heiliges und priesterliches erscheinen; wohl gab es besondere priesterliche Functionen und Vorschriften, die nicht angetastet werden konnten, doch sollte das ganze Volk zur Heiligung, zu einem Abbild der priesterlichen Heiligkeit sich erheben. So schuf man Erschwerungen für das ganze Volk, Einrichtungen, welche den Priestern soviel wie möglich annähern sollten. War Reinheit und Unreinheit Vorschrift für die Priester, so sollte das ganze Volk sie mit Sorgsamkeit beobachten; waren gewisse Waschungen zu den heiligen Opferfeierlichkeiten für die Priester vorgeschrieben, so sollte auch das Volk die gewöhnlichen Mahlzeiten mit gleichen Vorbereitungen genießen, „profane Frucht mit der Reinheit des Heiligthums". War der Tempel besonders Stätte der Priester, hatten sie dort den Opferdienst zu verrichten, waren die Opfermahlzeiten der Sammelpunkt der Priestergesammtheit und waren diese selbst eine religiöse Handlung, so trat nun das Volk auf mit Nebentempeln, mit Synagogen, die den Tempel zwar nicht ersetzen, aber Volkstempel werden sollten; auch sie verzehrten Mahlzeiten in Genossenschaften, die eine ähnliche Weihe erhalten sollten. Das Mahl wurde geweiht durch Waschung als heiliger Fleischgenuß, der Wein vertrat das Trankopfer, und auch das Räucherwerk durfte nicht fehlen. Diese frommen Mahlzeiten wurden durch Gebete gehoben, und man ward so in gewissem Sinne auch Priester. So entstand durch das pharisäische Bestreben, einen Priestercharakter zu tragen, die große Institution der Gotteshäuser. Das Gebet ist eine Frucht jenes Strebens, das wohl hie und da des einseitigen Charakters nicht entbehrte, aber so viel Gesundes und Kräftiges in sich enthielt, daß es auch gesunde und kräftige Erzeugnisse hervorbrachte. Jedoch entstanden auch viele Einrichtungen, die das Leben beschwerten, theilweise noch Geltung haben, theilweise als Schatten umherschwanken. Wenn z. B. der Abschiedsgruß beim Sabbathausgang mit Wein und Gewürzen gefeiert wird, so ist das ein Ueberbleibsel jenes alten Volksverlangens, auch die Priestergewohnheiten zu erfüllen.

Ueberall, wo Religion und Bürgerthum sich entschieden äußerten, entbrannte der Kampf der Sadducäer und Pharisäer. Die Pharisäer wußten die verschiedenen Einrichtungen, die auf das Volksleben von tiefem Einfluß waren, an sich zu ziehen. So wurde die Einrichtung des Volkskalenders, das Gerichtswesen der Priesterpartei entwunden, und das Volk, die Gelehrten, wußten sie als ihr Eigenthum an sich zu bringen. Das Volk, die Gelehrten, — denn die Namen Pharisäer und Sadducäer werden mehr von den Gegnern festgehalten, weniger von den Parteien selbst gebraucht. Die Sadducäer nannten sich selbst die Söhne der vornehmen Geschlechter, der Hohenpriester, ihre Gegner nannten sie Sadducäer; darin liegt zwar keine schimpfliche Bezeichnung, allein gegenüber den Ansprüchen des Adels war es eben nur ein Familienname. Ebenso nannten sich die Abgesonderten: die Gelehrten oder die Genossen des Bundes, welche auf das Streben nach Selbstheiligung hielten; die Gegner bezeichneten sie mit dem alten Namen Pharisäer, der wiederum keine beschimpfende Bezeichnung ist, der aber den Anspruch besonderer Gelehrsamkeit und Bundesheiligkeit vermied. Erst die spätere Zeit versuchte diesen Namen einen Makel anzuheften. So war denn eine mächtige Kluft innerhalb Israels eingetreten; die Kluft mußte sich erweitern und mächtige innere Umgestaltungen erzeugen.

8. Sadducäer und Pharisäer. Zukünftige Welt. Hillel.

Die Schwierigkeit, uns eine entschwundene Zeit nach ihren innersten Motiven und Triebfedern vorzuführen, an und für sich schon groß genug, erhöht sich namentlich dann, wenn uns gleichzeitige Urkunden fehlen, die uns durch ihr Dasein selbst den Gedankengang und die Auffassungsweise jener enthüllen, wenn blos Berichte aus späterer Zeit Auskunft geben über das, was in einer früheren Zeit gedacht, angestrebt worden, sich zugetragen hat. Selbst die treuesten Berichte späterer Zeiten fassen ja doch am Ende die Verhältnisse und Begebenheiten von ihrem Standpunkte aus auf, färben unwillkürlich oder absichtlich mit Parteilichkeit, entstellen aus Mangel an Verständniß für die Vergangenheit. Handelt es sich um einflußlose Zeitabschnitte, die uns mit einem Nebelflor umhüllt sind, so könnten wir sie etwa gleichgültig dem Sammlerfleiße des Forschers, der kühnen, combinirenden Kritik überlassen. Allein grade solche Zeitabschnitte sind zuweilen maßgebend für eine lange Reihe von Jahrhunderten. Wenn wir auch wenig von ihnen wissen, die Spuren haben sich tief eingegraben, sie sind bestimmend geworden in ihren Schöpfungen, in ihren Ereignissen für alle Zeiten, und es kann uns, wenn wir über uns selbst eine klare Vorstellung haben wollen, über das, was und wie wir es geworden sind, nicht gleichgültig sein, die Quelle recht klar zu erkennen, aus der wir geflossen, den tieferen Grund zu erfassen, aus dem die Gegenwart sich erzeugt hat. Was vor zwei Jahrtausenden in Judäa gedacht worden, geschehen ist, wie Sadducäer und Pharisäer mit einander gerungen haben, was aus diesem Kampfe sich hervorgearbeitet hat, hat für Jahrhunderte hin gewirkt, war von einer mächtigen weltgeschichtlichen Bedeutung, ist noch bestimmend für den heutigen Tag, ist es, woran wir theilweise uns halten, wogegen wir andererseits ankämpfen, bald die Grundlage, auf der wir ruhen, bald die Schranke, deren Beengung wir fühlen und zu brechen bemüht sind.

8. Sadducäer und Pharisäer.

Wollen wir ein bestimmtes Urtheil gewinnen über die wichtigsten Fragen der Vergangenheit und Gegenwart, so muß das unsichere Tasten bei der Erklärung jener Erscheinung innerhalb des Judenthums des zweiten Tempels aufhören. Es sei endlich genug über Sadducäer und Pharisäer gefabelt und gedichtet. An willkürlichen Gebilden hat es nicht gefehlt. Man hat sich die Sadducäer bald als Griechenfreunde gedacht, die sich gewissermaßen außerhalb des Judenthums stellten, der neuen griechischen Bildung in die Arme warfen und so ganz entnationalisirt waren, sie erschienen als Epikuräer, Lüstlinge, Weltleute, welche religiöse Interessen weit von sich entfernt hielten; im Gegentheile hatten Andere sie, durch die Aehnlichkeit der Benennung irre geführt, gar zu Stoikern gemacht. In der That aber waren sie eine Zeit lang Träger des jüdischen Volkslebens und ihre Bemühung auch die tiefere Grundlage des Judenthums, sie waren der Priesteradel, der in der damaligen Zeit mächtig, der Mittelpunkt war, um den das ganze Volk sich gruppirte, der jedoch dann versank, wie das so oft das Ende derer ist, welche, über dem Volke stehend, sich noch mehr über das Volk erheben wollen, ihre Person und ihre persönlichen Interessen in den Vordergrund drängen, und dadurch, an dem Leben des Volkes nicht fördernd genug betheiligt, von demselben verdrängt werden. Der Name der Pharisäer hat im Andenken der späteren Geschlechter auch eine falsche Bedeutung angenommen. Namentlich durch den Einfluß einer anderen Religion verstand man unter Pharisäern kleinliche, beengte Menschen, Mückenseiger, die an einer Außenfrömmigkeit kleben, ohne innerlich davon erwärmt zu sein, ohne größere, religiöse Idee. Von Seite der Juden wurden sie zwar nicht in solchem herben Sinne aufgefaßt, doch vermochte man ihnen die ihnen wirklich innewohnende Bedeutung nicht zuzuerkennen. Denn in Wirklichkeit waren sie der Kern des Volkes, ihr Streben war die Gleichberechtigung aller Klassen, ihr Kampf ein Kampf, der in allen Zeiten, wo es ein Tüchtiges gilt, sich wiederholt, ein Kampf gegen Priesterthum und Hierarchie, gegen Bevorzugung einzelner Klassen, ein Kampf grade dafür, daß nicht in der Aeußerlichkeit allein der höhere Werth gesucht werde, sondern in der inneren, religiösen Gesinnung. Die Mittel, welche sie zum Theil ergreifen mußten, erscheinen dem ersten Anblick nach nicht zu dieser Darstellung passend, und entsprechen, tiefer erfaßt, derselben doch vollkommen. Sie mußten, um den Priestern entgegen zu treten, für Alle das in Anspruch nehmen, was das Priesterthum auszeichnete, sie wollten Anderen keine größeren Pflichten zuerkennen, um ihnen auch keinen Vorrang einräumen zu müssen. Wir sind, sprachen sie, eben so heilig, stehen eben so hoch da, wir ihr. Setzen wir den Fall, eine spätere Zeit erfahre nur oberflächlich, es sei einst ein Kampf darum gewesen, ob alle Klassen des Volkes die Vertheidigung des Vaterlandes übernehmen sollten, und daß grade die früher davon Befreiten sich in den Vordergrund drängten und es mit aller Entschiedenheit nicht dem Adel, den Rittern, die bisher allein eingestanden mit Leib und Leben für die Sicherheit des Staates, ferner mehr überlassen wollten: dann möchte Mancher denken, das seien eben Raufbolde, die sich auch in den Krieg stürzen wollten und sich nicht begnügten, daß Andere statt ihrer die Fehde ausfechten. Wäre diese Beurtheilung eine gerechte? Gewiß nicht. Die Klassen, welche jenes negative Privilegium, die Bevorzugung der Theilnahmlosigkeit, hatten, treten mit dem Anspruche auf: Wir wurzeln ebenso im Vaterlande, haben das gleiche Recht und auch die gleiche Pflicht, ihr sollt keine höheren Pflichten erfüllen, um darauf Bevorrechtungen zu stützen, um euch als die Grundsäulen des Staates hinzustellen; wir sind gleich bereit, dieselben Opfer zu bringen. In derselben Gesinnung wurzelt der Kampf der Pharisäer gegen die Sadducäer, und daher dieselbe Bereitwilligkeit, priesterliche Erschwerungen zu übernehmen.

Dieser ernste, einschneidende Kampf wurde oft mit unzulänglichen Mitteln geführt. Auch diese Erscheinung wiederholt sich häufig in der Geschichte. Die Aufstrebenden tragen die volle Kraft der Idee in sich und können sie doch nicht verwirklichen. Die Sadducäer waren einmal die Vornehmen, mit allen Stellen betraut, entweder selbst Priester, die doch immer geachtet blieben, oder mit den Priestern verbunden, sie sonnten sich nun einmal an der Gunst des Hofes, der zwar hie und da auch den Pharisäern die Hand reichte, wenn es nöthig war, der aber doch in der Luft der Sadducäer sich ganz anders behaglich fühlte. Sie waren einmal im Besitze und mußten theilweise in demselben verbleiben; denn so entschieden auch der Kampf der Pharisäer gegen besondere Vorrechte des Priesterthums gerichtet war, insofern sie auch auf das bürgerliche Leben, auf den rechtlichen Zustand sich erstrecken wollten, so konnten sie das Priesterthum als solches nicht abschaffen, es hatte seine Berechtigung in der Geschichte, und so lange Opferwesen und Tempel blieb, konnten ihm auch seine Diener nicht entzogen werden. In solchen Zeiten, in denen der Erfolg des Kampfes nicht gesichert erscheint, in denen man mit aller

8. Zukünftige Welt.

Entschiedenheit zwar die Waffen führt, den Sieg vor Augen sieht und dennoch an demselben zu verzweifeln anfängt, richten sich die Blicke der Menschen auf die Zukunft hin.

Gesunde Zeiten, gesunde Völker haben das entschiedene Bewußtsein ihrer geistigen Kraft, sie fühlen die Unendlichkeit und Ewigkeit des Geistes bereits in der Gegenwart; die tüchtige geistige Kraft ist so mächtig, daß sie, alles Endliche überwiegend, keiner weiteren Bürgschaft für sich bedarf. Gesunde Zeiten, gesunde Völker kommen nicht darauf, den Geist als ein schwächliches Gebräu zu betrachten, als ein Gemisch von Stoffwechsel, Nervensaft und Blutkügelchen, sie sind sich ihrer geistigen Selbständigkeit, der siegenden Macht, die in derselben liegt, der Bestimmtheit und Gesondertheit des Geistes vollkommen bewußt. Aber eben deshalb denken sie nicht immer an die Zukunft, träumen nicht, wie es sich später gestalten wird, bereits in der Gegenwart tragen sie die geistige Macht mit ihrer siegenden Kraft in sich, eine jede Minute ist für sie eine Unendlichkeit, da in ihr der Entwickelungsstoff liegt für alle späteren Zeiten. Solche Zeiten und solche Völker blicken auf die Zukunft als auf ein nothwendiges Ergebniß der Gegenwart, wohl wissend, daß, was sie lebendig bewegt, seine Verwirklichung finden wird und muß, da es ihnen nun schon ein geistig Gegenwärtiges ist. Krankhafte Menschen, krankhafte Zeiten oder Religionen denken unabläßig an die Zukunft, stellen diese in den Vordergrund. Aus der Gegenwart, in der sie der Macht entbehren, den regen Wunsch zu verwirklichen, flüchten sie in die Zukunft, zu der sie einen natürlichen Uebergang nicht finden, die sie um so heißer ersehnen, um so ausgeschmückter sich erträumen. Es wird anders werden, ist ihr ewiger Trost; je schwächer das gegenwärtige Vertrauen, je kühner die dichtende Phantasie für eine glänzende Zukunft.

Das Judenthum kennt solche Schwächlichkeit nicht, es hat die tiefe und innerste Ueberzeugung von dem vollen, geistigen Leben, die Ebenbildlichkeit des Menschen, ihm von Gott aufgeprägt, ist ihm keine andere, als eine geistige. Die Bestimmtheit, mit der immer von der geistigen Macht gesprochen wird, sowohl von dem geistig lebendigen Gott als von dem durch den Geist lebendigen Menschen, diese tiefe Ueberzeugung, von der alle Schriften durchweht sind, ist Bürge für den Glauben des Judenthums, daß der Geist ein ewiger ist und nicht abgeschnitten wird. Aber in den Vordergrund drängte es diesen Glauben nicht, es bezeichnete diese Erde nicht als ein Jammerthal, malte nicht den jenseitigen Lohn aus; es verlangte nie, daß man diese Erde zerstöre als ein Nichtiges und Sündiges, es wollte nicht, daß das Erdenleben geknickt werde, weil es blos eine Prüfung sei. Diese krankhafte, sentimentale Stimmung kennt das Judenthum nicht. Daß es den Glauben an die Unsterblichkeit der Seele in sich trägt und weiter entwickelt, dafür bürgt selbst der grübelnde Verfasser des Koheleth; er spricht zwar darüber, wie über alles Andere seine Bedenken aus, aber grade, daß er sie ausspricht, ist ein Zeugniß dafür, daß der allgemein verbreitete Glaube war: Der Geist des Menschen steigt nach oben. Es kehrt der Staub zur Erde zurück, wie er gewesen, der Geist aber kehrt zu Gott zurück, der ihn gegeben. So ist dieser Glaube kräftigend, veredelnd, ermannend, ohne die Gegenwart zu tödten und niederzudrücken.

Allein es waren Zeiten gekommen, wo die Gegenwart eine sehr trübe war, wo man sich nicht befriedigt fühlen konnte mit dem, was sie darbot. Man sah auf die eigenen Bestrebungen und auf den Gegensatz dazu in der Wirklichkeit; man sah auf seine Kräfte, die die eigenen Bestrebungen durchführen sollten, und erkannte ihre Unzulänglichkeit. In solchen Zeiten ist es natürlich, daß man sich tröstend zuruft: Nur unverzagt! Was gegenwärtig sich nicht erfüllt, es wird doch in einer besseren Zeit Gestalt gewinnen. Es muß eine andere Zeit herankommen und zwar in der diesseitigen Welt, in der die Zustände mit einem Male sich geändert haben. Das Priesterthum, riefen die Pharisäer, wird sinken, ein Nachkomme aus dem Hause David wird regieren, das Volk wird gekräftigt sein, das Volksleben die Früchte entwickeln, nach denen wir uns sehnen. Es kommt eine **andere** Welt und auch wir werden an ihr theilnehmen. Man begnügte sich nicht damit, daß die Zukunft erfüllen wird, was die heiße Lust der Gegenwart erzeugt hat, man wollte selbst, da man in der Gegenwart nichts genossen hat, in der Zukunft mitgenießen. Das ist die Wurzel des Glaubens an die zukünftige **leibliche Auferstehung**. Dieser Glaube ist allerdings auch im Parsismus vorhanden, und die Juden mögen bei ihrem Aufenthalte in Persien mit diesem Glauben bekannt geworden sein; Spuren aus früherer Zeit jedoch finden sich nicht, das Buch Daniel giebt uns davon die erste Kunde, und dieses Buch gehört eben der Zeit an, in die der innere, schneidende Kampf fällt. Mag nun auch dieser Glaube, als im Parsismus vorhanden, auf das Judenthum eingewirkt haben, es würde ihn nimmermehr aufgenommen haben, wenn nicht in seiner inneren Entwickelung der Drang dazu vorhanden gewesen wäre.

Grade die Pharisäer, die Männer, die für die Umwandlung der Zustände kämpften und sie nicht erreichen konnten, grade sie mußten sich die Zukunft gestalten als die Verwirklichung ihres gegenwärtigen Sehnens. Die Sadducäer, mit ihrer Gewalt zufrieden, eine Umgestaltung nicht verlangend, ja ihr entgegenstrebend, verwarfen darum auch den Glauben an die Auferstehung des Leibes. Ob sie darum wirklich als Ungläubige verdammt werden können, das ist eine Frage, die ich Ihrer Beantwortung getrost überlassen darf, eher als der Entscheidung manches Gerichtshofes.

Der Kampf zwischen Sadducäern und Pharisäern entbrannte so auf dem Felde des bürgerlichen Lebens wie im Gebiete des religiösen immer heftiger, er griff in Alles ein, beherrschte die ganze Anschauungsweise. Je ernster und trüber die staatlichen Verhältnisse sich gestalteten, um so mehr vertiefte sich auch die innere Differenz; die bedrohliche Krisis, in welche das Volk gestürzt wurde, rief auch alle gesunde Volkskraft auf. Wie zur Zeit der Makkabäerkämpfe das Volk erwachte, da das Ausland es vollkommen niederdrücken wollte, so ging es auch in der folgenden Geschichte des Judenthums. Kämpfe verschiedenster Art wütheten im Innern, selbst in der königlichen Familie, die einzelnen Söhne eines verstorbenen Königs traten bei nicht vollkommen geordneter Erbfolge als Prätendenten auf, die mit einander im Streite lagen, das Ausland wurde angerufen zur Entscheidung, zur Unterstützung des Einen oder Anderen. Das steigerte die Unzufriedenheit mit der Gegenwart und deren Vertretern. Daß der echt religiöse Geist in den Edlen dennoch nicht erstickt war unter diesem Hader, dafür genüge nur ein einzelnes Beispiel. Bei einem dieser Kämpfe zwischen zwei Prätendenten, Hyrkan und Aristobul, als die Anhänger des Einen, worunter die Priester, sich im Tempel befestigt hatten, während die Andern ihn belagerten, beide von der heftigsten Parteileidenschaft erfüllt, da ward ein frommer Mann, der bei denen draußen sich befand — er hieß Onias, bekannt in den thalmudischen Schriften unter dem Namen Choni ha-Meaggel — ein Mann, dessen Gebet man große Erfolge zuschrieb, aufgefordert, er solle für den Sieg der Draußenstehenden, für das Unterliegen der im Tempel Befindlichen beten. Er aber betete: „Herr der Welt, Vater im Himmel, drin sind Deine Priester, Söhne Deines Volkes, hier sind gleichfalls Söhne Deines Volkes, sie sind gegen einander erbittert, höre nicht das Gebet Jener gegen Diese, nicht die Verwünschungen Dieser gegen Jene!" Das Volk steinigte ihn. Das ist eine Frucht des echten jüdischen Geistes, ein Mann, der zu den edelsten Märtyrern gezählt werden darf. Erglüht von wahrer Menschen- und Vaterlandsliebe, bleibt er seiner Ueberzeugung treu im Angesicht des sicheren Todes. Er entweiht nicht sein Wort trotz der Wuth und dem Ingrimm, die auf ihn schauten. Ob den Lippen dieses Edlen, als er seine Seele aushauchte, nicht auch das Gebet entströmte: Vater, vergieb ihnen, denn sie wissen nicht, was sie thun? Die Sage berichtet nichts darüber — denn blos die Sage kann Aehnliches erzählen, die Worte des Verscheidenden hört Niemand — seine Gesinnung war gewiß eine solche.

Aber die Bitterkeit dieser Kämpfe sollte bald zu einer Existenzfrage sich steigern. Ein Volk tritt in die Weltgeschichte ein, das bald die größte Bedeutung erlangte und überall einschneidend und entscheidend Hand anlegte. Der Löwe wird als dem Katzengeschlechte angehörig betrachtet. Ja, Rom war ein Löwe. Es schlich zuerst schlau und freundlich heran, war ein vermittelnder Bundesgenosse, um dann über die hinzustürzen, die seine Freunde sein sollten, erst die Oberherrlichkeit sich anmaßend, nachher das Volk in vollständige Abhängigkeit hinabdrückend. Als Rom mit Judäa sein Katzen-Löwenspiel begann, fühlte das Volk, daß ein mächtiger Feind naht. Da regten sich die Geister wieder neu, das Streben, sich zu erfrischen, ward mächtiger, die Parteikämpfe erlangten höhere Bedeutung, vertieften sich mehr. Herodes war gehaßt, gefürchtet als Fremder und als Tyrann, doch hätten vielleicht seine Vorzüge diese Schattenseiten in den Augen des Volkes verdeckt, seine Kraft hätte imponirt. Was ihn jedoch immer zum Fremden stempelte, den Haß immer neu anfachte, das war, daß er als Satellite Roms erschien, daß er immerfort nach Rom hinschaute und von dort sich Begünstigungen erwarb.

In solchen Zeiten treten Männer auf, welche die volle Volksseele in sich wiederspiegeln und zur Darstellung bringen wollen. Ich nenne Ihnen einen Namen, der freilich in der Weltgeschichte nicht mit dem Glanze umgeben ist, wie mancher andere, und es dennoch verdient, in seiner hohen Bedeutung erkannt und gewürdigt zu werden. Wie sich an Moses die Offenbarungslehre, wie sich an den Namen Esra's die Tradition knüpft, so an den Namen Hillel's die Verjüngung des Judenthums. Die Thalmudisten haben in ihrer naiven Darstellung die Bedeutung Hillel's wohl erfaßt und gekennzeichnet. Sie sagen: Die Thora war vergessen worden, da kam Esra aus Babel und gründete sie wieder neu, die Thora wurde wiederum vergessen, da kam Hillel aus Babel und gründete sie neu. Vergessen war sie sicher nicht zu Hillel's Zeiten, aber sie war erstarrt, sie hätte ihre Lebenskraft eingebüßt, ihren Einfluß verloren auf die spätere Entwickelung, wenn nicht Hillel als der Mann der tieferen Einsicht und des inneren religiösen Lebens die Verjüngung bewirkt hätte. Es mag sein, daß auch mit einem gewissen Nachdrucke von der babylonischen Gemara betont wird, Esra und Hillel seien aus Babel gekommen, denn die Männer des babylonischen Thalmud hielten sehr auf Babel trotz dem Drucke, dem sie auch dort unterlagen; auch darin mag eine Wahrheit liegen, daß grade Männer, die nicht ganz in den augenblicklichen palästinischen Verhältnissen aufgegangen waren, eine fremde Luft eingeathmet, vielleicht auch großartigere Verhältnisse geschaut haben, daß sie grade besonders dazu geeignet waren, den neuen Volksgeist zu erwecken. Genug! Hillel war der Mann, der auf das Judenthum entschieden einwirkte.

Hillel ist eine vollkommen geschichtliche Persönlichkeit; der Bericht über ihn mag wohl mit mancher Sage umgeben sein, aber in diesen Sagen ist er nur klarer gezeichnet, sein Bild ist uns durch sie nicht verhüllt. An jeden bedeutenden Mann knüpfen sich Sagen auch in der geschichtlichsten Zeit, es werden von ihm Anekdoten, pikante Erzählungen und Ereignisse mitgetheilt, die vor dem Richterstuhl der Geschichte nicht immer bestehen können, allein sie ergeben sich aus seinem Charakter, man muß von ihnen sagen, daß, wenn sie nicht wirklich geschehen sind, sie doch ganz mit dem Wesen dieses Menschen harmoniren. Sagen dieser Art sind nicht Erdichtungen, sie sind ein Werk echter Dichtung, es wird hinabgestiegen in den Herzensgrund eines solchen Menschen und es werden Perlen herausgeholt, die sich wirklich dort befinden und nur zufällig nicht ans Tageslicht gekommen sind; ihre scharfgeschnittene Persönlichkeit tritt dadurch nur deutlicher hervor. Wie der Dichter, wenn er auch die Geschichte nicht ganz treu wiedergiebt, den Charakter seines Helden dennoch treu zeichnet, indem er dieses hinzufügt, jenes anders gestaltet, und grade dadurch das Wesen uns klarer und deutlicher erscheinen läßt, so macht es auch die gesunde Volkssage mit Persönlichkeiten, die so bestimmt in die Geschichte eingetreten sind, daß die Sage sich aufs Engste an sie anlehnen muß, ihre Physiognomie nicht verwischen kann. Freilich bei Andern greift die Sage in das ganze Wesen umgestaltend ein, sie schmückt sie mit Wundern, legt all ihren Flitter um sie; aber je wunderbarer die Sage, desto weniger glaubwürdig ist sie, um so mehr verhüllt sie den Charakter, um so kleinlicher erscheint der Verherrlichte als geschichtlicher Mensch. Wäre die Persönlichkeit recht scharf hervorgetreten, so könnte sich die Sage nicht so widersprechend um sie legen, könnte die scharfen Züge an ihr nicht so verwischen. Bei Hillel ist dies nicht der Fall. Auch an ihn mögen manche Sagen sich knüpfen, aber sie sind vollkommen seinem Wesen entsprechend, Wunderbares wird von ihm gar nicht berichtet; er bleibt ein Mensch, ein gesunder, voller Mensch, mehr soll er nicht sein, deshalb ist er grade um so größer.

Er wird als Schüler des Schemaja und Abtaljon bezeichnet. Als armer Jüngling konnte er einst, so wird erzählt, dem Thürhüter des Lehrhauses die kleine Münze nicht entrichten, die für den Eintritt verlangt wurde. Es war ein kalter Wintertag, er suchte das Fenster des Lehrhauses zu erreichen und legte sich dorthin, um den Vortrag der Lehrer zu hören; so lag er da, merkte nicht auf das, was um ihn vorging, die Schneeflocken fielen dicht auf ihn und bedeckten ihn. Erstarrt brachte er so die ganze Nacht zu, und als am Morgen das Lehrhaus geöffnet wurde und es gar nicht Tag werden wollte an diesem Fenster, da sah man nach und man entdeckte den erstarrten Hillel; man brachte ihn in das Haus und er wurde zum Leben zurückgerufen. Ueber die Wahrheit dieser Geschichte mag das Urtheil dahingestellt bleiben; ist sie bloße Sage, so bleibt sie ganz innerhalb des Natürlichen. Sie will seinen außerordentlichen Eifer ausdrücken, mit dem er sich dem Studium hingab, und zugleich seine Dürftigkeit. Als arm wird er noch sonst geschildert; aber trotzdem daß er von den Gütern des Lebens nicht umgeben war, wahrte er sich seine Selbständigkeit, und weil er im Volke stand, hatte er auch um so mehr ein Herz für das Volk und seine Bedürfnisse. Besonders wird seine Sanftmuth gerühmt. Diese Eigenschaft war an ihm bekannt, und zwei gingen eine Wette ein, indem der Eine behauptete, er werde den Hillel in Zorn bringen. Er ging zu ihm, es war kurz vor dem Eintritt des Sabbaths, dreimal hintereinander, legte ihm die kindischsten Fragen vor. Hillel trat heraus und gab ihm Antwort, immer in derselben ruhigen Weise. Als der Wettende zum dritten Male seinen Versuch gescheitert sah, da sprach er heftig: Wie Du bist, mögen nicht Viele sein in Israel! Warum, mein Sohn, sprach Hillel. Nun, ich habe durch Dich eine große Wette verloren. Nun, verliere Du lieber Deine Wette, als ich meine Ruhe und Ergebung, sprach Hillel. — Proselyten wandten sich sowohl an ihn als an

Schammai; Schammai war der Aeltere und der Angesehenere, der mehr sich an das Herkommen hielt, auf den altgewohnten Wegen ging, und so stand er an der Spitze und man ging zuerst zu ihm. Da kam einst ein Proselyte zu Schammai und sprach: Ich will in das Judenthum eintreten unter der Bedingung, daß ich Hohepriester werden kann. Schammai wies ihn barsch ab; er kam zu Hillel, der sprach: Mein Sohn, wir wollen es versuchen. Er unterrichtete ihn, bald kamen sie an eine Stelle, wo vom Priesterstande die Rede ist, es von den Nichtpriestern aber heißt, daß sie manche Stätten des Heiligthums bei Todesstrafe nicht betreten dürften. Da dachte der Proselyte bei sich: Wenn nicht jeder geborene Israelite priesterliche Functionen verrichten kann, wie sollte ich es dann können? Und er ging von seiner Bedingung still ab. Ein Anderer kam: er wolle in das Judenthum eintreten unter der Bedingung, daß er dessen Inhalt in der kurzen Zeit erfahre, während er auf einem Fuße stehen könne. Schammai wies ihn hart zurück, er kam zu Hillel und dieser sprach zu ihm: Mein Sohn, vernimm, das Wesen des Judenthums ist: Was Dir mißfällt, das thue auch den Andern nicht, das ist Grund und Wurzel des Judenthums, das andere ist Erklärung, gehe hin und lerne es; der Mann war vollkommen für das Judenthum gewonnen, ja tüchtig dafür vorbereitet. Ein Dritter kam: Nun ich will in das Judenthum eintreten, Ihr bietet ja die geschriebene Lehre, die Bibel, die will ich annehmen, von einer anderen Lehre aber, die blos mündlich mitgetheilt worden, mag ich nichts wissen. Schammai wies ihn barsch ab, aber als er zu Hillel kam, da nahm ihn dieser freundlich auf, fing an ihn zu unterrichten und lehrte ihn am ersten Tage die Reihenfolge der Buchstaben, am zweiten aber die Buchstaben in einer ganz verkehrten Reihenfolge. Wie ist das, mein Lehrer? sprach der Proselyte, gestern habe ich es ja ganz anders gehört. Siehe, erwiderte Hillel, Du hast gestern meiner Anordnung getraut, leiste mir weiter Folge für das, was nicht niedergeschrieben ist, aber als nothwendig sich entwickelt. Die Männer wurden Jünger des Judenthums und, einst einander begegnend, sprachen sie: Siehe da, die Härte des Schammai hätte uns fast entfernt aus dem Heiligthume, die Sanftmuth des Hillel hat uns freundlich eingeführt.

Wir erkennen in solchen Geschichten das ganze Wesen dieses Mannes. Wenn man glauben wollte, daß, weil er auf gewisse Vorzüge der Priester nach der heiligen Schrift hingewiesen, er deswegen ein Priesterfreund gewesen sei, so wäre das sehr irrig. Er beließ es bei dem, was nicht abzuändern war, aber den Kampf gegen das Priesterthum hat er gerade mit aller Entschiedenheit durchgeführt, die Schranken ihrer Bevorzugung recht eng gezogen. Seine Angabe, was Grund und Wesen des Judenthums ist, stellt uns den Mann ganz nach seiner Sinnesart dar: das Wesen ist Menschenliebe und gegenseitige Anerkennung, ist Achtung des Menschen in seiner Würde und Ebenbürtigkeit, das ist Grund und Wurzel, das Andere ist Erklärung. Glauben Sie vielleicht, die Sage habe hier dem Hillel einen Zug angedichtet aus dem Leben des Stifters einer anderen Religion? Das wäre an sich schon ganz widernatürlich, daß man aus einer anderen Religion, noch dazu aus einer gehässigen Tochter-Religion, Aussprüche aufnehme, auf welche diese als ihr ausschließliches Eigenthum pocht; man bekämpft sie weit eher und sucht sie zu entwerthen. Der späteren starren Gesetzlichkeit war der Ausspruch auch gar nicht so homogen, daß sie ihn erfunden hätte, ja daß er ihr nicht vielmehr im Gegentheile hinderlich gewesen wäre. Aber abgesehen davon, lernen Sie nur unsern Hillel näher kennen und Sie werden sehen, daß dieser Ausspruch seinem Charakter vollständig entspricht. Schon früher ist der Kanon aufgestellt worden: Denkt sich der Mensch Gott als allerbarmend, als allgütig, so erkennt er auch Wohlwollen und Liebe gegen seine Mitmenschen als Grundpflicht. Hören Sie nun, wie sich unser Hillel Gott denkt: Es giebt drei verschiedene Arten unter den Menschen, die vollkommen frommen, die mittleren, die vollkommen bösen. Es wird einst ein Gerichtstag sein über die Menschen, die vollkommen Frommen werden alsbald sich ihres Lohnes erfreuen, die vollkommen Bösen ihrer Strafe verfallen, aber wie ist es mit den Mittleren? Ueber sie sagt die Schule Schammai's, die kommen zuerst in die Hölle, werden der Strafe hingegeben, doch sehnsüchtig schauen sie empor und klagen, allmälig steigen sie hinauf. Nicht also, sagt Hillel, was die Mittleren betrifft, so neigt Er, der groß an Gnade ist, die Waage zur Gnade hin. Wer sich seinen Gott so denkt, der legt auch an den Menschen den höheren Maßstab, der lehrt auch die Liebe zur Gesammtheit. Das liegt demnach ganz im Wesen Hillel's, es ist der Grundzug seiner ganzen Richtung, keine Erdichtung, daß er so gesprochen. Was nun das Dritte betrifft, daß er der Tradition das Wort redet, so ist das wiederum sein volles Wesen, er ist der Mann der lebendigen Fortentwickelung, er will, daß das Leben in seiner Frische maßgebend und gestaltend einwirke.

8. Hillel.

Hillel erkennt den Menschen nach seiner Innerlichkeit, aber auch nach den Ansprüchen des Lebens. Er pflegt gern Rath mit seiner Seele. Er eilt, wie die Erzählung schön lautet, aus dem Lehrhause, um einen lieben Gast zu pflegen. Seine Schüler fragen ihn: Wer ist denn der Gast, lieber Meister, den Du Tag für Tag in Deinem Hause beherbergst? Der Gast, antwortet er, ist meine eigene Seele, die muß immer zurückgedrängt werden im Verkehre mit der Welt, aber sie verlangt auch ihr Recht. Das ist echte, tiefe Innerlichkeit. Aber dabei war er nicht empfindsam und schwärmerisch, er erfaßte vielmehr frisch das Leben in seiner Schönheit und Bedeutung. Es war ein langer Streit zwischen den Schulen Schammai's und Hillel's, die Einen sagten, recht in ihrer finsteren Weise, es wäre dem Menschen besser, er wäre nicht geboren, als daß er geboren ist; die Anderen sagten, es ist besser dem Menschen, daß er erschaffen ist, er ist zur Thätigkeit da, die Erde ist der Schauplatz seines Wirkens. Sie mußten in gewissem Sinne nachgeben, die Anderen waren die Mächtigeren, aber die Nachgiebigkeit bestand darin, daß sie sagten: Nun, geschaffen sind wir einmal, darum seien wir thätig und prüfen sorgsam unser Thun. Frisch das Leben erfassen, war der Wahlspruch Hillel's. Schammai, wenn er ein Gutes fand in der Mitte der Woche, sprach er: Das sei für den Sabbath; Hillel sagte: Gepriesen sei Gott Tag für Tag, heute ist ein Tag, an dem ich durch Gottes Güte mich erfreuen will, der andere wird es auch bringen. Er erkannte die Berechtigung und die Aufgabe einer jeden Zeit an, und die Verschiedenheit der Zeiten ward auch Maßstab für sein Wirken. Zur Zeit, sagte er, wenn man einsammelt, wenn man Alles gern mit religiösen Einrichtungen umkleidet sieht, dann magst Du ausstreuen, laß die Formen dann recht üppig wachsen, zur Zeit aber, wenn ausgestreut wird, wenn man diese Einrichtungen und Formen wegwirft, da ziehe Du ein, da sei bereit und willig zur Nachgiebigkeit, laß ab davon, gewaltsam aufrecht zu erhalten oder gar zu erweitern.

Das war der Grundgedanke, von dem Hillel ausging, und all sein Wirken wie seine Aussprüche zeugen dafür; Hillel stellt uns das Bild dar eines — das Wort wird ihn nicht entweihen, es wird ihn adeln — eines echten Reformators. Es traten ihm die Schwierigkeiten entgegen, die einer Verjüngung und Belebung in jeder Zeit entgegentreten, es mögen die Einen gesagt haben: Warum willst Du denn ändern, halte Dich doch an das, was einmal geltend ist, wie willst Du Dir denn das Recht der Erneuung anmaßen? „Wenn ich nicht mir, antwortete er, wer denn mir?" Wenn blos, was die frühere Zeit erzeugt hat, Geltung haben soll, was außerhalb meiner bereits besteht, ohne daß ich es selbst mir schaffe, wer außer mir kann denn für mich schaffen? Nun, mögen Andere gesprochen haben, halte es für Dich, magst Du es in Dir erkennen, denke danach, handle danach, aber wozu denn auftreten, wozu für die Gesammtheit umgestalten wollen? Als wäre die Idee für den einzelnen Menschen allein bestimmt, als könnte man sie in den Kasten legen, um sie zur gelegenen Zeit anzuschauen, als wäre sie nicht eine Lebensmacht, die den Menschen beherrscht und drängt, wie der Prophet es ausspricht: Es ist ein Feuer in meinen Gebeinen, ich kann es nicht ertragen, es muß ausströmen. „Wenn ich für mich allein, sagt Hillel, was bin ich dann?" Will ich denn für mich Etwas haben, oder ist es die Gesammtheit, die erfrischt werden will? Laß es, lieber Freund, so mögen ihn Andere gewarnt haben, Du bist zu rasch. „Wenn nicht jetzt, wann dann?" erwiderte er. Jede Zeit schafft und muß schaffen, und wenn man in ihr blos träge dahin schleichen will, so wird damit auch die Zukunft im Keime erstickt. Das war Hillel, und daß er in solcher Weise gewirkt hat, daß er der Mann war, der es wagte, gegen die Erschwerungen mit aller Entschiedenheit aufzutreten, daß er den Namen keineswegs scheute, er sei ein Erleichternder, das wird Allen, die einen Blick in die Geschichte des Judenthums geworfen haben, klar sein; mit den Einzelheiten werde ich Sie keineswegs behelligen, aber wie er die Zeit begriff, davon nur einzelne Beispiele.

Es ist biblische Vorschrift, daß ein Haus in einer mit einer Mauer umgebenen Stadt, wenn es verkauft wird, wieder vom früheren Eigenthümer eingelöst werden kann bis zum Ende des Jahres, hat er es bis dahin nicht ausgelöst, so bleibt es Eigenthum des Käufers. Gewöhnlich wartete nun der Verkäufer bis zum letzten Tage des Jahres; dann aber, um seinen Besitz nicht für die Dauer einzubüßen, ward auf jede mögliche Weise die Summe herbeigeschafft, der Käufer mußte das Eigenthumsrecht dem Andern wieder zukommen lassen. Was thaten nun die Käufer, um den neu erworbenen Besitz sich für die Dauer zu erhalten? Der neue Besitzer ging am letzten Tage des Jahres fort, schloß das Haus zu, damit der ursprüngliche Eigenthümer nicht die Summe zurückerstatten könne und seines Besitzes nicht mehr Herr würde. Das Gesetz bestand, der Buchstabe galt. Nein, sagte Hillel, der Buchstabe gilt keineswegs, und wenn der Besitzer nicht zu Hause ist, so mag man die Thür einbrechen, oder das Geld hinbringen in den Tempel, der rechtmäßige Besitzer soll keineswegs um sein Eigenthum gebracht werden, weil jener List gebraucht. — Ein anderes weit eingreifenderes Beispiel ist folgendes: Mit dem siebenten Jahre war Erlaß der Schulden, eine Vorschrift, so recht aus dem milden Geist des Judenthums heraus geboren, aber natürlich auch blos bestimmt für Zeiten, in denen das Leben des Volkes sich in höchst einfachen Verhältnissen bewegte. Unter ihnen borgt blos derjenige, der in wirklicher Noth ist; ihm die Hand reichen, ist ein Act reiner Wohlthätigkeit, da ist das Gebot des Erlaßjahres ein sehr schönes: die Zeit ist um, die Schuld ist verwischt. Allein in späterer Zeit war Borgen und Leihen keineswegs blos Werk der Noth von der einen, der Hochherzigkeit von der anderen Seite. Man borgte nun für den Verkehr, um Mittel zum Geschäftsbetriebe vorräthig zu haben; man lieh nicht aus Wohlthätigkeitssinn, höchstens aus Gefälligkeit, bald auch um einen Theil des Gewinnes zu erlangen. Wenn der Schuldner nun Gelegenheit hatte, am siebenten Jahre sich muthwillig seiner Schuld zu entledigen, was mußte die Folge sein? Was die heilige Schrift befürchtete: Es gab keinen mehr, der leihen wollte, da man wußte, daß man zu einer bestimmten Zeit kein Recht mehr hatte, die Schuld einzufordern, da das Erlaßjahr dieselbe tilgte. Wie sollte abgeholfen werden? Was kümmert's mich? erwidert die Starrheit; es steht geschrieben, Du mußt dem Gesetze Dich fügen. Nein, sagte Hillel! Das Verkehrsleben soll stocken, weil der Betrüger sich unter den Mantel des Gesetzes hüllt? Der Arme soll darben, weil dem Wohlhabenden die Furcht vor empfindlichem Verluste die Hand fesselt, und Alles veranlaßt durch die Religion? Da muß Abhilfe werden. Es mögen von nun an die Verträge vor dem Gericht geschlossen werden mit der Bedingung, daß das Erlaßjahr die Schuld nicht tilge, und diese Bedingung habe Gültigkeit. Aber das ist ja wider die Schrift! Mag sein, aber wenn wir den Buchstaben wahren, so geht die ganze Sittlichkeit zu Grunde; ob geschrieben steht oder nicht, das Leben gilt. Und man ging darauf ein.

So war der Mann, so ward er ein Restaurator oder ein Reformator des Judenthums, und seine Wirksamkeit hat Einfluß bis an den heutigen Tag. Von der Sonderfrömmigkeit hielt er nichts: „Sondere Dich nicht ab von der Gesammtheit", wolle Du nicht ganz besonders fromm sein; die Anderen als Abtrünnige aufgeben und sich im Glanze der Sonderfrömmigkeit bespiegeln, ist unsittlich. Er hielt nichts von der Zellenreligiosität, er war ein Mann des Lebens und hat das Leben des Judenthums auf alle Weise gekräftigt und gehoben. Wie die Zeit sich weiter gestaltet haben würde, wenn die ruhige Entwickelung des Judenthums ihren Gang so fortgesetzt hätte, darüber Vermuthungen anzustellen, ist etwas Ueberflüssiges. Die ruhige Entwickelung war ihm nicht gegönnt, es traten große Weltereignisse ein, zwei Ereignisse, die freilich zusammengenommen noch nicht den Herz- und Mittelpunkt der Weltgeschichte bilden, die aber jedenfalls große Umwälzungen erzeugten, ich meine: die Entstehung des Christenthums und die Auflösung des jüdischen Staates.

9. Die Parteien. Entstehung des Christenthums.

Ist es an sich schon eine schwierige Aufgabe, darzustellen, wie der religiöse Geist in die Menschheit sich eingesenkt und dort Wurzel geschlagen hat, die geheimen Gänge aufzuzeigen, durch welche seine Entwickelung hindurchzog, die verschiedenen Gestaltungen, in die er sich ausprägte in den Wechselfällen des äußeren geschichtlichen Lebens, und dennoch die Einheit festzuhalten des religiösen Gedankens: so steigert sich die Schwierigkeit dieser Aufgabe gar sehr, wenn man an einen Wendepunkt gelangt in der Geschichte, der von tief eingreifenden Folgen ist, mit dem eine weltgeschichtliche Umgestaltung beginnt. Gerade die verschiedenen treibenden und bewegenden Kräfte, welche zusammenwirkten, um eine gewissermaßen neue Schöpfung in die Welt einzuführen, wirken so innerlich, daß sie sich dem Blicke verbergen und nur in ihren äußeren Erfolgen kundgeben. Aus unscheinbaren Anfängen, die zuerst auf kleinen Kreis beschränkt, hat mit einem Male eine neue geistige Macht sich entwickelt, und wir müssen sie in ihre verschiedenen Ausgangspunkte verfolgen, aufmerken, wie die Wege sich verschlingen und Zeitumstände damit sich begegnen, welche dieser Entwickelung günstig sind. Und noch eine neue Schwierigkeit tritt dazu. Es handelt sich hier um geschichtliche Ereignisse, die sich zu innersten Ueberzeugungen gestalten, die von den Einen als der Lebensnerv des eigenen Geistes und auch zugleich der ganzen weltgeschichtlichen geistigen Bewegung, als Ziel und Mittelpunkt betrachtet, als das Heiligste verehrt werden, während der Widerspruch, der von anderer Seite bald laut bald durch absichtliches Stillschweigen erhoben wird, nicht minder entschieden ist und gleichfalls in der ganzen Lebensauffassung wurzelt. Nun wird sicher ein Jeder, der in dem großartigen Gange der Weltgeschichte überall das Wehen des göttlichen Geistes verspürt, auch in einem weltgeschichtlichen Ereignisse, das so bedeutsam umgestaltend auf alle Verhältnisse eingewirkt hat, in einem Glauben, der mindestens fünfzehn Jahrhunderte die gebil=

dete Welt beherrschend unter sich beugte, ein göttliches Walten verehren, er wird eine Religion mit Ehrerbietung beurtheilen, an der sich Millionen erquickt und erhoben haben und noch erheben. Theilt er nun dennoch die Ueberzeugung nicht, daß in diesem geschichtlichen Ereignisse der geistige Mittelpunkt des ganzen weltgeschichtlichen Lebens zu verehren sei, daß nun eine ganz neue geistige Schöpfung eingetreten, mit ihr früher ungeahnte Gedanken die Welt erleuchteten, sie von nun an Trägerin und Stütze ward eines neuen Weltgebäudes, die kräftige Wurzel eines neuen geistigen Lebens: so drängt sich die Aufforderung an ihn heran, daß er seinen Widerspruch rechtfertige und sich darüber erkläre, wie er denn die Eigenartigkeit der Vorgänge deute. Dann muß es ihm aber auch gestattet sein, daß er, in Bescheidenheit zwar, aber doch mit aller Unbefangenheit seine Auffassung ausspreche, unbekümmert, ob ein Wort ihm entschlüpfe, das nach der einen oder der anderen Seite hin unangenehm klingt. Wer an sich selbst die freie, redlich gewonnene Ueberzeugung achtet und die freie Meinungsäußerung anspricht, gerade in ihr den rechten Mannesmuth ehrt, wird hoffentlich auch Anderen ein solches Recht nicht versagen, er wird den Ausspruch der freien Ueberzeugung ruhig aufnehmen, wenn sie auch der seinigen noch so sehr widersprechen sollte.

Ein großes weltgeschichtliches Ereigniß bricht heran und wir haben uns zuvörderst die Weltlage, zunächst innerhalb des Judenthums, nochmals recht lebendig zu vergegenwärtigen. Eine große Bewegung der Geister war in Judäa, zum Theile eine sehr gesunde. Das reformatorische Wirken Hillel's befreite die Geister aus der kleinlichen Sucht, sich im Kampfe mit der Priesterkaste selbst priesterlich zu umkleiden; der Pharisäismus war in eine Entwickelungsstufe eingetreten, auf der er den lebendigen Geist des Judenthums in sich wahrhaft wehen ließ, wenn auch, wie bei einer jeden solchen Reformbestrebung, eine gewisse Halbheit noch immer vorherrschte. Noch blieben Priesterthum und Tempeldienst in ihrer Bedeutung, wenn dieselbe auch sank, noch hatte die Erhebung des Menschen zu freier Religiosität nicht den Gipfelpunkt erreicht, auf dem der freie weite Blick ungehemmt nach dem Göttlich-Menschlichen schaut, die innerste Gesinnung herrschend die äußere Form schafft und umgestaltet. Die Umgestaltung wurde angestrebt, aber im engen Anlehnen an das Bestehende, und in solcher Art gelang sie. Ein fortgesetztes Wirken in diesem Sinne würde sicherlich das Judenthum immer zu höheren Entwickelungen hingeführt haben. Der Pharisäismus war ein gesundes Glied an dem

9. Die Lage in Judäa.

Körper des Judenthums und zeigte sich als solches auch in der damaligen Zeit. Seine Genossen waren eifrige Vaterlandsfreunde und zugleich mit Ernst hingegeben der Erkenntniß und Uebung der Religion. Aber bei allem Streben, das Volks- und Staatsleben zu erhalten, die vaterländischen Sitten und die vaterländische Bedeutung zu befestigen, waren sie dennoch Männer, die, einem jeden Ueberstürzen abhold, einen jeden unbesonnenen Eifer zu mäßigen bemüht waren. Sie waren nun mit in das Innerste des Staatslebens eingeführt, ihre Häupter hatten allmälig die Bedeutung errungen, neben den Hohepriestern, den Führern der Sadducäer, gleichfalls eine gewichtige Stimme im Rathe zu haben, über die Verhältnisse des bürgerlichen und staatlichen Lebens ihr entscheidendes Urtheil abzugeben, und nun zeigte es sich, daß sie, ehedem die heftigen Oppositionsmänner, doch mit kluger Einsicht die Mittel wohl erwogen, die ihnen zu Gebote standen, die Kräfte berechneten, die sie zu verwenden hatten. Selbst Josephus, der höfische und parteiische Geschichtschreiber jener Zeit, muß von dem Manne, der zur Zeit des jüdischen Kampfes von Seiten der Pharisäer an der Spitze stand, von Simon ben Gamaliel, einem Enkel oder Urenkel Hillel's, der kein persönlicher Freund des Josephus war, ihm vielmehr in seinen Bestrebungen hindernd entgegentrat, weil er ihm wohl verdächtig erschien, Josephus muß dennoch einräumen, daß Simon ben Gamaliel ein Mann ebenso der entschiedensten Thatkraft wie der einsichtsvollsten Klugheit war, ein Mann, der das Volk vor Ausschreitungen zu wahren beflissen war, der jene tollkühnen Unternehmungen, von denen wir noch hören werden, keineswegs billigte. Die Pharisäer lebten sonach, wenn auch von religiösen Hoffnungen für die Zukunft mächtig angetrieben, doch zunächst in der Gegenwart als thatkräftige Genossen derselben.

Aber in einer Zeit, wie es die damalige war, vermochten Männer dieser Art zwar ihr Ansehn zu wahren, doch dem Volke zu genügen nimmermehr. Rom pochte mit eiserner Faust an die Pforten Jerusalems, um dieselbe dann zentnerschwer auf die Nacken zu legen, man hörte längst schon die Donner rollen, bevor das Gewitter in seiner ganzen Fürchterlichkeit losbrach. Es ist ein schöner Spruch, den die alten Lehrer uns überliefern: Vierzig Jahre bevor der Tempel zerstört wurde, öffneten sich die Pforten desselben und man vermochte sie nicht mehr zu schließen. Mag es sich damit verhalten, wie es wolle, jedenfalls ist der Gedanke darin ausgesprochen, daß schon ein Menschenalter, bevor die Katastrophe eintrat, die Blicke ängstlich darauf hinschauten und die Ueberzeugung sich feststellte: Es bricht ein verzweifelter Kampf los, der Kampf muß durchgefochten werden, sollte er auch ein unfruchtbarer sein. In solchen Zeiten erscheint die besonnene Maßhaltung in den Augen des Volkes nicht als Tugend. Es wählt sich ganz andere Männer zu seinen Lieblingen, Männer, die mit brennendem Eifer auftreten, mit einer bis zur Raserei gesteigerten Glaubens- und Vaterlandswuth, denen ein jedes Mittel recht ist, wenn es nur zum Ziele zu führen scheint, die auch ohne zu überlegen, ob die Mittel ausreichen, ob nicht, welches das Resultat sein werde, Alles anwenden, um nur der Heftigkeit ihrer Empfindungen zu genügen, mag der Untergang auch dadurch beschleunigt werden. Solche Männer erstanden und die damalige Zeit belegte sie bereits mit dem vollkommen bezeichnenden Namen: Kannaim, Zeloten, Eiferer. An ihrem Glaubenseifer nährten sie einen nicht zu beschwichtigenden Haß gegen die tyrannische Herrschaft, die ausländische Beeinflussung; bei der Unzulänglichkeit der ihnen zu Gebote stehenden Mittel trugen Viele von ihnen kein Bedenken, auch diejenigen Mittel als erlaubt anzuwenden, die in ruhigen Zeiten mit sittlicher Entrüstung verworfen werden. Diese hießen auch die Sikarier, sie trugen den Dolch versteckt unter dem Mantel und stießen heimlich einen Jeden nieder, der das Wort der Mäßigung aussprach, der dadurch verdächtig erschien als den Feinden verkaufter Verräther. Sie standen in so zahlreichen Verbindungen, das Volk war ihnen in so hohem Grade zugethan, daß die gesetzliche Macht es nicht wagen durfte, Hand an sie zu legen. Empörungen entstanden in diesem Sinne. Juda aus Gaulonitis, ein Galiläer, erklärte es als Verbrechen, als Verleugnung der Religion, diesem Reiche zu folgen, in irgend einer Weise sich zu beugen unter die weltliche Herrschaft, die vom Auslande auferlegt wird. Es giebt nur ein Reich, war sein Wahlspruch, das ist das Himmelreich, das ist die Regierung Gottes. Wenn die vaterländische, gottgläubige Macht gebrochen ist, sie vor dem heidnischen Unglauben sich beugen soll, dann ist die Welt aus ihren Fugen, sie muß in Trümmer gehen, unsere Pflicht bleibt es, uns dieser Weltmacht nicht zu fügen. Eine Münze zu berühren, auf der das Bild des römischen Kaisers geprägt war, war in seinen Augen eine Sünde, die Steuer zu entrichten dem fremden Volke, war ein Verbrechen, die Verträge anzufertigen nach der damals üblichen Form: unter dem Consulate des und jenes oder unter dem Procurator

N. N., erschien ihm als eine Gotteslästerung, als ein Verrath am Vaterlande. Wie, sprach ein galiläischer Ketzer, wie uns die alten Lehrer erzählen, wie könnt Ihr Pharisäer Euch als Fromme betrachten? Ihr schreibt in den Verträgen den Namen des Herrschers neben den des Moses, wenn es heißt am Anfang: In diesem Jahre des Herrschers, und am Schlusse: Nach dem Brauche Mosis und Israels? Wenn der Name des Ungläubigen so in Verträge gesetzt wird, die religiöse Bedeutung haben, ist das Frömmigkeit? Die Pharisäer wiesen solche Uebertreibung freilich ab, aber im Volke fanden die Aufreizungen tiefen Nachhall, so daß vereinzelte Empörungen daraus entstanden und neue Sectenbildungen sich daran anlehnten. Josephus nennt wirklich die Anhänger dieses Juda aus Gaulonitis als eine vierte Secte neben den Pharisäern und Sadducäern und einer dritten, die wir gleichfalls noch kurz ins Auge fassen werden, den Essäern. Zu einer solchen Bedeutung hatte sich die Partei der Eiferer erhoben. In ähnlichem Sinne wirkte später ein anderer Sectenführer, Theudas; auch er kam aus Galiläa, stiftete Empörungen und fand zahlreiche begeisterte Anhänger. Daß die Anführer ans Kreuz geschlagen wurden, schadete ihrem Ansehen nicht, ihre Gesinnung verbreitete sich nur um so mehr.

Diese damals in Judäa herrschende Stimmung, wild ausbrechend in Thaten des Fanatismus, hatte ihre alte geistige Grundlage, die nun um so mehr sich befestigte und kräftigte. Schon zur Zeit, da der Makkabäerkampf ausgebrochen war, war ein Gedanke allgemein verbreitet, der in der vollen Sicherheit des eigenen Glaubens wurzelte, gepaart mit der verzweifelten Gewißheit, jetzt nicht durchdringen zu können. Dieser Gedanke machte in dem Ausrufe sich geltend: Diese Welt bricht zusammen, die zukünftige Welt muß bald erscheinen. Im Daniel, der uns diese Ereignisse im Gesichte mittheilt, werden die großen Mächte, welche auftreten gegen die Heiligen des Höchsten, in ihrer ganzen Furchtbarkeit gezeichnet, aber er richtet den sinkenden Muth auf mit den Worten: Dann erscheint ein Menschensohn, gehüllt in die Wolken des Himmels, ihm werden alle Reiche sich unterwerfen, ihm alle Völker gehorsam sein und viele von denen, die im Staube schlafen, werden erwachen und auferstehn, die Einen zum ewigen Leben, die Anderen zur ewigen Schmach. Diese Welt ist nun einmal in sich vollkommen zerstört, eine zukünftige, nicht etwa eine jenseitige, sondern eine diesseitige Welt wird erscheinen, an der auch die alten Frommen, nun auferstehend, sich betheiligen; das Gottes=

reich wird nun eintreten, oder das Himmelreich, wie es gleichfalls Daniel benennt. Die Makkabäer traten nun freilich nicht als solche Menschensöhne, gehüllt in die Wolken des Himmels, auf, sie waren Krieger und endeten als Sieger; auch das Ziel, das in Gesichte gesteckt wurde, war nicht erreicht worden, die Völker gehorchten ihnen nicht, alle Reiche willfahrten ihnen nicht, aber Judäa war selbstständig geworden. Für die Besonnenen und Thatkräftigen war ein Ziel erreicht, und jene Hoffnungen für die Zukunft traten in den Hintergrund. Allein wiederum war eine Zeit eingebrochen, die Zeugin war wilder Plünderungen und Verwüstungen und noch Aergeres befürchten ließ; wieder lastete ein noch mächtigerer Feind mit weit entschiedenerem Drucke auf Israel, wiederum sollte nicht blos die äußere Macht des Staates gebrochen werden, ja war bereits gebrochen, sondern auch das innere Geistesleben drohte geknickt zu werden. Der Bilder- und Götzendienst sollte im Judenthume wieder heimisch werden, die Kaiser sollten als Götter, als Divi verehrt, ihre Bildsäulen in den Tempel gestellt werden. Selbst die Fahnen, mit den Adlern des römischen Reiches geschmückt, auf deren Flug hingeschaut wurde, erschienen den Juden als von götzendienerischer Bedeutung; sollten diese Adler ja selbst an den Pforten des Tempels prangen, und ihre Herunternahme ward mit dem Tode bestraft! Da bemächtigte sich wieder Verzweiflung der Gemüther, das religiöse Bewußtsein war so mächtig, alle Lebensverhältnisse beherrschend, erstarkt und dennoch sollte es in der Wirklichkeit niedergedrückt werden. Da trat jener alte, nur kurz zurückgedrängte Gedanke vollkommen wieder in den Vordergrund: Das Himmelreich wird und muß kommen, diese Welt ist dem Bösen verfallen, sie ist eine Welt des Heidenthums und dem Untergange geweiht; mag sie untergehen, die zukünftige Welt folgt alsbald. Das Himmelreich tritt ein, die Frommen erstehen wieder und ihnen gehört dann das Reich. Wollen Sie den Ausspruch hören eines Eiferers, oder vielmehr des Sohnes eines Eiferers aus späterer Zeit, den uns die alten Lehrer überliefert haben? Er sprach es aus: Wer da über sich nimmt das Joch der Lehre, der schüttelt damit ab das Joch des Reiches und das Joch der bürgerlichen Anordnung, wer aber von sich abschüttelt das Joch der Lehre, über den kommt das Joch des Reiches dieser Welt und das Joch aller bürgerlichen Anordnungen. Nur die Lehre, nur die treue Befolgung der religiösen Vorschriften, sie allein soll und wird herrschen, und wenn sie herrscht, dann zerfällt das ganze künstliche Staatsleben; alle jene

9. Die Lage in Judäa und Galiläa.

Veranstaltungen, die das bürgerliche Leben zusammenhalten, ohne daß die Religion sie gebietet, sind überflüssig und schwinden. Schüttelt man jedoch das Joch der Lehre, das leichte süße Joch von sich ab, dann muß man das ganze schwere Joch dieser Welt tragen. Darum weg damit und ernst die Lehre umfaßt. Diese Gedanken erfüllten die Herzen, auf solche Hoffnungen schaute man mit der entschiedensten Zuversicht.

Auch zarter besaitete Gemüther gab es, die nicht in das thatkräftige Wüthen und nicht in das emporgehobene Hoffen einstimmten, die ihre fromme Sehnsucht in der Zurückgezogenheit durch einsiedlerische Askese befriedigten: das waren die Essäer, jene dritte Secte des Josephus. Sie griffen nicht einflußreich ein in die Gestaltung der Verhältnisse, fanden aber doch Anklang und Anhang, man legte ihnen Wunderkraft bei und verehrte die stillen Männer mit ihren frommen Uebungen. Die Essäer unterscheiden sich im Allgemeinen nicht sehr von den Pharisäern. Auch sie gehörten eben dem Bürgerstande an, auch sie waren keineswegs befreundet mit den Vornehmen und den Priestern — sie sollen sogar das thierische Opfer ganz verworfen haben, — aber mehr als die Pharisäer, ja fast im Gegensatze zu ihnen, mieden sie die Berührung mit der Außenwelt so viel wie möglich, in das innerste Heiligthum ihres Gemüthes zurückgezogen, in mystischen Betrachtungen die Befriedigung der geistigen Anforderung findend. Die Welt mit ihren Angelegenheiten war ihnen gleichgültig, sie sollen — wir haben über sie blos den Bericht des einen unzuverlässigen Josephus — sogar der Ehelosigkeit, der Gütergemeinschaft u. dgl. gehuldigt haben. Daher galten sie als Wunderthäter und Propheten, gewannen bedeutenden Ruf und Anhang, doch natürlich ohne in die Entwickelung der Zustände einzugreifen. So war die Stimmung in Judäa.

Was im innersten Mittelpunkt des Reiches seinen Ausdruck fand, seine Ausprägung erfuhr, das fand in den äußersten Grenzen des Reiches nicht blos seinen Nachhall, sondern auch seine eigenthümliche Gestaltung, und diese äußerste Grenze des Reiches war Galiläa. Galiläa war von Judäa noch durch Samaria geschieden, von seiner ursprünglichen Entwickelung an von einem Mischvolke bewohnt, so daß es eben „das Gebiet der Völker" hieß, umgeben von Syrern und Phöniziern, auch vielfach eine solche fremde Bevölkerung in sich einschließend. Sie haben vielleicht in einem neueren Werke eine sehr anmuthige Schilderung über Galiläa gelesen. Sie geht dahin, Galiläa sei ein höchst fruchtbares, malerisches Land, in dem köstliche Ebenen abwechseln mit belaubten Höhen, in dem der Boden Alles darbietet, was nur die Wünsche des Menschen anregen kann; seine Bewohner naive Naturkinder, harmlose Ignoranten und holde Ignorantinnen, die einem begeisterten jungen Manne in unschuldiger Liebe folgen, man weiß nicht, ob diese Liebe mehr der Person oder der Sache gilt, welche er vertritt. Ich bedauere, daß ich diese zauberhafte Idylle zerstören muß. Galiläa war allerdings ein fruchtbares Land, es war durchschnitten von Strömen und Bergen und bot in reichem Ueberflusse für alle Bedürfnisse dar; seine Bewohner waren allerdings unwissend, die Sprache war eine verdorbene und zersetzte, das eigentlich Charakteristische verwischend und Fremdes in sich aufnehmend, daher auch der Charakter der Bewohner nicht ein so durchgebildeter wie in Judäa. Aber diese Unwissenheit war keineswegs ein idyllisches Stillleben, sie paarte sich vielmehr mit einer gewissen Rohheit. Die Empörer, die ich früher genannt, diejenigen, welche mit Feuer und Schwert, mit Dolch und anderen heimlichen Mitteln die Gegner zu beseitigen suchten, sie waren eben meist Galiläer. Der junge Herodes — also bereits in einem Zeitabschnitte, der dem gegenwärtig von uns behandelten vorangeht — Herodes hat seine ersten Proben in Galiläa abgelegt. Er hatte über die dortigen Räuber ein erbarmungsloses Gericht gehalten, allein von der Nothwendigkeit dazu gedrängt. Er wurde zwar deshalb angeklagt, seine Macht — obgleich er damals nichts weiter war als ein Statthalter Galiläa's unter seinem Vater Antipater, dem Vertreter des Hyrkan — seine Macht war schon zu sehr herangewachsen, als daß das Synedrialgericht einen Urtheilsspruch über ihn zu fällen wagte. Aber sicher ist, daß die Veranlassung zu einem außerordentlichen Verfahren vorlag. In Galiläa war eben der Geist verbreitet, wie er gewöhnlich in jenem Theile des Volkes der herrschende ist, welcher die allgemeinen Einflüsse blos aufnimmt, ohne von den innersten bewegenden Ueberzeugungen vollkommen sich klar Rechenschaft geben zu können. Die Galiläer waren, wenn ich so sagen darf, die Marseiller des jüdischen Kampfes, der damals hochgehenden Bewegung. In Galiläa war es, wo die äußersten Versuche auch den vollsten Beifall fanden. War man dort zum Aufruhr geneigt, so war auch der Glaube, daß diese Welt zusammenbricht und eine neue Welt, die zukünftige, alsbald erscheint, ein Gedanke, wie er schwärmerische Gemüther, Menschen, die weniger denken, als glühend empfinden, so sehr anspricht, dort gleichfalls herrschend und er entflammte sie leidenschaftlich. Dort mag wohl auch Johannes aufgetreten sein mit den Worten: Thuet Buße, denn das Himmelreich ist nahe. Das Himmelreich ist eben die zukünftige Welt, die diesseitige Herrschaft der Religiosität, das Zerbrechen aller weltlichen Bande, der unberechtigten Herrschaft des Heidenthums, dem nun einmal diese Welt verfallen ist. So waren die Gemüther aufgeregt, vorbereitet für die wunderbarsten Erscheinungen.

Da trat wiederum ein Mann auf in Galiläa, der noch zuversichtlicher der Bewegung der Zeit den Ausdruck verlieh. Während Andere vor ihm blos aufforderten, sich für das Himmelreich vorzubereiten, verheißend, daß es kommen werde, es werde ein Menschensohn, gehüllt in die Wolken des Himmels, erscheinen, es werde eine vollständige Umgestaltung sich entwickeln, während Andere blos als Propheten und Verkünder dieses Glaubens auftraten, mit dieser Hoffnung ihre Phantasie erfüllten, ohne ihr wirkliche Gestalt geben zu können, hatte er den Muth und die Zuversicht, es auszusprechen: Die Zeit ist erfüllt, das Himmelreich ist gekommen und der Menschensohn, gehüllt in die Wolken des Himmels, — er sprach es zuerst nicht bestimmt aus, aber er trug diesen Glauben in sich, er ließ ihn überall durchschimmern, — dieser Menschensohn bin ich selbst. Einen Kampf zu führen gegen das Reich dieser Welt, war nicht seine Aufgabe; der Ausspruch, den ein späterer Berichterstatter ihm beilegt: Mein Reich ist nicht von dieser Welt, mag vollkommen seinem Glauben entsprochen haben. Er bedeutet: Mein Reich beginnt nicht in der gegenwärtigen heidnischen Welt; allein diese Welt wird bald in Trümmer geborsten sein, die zukünftige Welt dann leiblich, faßlich erscheinen, und da wird auch mein Reich beginnen. Davon war er vollkommen überzeugt, und zu allen Zeiten tiefen Druckes begegnen wir noch später Männern, die mit der gleichen Selbstsicherheit als Messiasse auftraten. Soll es uns etwa wundern, daß in dieser Spannung der Gemüther kühne und glühende Begeisterung für das volle Judenthum und dessen Herrschaft einen hochstrebenden Menschen vollkommen überwältigen konnte, daß ihn der Glaube an sich selbst erfüllte, ihm den Muth verlieh, solche Hoffnungen mit vollster Sicherheit auszusprechen? Das war es, was den ersten Stifter des Christenthums beseelte. Er war ein Jude, ein pharisäischer Jude mit galiläischer Färbung, ein Mann, der die Hoffnungen der Zeit theilte und diese Hoffnungen in sich erfüllt glaubte. Einen neuen Gedanken sprach er keineswegs aus, auch brach er nicht etwa die Schranken der Nationalität. Als ein fremdes Weib zu ihm kam und von ihm geheilt werden wollte, sprach er: Es ist nicht fein, den Kindlein des Hauses das Brot wegzunehmen und es vor die Hunde zu werfen. Er hob nicht im Entferntesten irgend etwas vom Judenthum auf, er war ein Pharisäer, der auch in den Wegen Hillel's ging, nicht auf jedes einzelne Aeußerliche den entschiedensten Werth legte, aber andererseits sprach er es auch aus, daß nicht ein Titelchen vom Gesetze weggenommen werden soll, die Pharisäer sitzen auf dem Stuhle Mosis und was sie sprechen, das sollt ihr wohl befolgen. Er wurde allerdings, wenn wir treu berichtet sind, als man ihm entgegentrat, auch zu geringschätzigen Aeußerungen über das Eine und Andere veranlaßt, aber in seinen ursprünglichen Ueberzeugungen wankte er niemals. Die Entgegnungen, die wir aus dem treuesten Berichterstatter erfahren, — einen vollkommen treuen wird man kaum erwarten dürfen, der treueste aber ist derjenige, der unter dem Namen des Markus uns überliefert ist, — die Einwürfe, die Versuchungen, die ihm entgegengestellt wurden, sie fußen alle auf dem Boden, den er einnahm. Die Sadducäer traten ihm entgegen wegen der Auferstehung, die er ja mit der Behauptung von dem Eintritte der zukünftigen Welt, des Himmelreiches, so entschieden betonte. Mit der spöttischen Frage: „Nach dem Gesetze soll der Schwager das Weib, das der verstorbene Bruder ohne Kinder hinterläßt, heirathen, wie nun, wenn ein solches vielfach geschehen von verschiedenen Brüdern und nun die Auferstehung eintritt, und es sind sieben Männer und nur eine Frau, wessen ist nun diese?" mit dieser spöttischen Frage, die für seine Behauptung baldigster Herankunft der zukünftigen Welt, der Auferstehung, fein berechnet war, traten sie ihm entgegen. Er erwiderte: Allerdings, die zukünftige Welt tritt ein, aber da wird nicht mehr gefreit. Als ein Pharisäer das hörte, fand er, daß diese Antwort eine gute sei, und er fragte: Meister, was ist das vornehmste Gebot? und jener erwiderte: Das Eine ist: Höre Israel, Gott ist unser Herr, Gott ist einzig (diesen Anfang der Antwort finden wir nur bei Markus, die Anderen haben — ein bedeutsamer Fingerzeig! — ihn zurückgelassen) und: Du sollst lieben Gott Deinen Herrn mit ganzem Herzen, mit ganzer Seele und mit aller Kraft. Ein zweites Gebot das ist eben so wichtig: Du sollst lieben Deinen Nächsten, wie Dich selbst. Ein Neues ist darin nicht ausgesprochen. Und der Pharisäer erwiderte: Du hast gut gesprochen; Gott als einzig zu erkennen, das ist das Höchste, ihm mit aller Innigkeit angehören und den Nächsten wahrhaft zu lieben, das ist besser als Brandopfer und alle sonstigen Opfer. Der Pharisäer hatte durchaus keine Einwendungen zu machen; was er gehört hatte, war übereinstimmend mit seinen Ueberzeugungen. Die Antwort des Pharisäers berichtet wieder nur Marcus in solcher Form; die Anderen, die späteren Berichterstatter, gestalten sie nach ihren Zwecken um.

Wenn dem Stifter als specifische Lehre in den Mund gelegt wird, Gott sei ein Gott der Liebe und nicht des Zornes und der Rache, so ist dies wiederum eine spätere Zuthat, die wir nicht in dem treuesten Berichterstatter finden. Was war dem Worte Hillel's: Der Gnadenreiche neigt die Schale zur Gnade, noch hinzuzuthun? Sind die Aeußerungen, die in den rein sittlichen Verhältnissen der Menschen gegen einander wurzeln, wirklich treu berichtet, so finden wir in ihnen entweder nichts Neues, oder das Neue tritt in einer gewissen krankhaften Weise auf, wie es einer kranken Zeit angehört. Du sollst lieben Deinen Nächsten wie Dich selbst, das war ein Wort, bei dem der Pharisäer ausrief: Du hast gut gesprochen, Meister. Doch es wird auch die Armuth gepriesen und die Verachtung der Welt gelehrt, die Verachtung alles dessen, was das diesseitige Leben erzeugt, ein fröhliches Eingreifen in die Welt wird geschmäht; das lehrt allerdings der Pharisäismus nicht, er stellt vielmehr die Lehre auf: Diese Welt ist ein Vorhof für die zukünftige, bereite Dich im Vorhofe wohl vor, daß Du im Gastzimmer wohlausgerüstet erscheinen magst. Süßer ist eine Stunde in der zukünftigen Welt als alle Genüsse in dieser, aber auch werther eine Stunde in dieser Welt mit der Lehre und guten Werken als alles Behagen in der zukünftigen. Wenn nun aber wirklich dieses frische und fröhliche Ergreifen der Welt in Redlichkeit und Ehren verschmäht, mit Verachtung auf Alles geblickt wird, was die Erde darbietet, so würde dies eine krankhafte Richtung sein, wenn es nicht seine Erklärung fände in dem Glauben, die zukünftige Welt, ganz anders gestaltet, sei bereits im Anzuge. Wenn gar angebliche Sittlichkeit das Rechtsgefühl vollkommen unterdrücken will, wenn die Vorschrift gelten soll: Wenn Dir Einer einen Streich auf die eine Wange giebt, reiche ihm auch die andere hin, Du sollst nicht blos dulden, sondern Dich selbst alles Ehrgefühls entkleiden, und ferner: Wenn Dir Einer den Rock nimmt, gieb ihm auch das Unterkleid dazu: wenn dies die neue Lehre ist, die Jesus verkündet hat, — Jesus, so hieß der Stifter, die griechische Aussprache des Namens Josua, wie auch Josua, Sohn Nun's, von den griechischen Uebersetzern Jesus genannt wird, und ebenso Jesus Sirach, — wenn dies die neue von ihm verkündete Lehre ist, dann ist sie entweder die Frucht einer in sich gebrochenen Zeit, die auch alle Ordnungen verkehrt, alle Rechtsbegriffe zerstört, oder auch sie stammt aus der Versetzung einer zukünftigen ganz anders gearteten Welt in das Diesseits.

So trat die erste Anregung auf, in welcher zwar nicht eine neue Religion sich zeigt, in welcher jedoch der Antrieb zu derselben lag. Es war der Glaube an die erfüllten messianischen Hoffnungen im pharisäischen Judenthume, wie er in der damaligen Zeit lag. Was sonst noch über den Stifter des Christenthums berichtet wird, gehört in diejenige Reihe von Sagenbildung, die wir bereits früher uns klar zu machen versuchten. Wenn die Sage eine Persönlichkeit nicht schärfer zeichnet, nicht aus dem innersten Wesen des Menschen schöpft und ihn dadurch enthüllt, indem sie ihn verherrlicht, wenn sie ihn im Gegentheile so ausschmückt, daß er ganz und gar unkenntlich wird, emporgehoben über alle scharf ausgeprägte Individualität, ihn zu einer Abstraction verflüchtigt: dann ist die Sage ein Gebilde der Phantasie, das fortwuchernd aus den dunkeln Trieben der Zeit schafft und in immer dichteres Dunkel hüllt.

Daß dieser erste Stifter des Christenthums gläubige Anhänger gefunden, lag ganz in der Zeit. Zunächst waren es auch nicht die Gebildeten und Einsichtsvollen des Volkes, die ihm anhingen. Ein kleiner Kreis, namentlich in Galiläa, der sehr tief stand und von dem Kern der Bevölkerung ziemlich verachtet war, zum großen Theile Personen, welche als Gehülfen der Regierung, als Zöllner, die die Steuern eintrieben für das verhaßte Weltreich, sie, auf denen die ganze Wucht der Verachtung lag, die man von allen Seiten mied, sie, die Niedrigen und Geringen, sie schlossen sich willig dem neu Aufgetretenen an. „Ich bin nicht gekommen, die Gesunden zu heilen, ich bin zu den Kranken gesendet", sprach er selbst. Und diese Kranken schlossen allerdings einen Kreis um ihn. Freilich beschränkte er sich bald nicht mehr auf diese aus der Gesellschaft Gebannten, sein Ruf drang weithin, und er wagte es sogar, nach dem Mittelpunkte des Reiches sich hinzuwenden. Alsbald aber erhob sich auch die Anklage wider ihn. Er fand zwar hier und da Anklang: Hosianna, rief man ihm zu, Sohn Davids, denn ein solcher mußte er sein, wenn er als Messias gelten wollte; dennoch wurde er vor das Gericht ge-

9. Die Entstehung des Christenthums.

führt, und wir erfahren nichts davon, daß eine große Anzahl von Genossen um ihn gewesen wäre, so daß man gefürchtet hätte, das Urtheil wider ihn auszusprechen. Das Urtheil mußte vollzogen werden durch den Landpfleger. Pontius Pilatus fragte ihn: Bist Du ein König der Juden? und er sprach: Du sagst es. Er stellte es nicht in Abrede. Einem späteren Berichte zufolge fügte er hinzu: Mein Reich ist nicht von dieser Welt, freilich, aber von der zukünftigen, die bald erscheinen und eintreten wird. „Denn es sind Viele hier von diesem Geschlechte, die den Tod nicht schmecken werden, bevor das Himmelreich ist gekommen," „es sind Viele hier, die es mit anschauen werden, wie das Ende der Dinge erfüllt ist". Dem Pilatus war das Ganze ein seltsames, ihm unverständliches Unternehmen, nicht wichtig genug, als daß er mit Strenge hätte einschreiten sollen, das Volk aber, dem er es freistellte, ob es ihn losbitten wolle nach altem Brauche, daß es vor einem Festtage für einen Verbrecher Gnade erwirken konnte, lehnte alle Betheiligung mit ihm ab, es ging auf den Vorschlag seiner Befreiung nicht ein. So ward das Urtheil gefällt, wie es, zumal in der bewegten Zeit, welche durch vorgespiegelte lügnerische Hoffnungen — und als solche erschienen sie den nicht an ihn Glaubenden, — ja wohl gar durch den drohenden Empörungsversuch noch elender werden mußte, nicht anders ausfallen konnte. Er griff in die damaligen religiösen Anschauungen ein, erhob sich zu einer Höhe, die ihm nicht zuerkannt wurde, stellte die Hoffnung der Zukunft als gegenwärtig und in sich verkörpert dar, er stellte eine vollständige Aenderung der bürgerlichen Verhältnisse in Aussicht, ignorirte das ganze gegenwärtige Bürgerthum, wenn er auch nicht in Empörungen auftrat. Das Urtheil konnte unter solchen Umständen nicht anders erfolgen, er wurde ans Kreuz geschlagen, wie früher Juda aus Gaulonitis und dessen Genossen. Die Anhänger Jesu waren dadurch wohl Anfangs betäubt, aber in ihrem Glauben nicht erschüttert. Natürlich, diese Welt geht ihren Gang, auch er stirbt, diese Welt muß ihn hassen, sie hat noch eine kurze Gewalt; aber das Himmelreich erscheint, dann ersteht er wieder, an ihm vollzieht sich zuerst die Auferstehung, die dann allgemein erfolgt. Diese Ueberzeugung war ja schon während seines Lebens herrschend, sie konnte durch seinen Tod nicht erschüttert werden, sie mußte im Gegentheile noch lebendiger in den Vordergrund treten. Er muß auferstehn, er ersteht sicherlich auf, und bald schritt man zu dem Ausspruche: Er ist auferstanden, er ist in den Himmel gefahren und

8*

wird, gehüllt in die Wolken des Himmels, wieder erscheinen, bei der allgemeinen Auferstehung, bei dem Eintritt des Himmelreiches. Dieser Entwickelungsgang ist ein ganz natürlicher, durchaus nichts ist an ihm auffallend, und die Jünger sehen ihn, harren auf seine glorreiche Wiederkunft Tag für Tag. Dies die erste Anlage zur Entstehung des Christenthums, der Keim, aus dem der mächtige Baum hervorwächst, dem noch andere Factoren hinzutreten, um die anfänglich schwache Secte allmälig zur herrschenden Macht umzugestalten.

10. Die Entwickelung des Christenthums.

Neben den bestehenden verschiedenen Richtungen innerhalb des Judenthums, neben dem Sadducäismus, dem Pharisäismus mit der tiefgehenden Bewegung in demselben, dem Essäismus, den Kannaim, Zeloten oder Eiferern, den Anhängern des Juda aus Gaulonitis und so manchen anderen kleinen Schattirungen, die sich innerhalb dieses kleinen Staatsgebietes vorfanden, — ein Zeichen tiefster Aufregung aller Kräfte, eines eben so heftigen bürgerlichen wie geistigen Kampfes, — neben diesen verschiedenen Richtungen entstand nun und zwar zunächst auf dem Boden des pharisäischen Judenthums eine neue Richtung: die des erfüllten Messianismus. Die Uebersetzung dieses Wortes ist eben Christenthum; Maschiach, der Gesalbte, nannte man den König, der erwartet wurde, um die zukünftige Welt zu inauguriren, mit Zerstörung der ganzen diesseitigen alten Welt die Zustände herbeizuführen, in denen Gott allein König sein, durch diesen Gesalbten verkündet und eingeführt, das Reich des Himmels oder das Gottesreich zur Herrschaft gelangen wird. So trat der Glaube an das verwirklichte Messiasthum oder Christenthum mit dem Anspruche auf, daß die neue Welt nun wirklich beginne oder bereits begonnen habe, daß der Messias bereits erschienen sei, daß er zwar innerhalb dieser, der alten Welt, gestorben, habe sterben müssen, aber auch auferstehen werde, auferstanden sei und bald wiedererscheinen werde in den Wolken des Himmels, um die neue Welt vollständig einzurichten, um die gesammte Menschheit unter das Gottesreich zu beugen und außerhalb der gegenwärtigen zerklüfteten und in sich zerfressenen bürgerlichen Gesetze eine neue Menschheit hervorzurufen. Das war eine neue Richtung, die, innerhalb des Judenthums und zwar vollständig auf jüdisch=pharisäischem Standpunkte stehend, nun hervortrat.

Das Neue an ihr war eben, daß das, was von allen Seiten, wenigstens von dem größeren Theile der Gesammtheit innerhalb des Judenthums als ein Zukünftiges, als ein weit in die Zeit hin Ent=

legenes, daher auch nur in unbestimmten Umrissen betrachtet wurde, nun als bereits vollkommen in Erfüllung gegangen, als baldigst in seiner vollen Herrlichkeit hervortretend geglaubt wurde. Das war die erste Stufe des Christenthums. Einer besonderen Verbreitung konnte sich diese Richtung im Judenthume und namentlich in Palästina nicht erfreuen. Die alte Zeit war allerdings für die Juden eine trübe und harte; daß die alte Welt untergehen müsse, war ein Glaube, in dem sie Trost und Kraft fanden: aber daß sie wirklich bereits untergegangen sei, daß eine neue Welt bereits angebrochen, der Schritt aus der Phantasie in die Wirklichkeit war ein großer, und die Thatsachen stritten dagegen gar zu gewichtig und einschneidend. Nein, erschienen ist die zukünftige Welt noch nicht, wenn wir sie auch sehnlichst und sicher erhoffen, war der allgemeine Ausspruch. Man hatte überhaupt auch viel zu schwere Sorgen, als daß man phantasiereich sich einbilden konnte, die Zukunft sei eine wirkliche und gegenwärtige; jeder Tag brachte seine neue Plage, so oft die Sonne aufging, beschien sie einen neuen Kampf und neue Widerwärtigkeiten, es galt alle Kraft anzuwenden, nicht um sich Speculationen hinzugeben und einen Glauben zu befestigen, der Ideale der Zukunft zu gegenwärtiger Realität stempelte, sondern die wirkliche Gegenwart drängte mit ihrem Drucke und ihren Lasten. So verbreitete sich innerhalb des palästinensischen Gebietes der Glaube der erfüllten Messiashoffnung sehr wenig. Der Geschichtsschreiber jener Zeit, Josephus Flavius, während er alle früher genannten Richtungen ausführlich bespricht, namentlich auch diejenigen, welche vor Kurzem entstanden waren, die des Juda aus Gaulonitis, dann des Theudas, der Eiferer, von Personen und Bestrebungen genau Rechenschaft giebt, geht über den Stifter der neuen Richtung, wie über diese selbst, mit völligem Stillschweigen hinweg. Die wenigen Zeilen, welche sich in der gegenwärtigen Gestalt seines Buches als Erwähnung des Stifters vorfinden, kennzeichnen sich zu deutlich als späteres absichtliches Einschiebsel; die kurzen Worte stehen in dem vollständigsten Widerspruche mit dem Charakter des ganzen Buches, stehen da ohne allen Zusammenhang, ein aufgeflickter Lappen, nicht das Werk eines planvoll seine Aufgabe bearbeitenden Schriftstellers.

Innerhalb Palästina's hatte diese Richtung auf keine besondere Verbreitung zu rechnen, die unteren Klassen des Volkes, die wundersüchtig sind und wundergläubig, die zurückgestoßen waren von den Höherstehenden und sich daher gerne an ein Neues anklammern, sie

10. Zweite Phase des Christenthums.

hatten sich zunächst mit der neuen Richtung befreundet und sich ihr angeschlossen. Diese wundersüchtige Volksklasse schafft sich ihre erfüllten Wunder mit der größten Leichtigkeit, in üppigster Fülle. Die neue Richtung wurde daher von dem Aberglauben der damaligen unteren Klassen fast ganz überwuchert. Der Glaube an Dämonen, die in Unzahl überall verbreitet sind, als böse Geister die Luft verpesten, in die Menschen hineinfahren und sie berücken, aus denselben aber auch durch Beschwörungen wieder gelockt werden können, — dieser krasse Dämonglaube tritt in alten jüdischen Schriften allerdings hie und da auf, aber er bildet keineswegs den Kern und Mittelpunkt. Aber gerade solche Begebenheiten nehmen einen gar großen Theil ein von den Berichten aus der Zeit des entstehenden Christenthums; die Erzählungen von dem Werk des Teufels, wie er die Menschheit besitze, seine Schaaren als Dämonen einfahren und die Besessenen wieder geheilt werden, überfluthen fast den ganzen übrigen Inhalt. So in Palästina.

In anderer Weise gestaltete es sich allerdings unter den außerhalb Palästina's wohnenden Juden. Die Juden lebten nämlich nicht blos in Palästina, sie bildeten schon seit alter Zeit zahlreiche Gemeinden unter den Griechen und breiteten sich immer mehr dort aus, je trüber die Verhältnisse im eigenen Lande wurden. Dort war allerdings tiefes Mitgefühl für die Leiden der Brüder in der Heimath vorhanden, ein jedes Leid, das das Vaterland, die Urstätte, betraf, fand in Herzen dieser griechischen Juden den tiefsten Wiederklang, sie schauten mit Ehrfurcht hin nach der geheiligten Stätte, die ihnen immer der Mutterboden blieb. Aber die Kämpfe selbst hatten sie nicht mitzumachen. Während in Judäa die Waffen klirrten, Tag für Tag die Kräfte wachgerufen werden mußten, um für die Bedürfnisse des Tages zu sorgen, die Beschwerlichkeiten und Mühen zu ertragen, die Gehässigkeiten abzuwehren, während so in Judäa Kraft und Sinn ganz auf die Gegenwart hingelenkt wurde, waren die griechischen Juden immer doch blos müßige Zuschauer, sie schauten hin mit tiefer Betrübniß, vielleicht auch verspottet von den Griechen, wie ihr heiliges Land nun zu Grunde gehe, wie sie ihren geistigen Mittelpunkt bald einbüßen werden. In solchen Stimmungen lebten die griechischen Juden. War nun auch in ihnen der hoffnungs- und trostreiche Blick der neuen Zeit zugewendet, in der sie von diesen Leiden, die bei ihnen mehr geistige waren, befreit werden sollten: so waren sie auch dem Glauben weit näher, daß diese Hoffnung bald erfüllt werde, erfüllt sei. Sie wurden nicht niedergedrückt von der ganzen Last des Augenblicks, sie athmeten weit freier, gaben daher der Hoffnung weit mehr Raum. Auch fand in der Ferne die Verkündigung begeisterter Anhänger weit leichter Glauben, als bei denen, die Alles in der Nähe mit angeschaut hatten. Innerhalb der jüdisch-griechischen Colonieen gewann daher das als eingetreten verkündete messianische Judenthum bereits in der ersten Zeit eine weit größere Zahl von Anhängern. Dort aber traf dieser Glaube auf ein ganz neues geistiges Element. In den griechischen Juden nämlich war ein griechisch-philosophischer Zug, den sie mit ihrem alten Glauben verwebt hatten. Die dortigen philosophischen Bestrebungen liefen besonders darauf hinaus, ein göttliches Abbild anzuerkennen, einen Logos, den göttlichen Gedanken, der als ein Ausfluß Gottes auch zugleich weltschöpferisch mit der Welt in Verbindung getreten ist, weiter mit ihr in Berührung bleibt; von dem geistigen Gedanken des Judenthums durchdrungen, hatte man Gott außer aller Berührung mit der Welt zu setzen gesucht, ihn so erhaben über alles Endliche und Zeitliche gestellt, daß eine gewisse Vermittelung nothwendig war, um Schöpfung und Erhaltung der Welt von Gott ableiten zu können. Der Logos, der Gedanke, das Abbild, die Idee, die sich aus Gott erzeugt, war der Demiurg, der Weltschöpfer. Ob er als persönliches Wesen, ob er als bloße Idee zu betrachten sei, blieb unentschieden; man war durch Plato daran gewöhnt, die Idee in der Schwebe zu erhalten zwischen einem wirklich Vorhandenen oder blos geistig Gedachten. Der Logos nun, der Gedanke, der Begriff oder das Wort, wie es auch im Griechischen heißt, war gewissermaßen die Vermittelung zwischen Gott und der Welt, der Logos, wie er in poetisch-kühner Ausdrucksweise von Philo und gewiß nicht von ihm allein genannt ward: der einziggeborene ($\mu o \nu o \gamma \varepsilon \nu \dot{\eta} \varsigma$) Sohn Gottes. Eine kühne dichterische Bezeichnung, die aber nach diesem Systeme ihre volle Berechtigung hat. Der Gedanke aus Gott erzeugt, aber immer weiter innerhalb Gottes verharrend, konnte mit Recht der ein- und einziggeborene Sohn Gottes genannt werden. Diese Auffassung war weit verbreitet, ganz gewöhnlich geworden, und sich anlehnend an Ausdrücke der h. S. vom Worte, der Herrlichkeit Gottes und ähnlichen Begriffsbildungen, beschränkte sie sich nicht auf die griechischen Juden, sondern drang auch weiterhin in das Judenthum Palästina's. Dort hieß der Logos: Memra, auch das Wort, der Ausfluß von Gott ausgehend, um die Menschheit zu führen, um

10. Zweite Phase des Christenthums.

dasjenige zu vermitteln, was auf die Sinnenwelt geübt wird, und mit der Memra wird in den chaldäischen Uebersetzungen Gott umschrieben, wenn sinnliche Berührungen vermieden werden sollen.

Nun trat eine neue Welt ein, die zukünftige Welt verwirklicht sich. Die Welt ist zunächst entstanden durch den Logos, durch diese Vermittelung. Wenn nun die alte von dem Logos geschaffene vergeht, die neue Welt entsteht, die zukünftige Welt sich verwirklicht, kann sie ein Anderer haben erstehen lassen als wiederum der Logos? Sicherlich, der Messias ist eben der Logos, das Wort, der eingeborene Sohn Gottes! Die christliche Idee wird hiermit auf einen anderen Boden hin verpflanzt, die Anschauungen gestalten sich um, der Menschensohn wird zum Gottessohne, zunächst wohl freilich als Idee, als der philosophische Gedanke, aber im Glauben der Menge dann bald als der wirkliche Gottessohn. Der Gottessohn erschafft eine neue Welt; die alte ist zerstört, durch seine Erscheinung wird eine neue eingeleitet. Seine Erscheinung — sollte er denn wirklich als ein gewöhnlicher Mensch geboren sein können? Der palästinische Messias ist ein Nachkomme David's, wird geboren wie ein jeder andere Mensch, tritt in die Welt ein, zwar mit einem hohen Auftrage von Gott, ohne jedoch mehr als Mensch zu sein. Der Logos aber, der eingeborene Sohn Gottes, sollte er in die Welt treten als Kind menschlicher Eltern, der Logos ein Kind, der Logos menschlich geboren? Sind das nicht widersprechende Begriffe? Wenn bei ihm von Zeugung und Geburt die Rede ist, so kann das nicht auf natürliche Vorgänge bezogen werden. Er ist der Sohn Gottes, er geht freilich in das Fleisch ein, aber auf eine wunderbare Weise: Eine Mutter gebiert ihn, aber der Vater ist der göttliche Geist. Das war eine Umgestaltung, wie sie aus der Berührung mit dem griechischen Judenthume nothwendig war. So sein Eintreten: wie aber sein Austreten aus der Welt? Der Messias ist allerdings ein mit Gotteskraft ausgerüsteter Mensch, doch bleibt er immer Werkzeug in Gottes Hand, er kann sterben, getödtet werden, er erscheint aber dann wieder, er wird schon die neue Welt einweihen, er ersteht neu auf, er ist auferstanden. Wie aber kann der eingeborne Sohn Gottes, der die volle Gotteskraft in sich trägt, getödtet werden? Nun allerdings, dies kann er nicht durch Menschenmacht, aber er kann es, wenn er es selbst will, freiwillig kann er sich einer scheinbaren Opferung hingeben. Die alte Welt muß untergehn; auch sie war vom Logos erzeugt, in Adam war ein Abbild des Menschengeschlechtes gegeben, in Adam lag die ganze Menschheit. Wie sich in diesem System Alles durch ein Ineinanderfließen erzeugt und in der höheren Stufe das Niedere enthalten ist, so lag in dem ersten Menschen, in Adam, das ganze Menschengeschlecht. Wenn nun das Menschengeschlecht ein so verderbtes, die alte Welt so schlecht geworden, daß sie untergehen muß, so ist dieser Zustand schon hinaufzubeziehen auf den alten Adam. Er hatte gesündigt und an dieser Sünde ist die ganze folgende Menschheit krank geworden, und damit sie gesund werde, muß die alte Welt sterben und eine neue erstehen. Ja, wenn die alte Welt sterben muß, hätten dann alle Menschen nicht auch hinweggeräumt werden müssen? Nein! Für die alte Menschheit stirbt eben der Logos selbst, ihr Schöpfer. Indem er Fleisch und Mensch geworden, übernimmt er Alles, was die Menschheit Hartes treffen sollte, er opfert sich selbst für die Menschheit; seine Gottheit aber bleibt und erfüllt nun die neue Menschheit.

Das waren neue Begriffe, die sich aus dem jüdischen Griechenthume entwickelt haben, die in die Anschauung über Gott tief umgestaltend eingingen und schon sehr nahe daran waren, über die Grenze des Judenthums hinauszuschreiten. Auch in Beziehung auf Menschthum erzeugten diese neuen Begriffe eine mächtige Umgestaltung. Das Judenthum lehrt, daß der Mensch für seine Sünde sterbe, ein Jeder die Strafe empfange für sein Unrecht, daß Gott ein verzeihender und erbarmender Gott sei, der wohl die Sünde nicht ungerügt läßt, der aber keineswegs wegen der Sünde ganz zerstört und namentlich wegen der Sünde des Einen nicht die anderen Menschen, die ihm nahe Stehenden mitbestraft. Hier war eine ganz andere Anschauung mit Nothwendigkeit eingetreten. In einem Menschen — freilich in dem ersten aller Menschen — sündigten bereits alle, es war eine Schuld vererbt worden, an dieser krankten sie, sie trugen sie als Fessel mit sich und konnten sich ihrer nicht erwehren. Diese Gedanken sind dem Judenthume fern, ihm nur eingepfropft. In dem griechischen Judenthume mochten allerdings sich einige mystisch speculirende Geister damit befreunden, aber eine allgemeine Aufnahme konnte selbst dort nicht erwartet werden. Dies die zweite Stufe des Christenthums.

Während in der ersten das Gottesreich betont wird, herbeigeführt durch den menschlichen Messias, tritt auf der zweiten Stufe in erster Reihe hervor: der Gottessohn. Von der wunderbaren Geburt, wie sie mit dieser Umgestaltung verbunden ist, weiß wirklich der treueste Berichterstatter Markus nichts, wenn auch der Ausdruck:

10. Dritte Phase des Christenthums.

Gottessohn — selten genug — hie und da in seiner jetzigen Bearbeitung vorkommt, er steht ziemlich noch auf der ersten Stufe der Entfaltung, wo eine Nöthigung zu dieser Annahme nicht vorlag. Erst auf der zweiten Stufe kommt die wunderbare Zeugung vor, und erst in einem anderen Berichte, der ganz auf griechischem Boden steht, bei Johannes, begegnen wir der vollen, klaren Aussprache, daß der Logos Fleisch geworden und auf Erden erschienen sei, daß er als ein Vertreter der ganzen Menschheit die Sünden derselben auf sich genommen und sie durch seinen Tod gebüßt habe. So auf der zweiten Stufe der Entwickelung und schon hatte dadurch das Christenthum fast aufgehört, eine Richtung innerhalb des Judenthums zu sein, so sehr es immer noch innerhalb desselben sich erhielt. Noch finden wir nämlich nicht das Bestreben, die Schranken des Judenthums zu durchbrechen, Reformen und Umgestaltungen in demselben vorzunehmen, etwa zu erklären, daß das Gesetz aufgehoben sei, daß die Vorschriften in demselben ihre Gültigkeit verloren hätten. Eine Aufforderung dazu lag freilich schon in der Wurzel dieser Richtung selbst. Die messianische Zeit — diese Ansicht findet ihren Ausdruck im ganzen alten Judenthum — die messianische Zeit wird eine ganz andere sein, als die gegenwärtige, in ihr hören die speciellen Gebote und Vorschriften auf, die Sonderungen schwinden. So lag schon im Glauben selbst, daß der Messias erschienen sei, daß eine neue Welt erstanden, die Aufforderung, auch das ganze Leben umzugestalten. Und dennoch finden wir auf dieser Stufe es noch nicht ausgesprochen.

Aber je mehr die neue Richtung, der Glaube an erfüllten Messianismus, sich außerhalb des Judenthums stellte, je mehr er in Conflict trat mit dessen Wurzel und Grundanschauungen, desto mehr mußte er sich nach außen hin gedrängt fühlen. Er hatte Begriffe aufgenommen, die vielfach, je weiter sie ausgebildet wurden, in den schneidensten Widerspruch traten mit den Grundlagen des Judenthums; hier stehen zu bleiben, war unmöglich, entweder aus dem Judenthume herausschreiten oder untergehen, das war die Alternative, die gestellt war, eine Vermittelung gab es nicht. Natürlich drängte es dahin, sich außerhalb zu verbreiten. War der Logos nun wirklich erschienen, war eine neue Welt entstanden, nun so sollte diese neue Welt sich aus sich selbst bilden lediglich durch den Glauben an den erschienenen, auferstandenen und neugestaltenden Messias, lediglich durch ihn sollte, wenn auch auf Grund und Boden des Judenthums, die neue Welt erbaut werden. Ein entschiedener und kräftiger Mann sprach dieses

Wort zuerst aus, er hatte den Muth, die Brücke abzubrechen. Das war Paulus, nicht ein Jünger des Stifters des Christenthums, persönlich nie mit ihm in Berührung gekommen, mit ihm, der immer mit aller Entschiedenheit den Fortbestand des Judenthums in allen seinen Theilen verkündet und betont hatte. Paulus war zuerst ein Verfolger der neuen Richtung, er war ein Mann der ganzen That, der eine Halbheit nicht in sich dulden konnte. Entweder entschieden gegen die neue Richtung auftreten, oder sie bis zu ihren äußersten Consequenzen ausbilden, das war die Aufgabe seines Lebens. Auf dem Wege nach Damaskus, d. h. nach den griechischen Städten hin, kam ihm der neue Gedanke: Wie? wenn an der Richtung, wie sie durch das Griechenthum ausgebildet war, doch eine Wahrheit wäre, und wenn eine Wahrheit, dann auch eine ganz neue Welt eintreten müsse? Der Messias ist für die Menschheit da, lehrt das Judenthum, der Logos ist der Weltschöpfer, der Schöpfer der ganzen Menschheit, nun, wohlan! hinaus in die ganze Menschheit, die Schranken abgebrochen und Alles aufgenommen innerhalb des neuen messianischen Judenthums! So trat Paulus auf, und die dritte Stufe des Christenthums wurde erstiegen.

Eine neue Gestaltung erstand nun, Paulus selbst war der Heidenapostel, er wagte sich zunächst an diejenigen außerhalb des Judenthums und verkündete zuerst die neue Lehre unter denjenigen, die, eigentlich außer dem Gange der Entwickelung stehend, von dieser Aufforderung ganz betroffen sein mußten. Er brachte die reine Gotteslehre in das Heidenthum, die jüdischen religiösen und sittlichen Begriffe machte er zum Gemeingute der Menschheit, aber ohne deren Ausprägung in die scharfen und bestimmten Gesetze. Den Heiden genügte dies vollkommen, und die Verallgemeinerung der jüdischen Wahrheiten war ein mächtiger Schritt für die Menschheit. Die einzelnen geschichtlich gewordenen Gesetze kannten sie nicht, sie wären ihnen eine unerträgliche Last gewesen. Für sie bedurfte deren Unverbindlichkeit, deren Ungültigkeitserklärung keiner Rechtfertigung; um so mehr aber war sie nothwendig gegenüber Paulus' eigenem Gewissen, gegenüber den Gläubigen, die aus dem Judenthume gewonnen waren. Zugegeben auch, das göttlich gegebene Gesetz hat seine unausweichlich verbindliche Kraft in der nun eingetretenen Messiaszeit eingebüßt, bleibt es nicht doch eine heiligende Macht, erhöht es nicht dennoch diejenigen, welche weiter an ihm halten, es ferner ausüben? Gesetzt auch, es sei den aus dem Heidenthume neu aufzunehmenden

Gläubigen zu erlassen, ihnen nicht als verpflichtende Norm aufzuerlegen: konnte es auch von den Juden, die mit solcher Verpflichtung geboren waren, hinweggenommen werden? soll es nicht mindestens für sie als ein Mittel höherer Heiligung verbleiben? soll nicht mindestens die entschiedene Ungültigkeitserklärung verschoben werden bis zur Wiederkunft des Messias und der dann völlig herzustellenden neuen Welt in ihrer Herrlichkeit? Paulus schwankte. Hatte der kühne Gedanke, die ganze Menschheit zu einigen unter einem Glauben, die Bedenken in der eigenen Brust beseitigt, so blieb es doch schwerer, die alten Genossen aus dem Judenthume von ihrem Standpunkte abzubringen; sie hatten bereits die alten Sitten mit dem neuen Glauben verschmolzen, wozu denn sie von jenen hinweggreißen? Paulus schwankte und destinguirte. Mögen die Juden beim altgewohnten Gesetze verbleiben, den Heiden genüge der neue Glaube. Aber damit kam ein gefährlicher Zwiespalt in die neue Richtung; Paulus' ganze Absicht hätte daran scheitern müssen. Eine solche Zwiefältigkeit von Anhängern eines Glaubens, an sich schon verwirrend, trug den Keim der Auflösung in sich. Die Heiden erschienen dadurch nicht als vollberechtigte, ebenbürtige Bürger im neuen Glaubensreiche; die Juden blieben die besonders Geheiligten sowohl durch Geburt als durch weitere Ausübung des Gesetzes, die Heidenchristen waren ein unheiliges Anhängsel. In ihnen aber gerade fand Paulus seine mächtigste Stütze.

Paulus ward zu einem weiteren Schritte gedrängt. Es genügte nicht, das „Gesetz" als überflüssig, entbehrlich zu bezeichnen, es mußte ganz gebrochen, es mußte als störend erklärt werden. Die gegenwärtige Uebung des Gesetzes, so schritt er fort, ist nicht blos verdienstlos, sie ist ein Werk mangelhaften Glaubens; der wahrhaft Gläubige darf das Gesetz gar nicht üben. Wie? die Uebung des Gesetzes gar Sünde? ist es nicht von Gott gegeben? war es nicht früher verbindlich, und soll nun mit einem Male in sein Gegentheil umschlagen? Ja wohl, antwortete Paulus, das Gesetz ist von Gott gegeben, aber für die sündige Menschheit unter den Juden, es ist gewissermaßen mit ein Werk der Sünde; es ist ein „Joch", aber kein süßes, vielmehr ein hartes und schweres. Der Glaube, der neue, ist ein süßes Joch, ein Segen für die ganze Menschheit, das alte Gesetz war ein Fluch, eine Zuchtruthe für das jüdische Volk; der Bann ist gelöst durch den Opfertod Jesu, die ganze Menschheit, sowohl die sündigen Juden als die Heiden, sind nun geheiligt durch den heiligen Geist, der sich über die ganze Menschheit ergossen. Und ihr wolltet noch weiter unter dem Fluche, der Zuchtruthe stehen, während der Segen, die sanfte Leitung euch winkt? Brechet das Gesetz! Wollt ihr die Heiligen sein, so müßt ihr das gekommene Heil auch vollkommen anerkennen. Weg mit der Beschneidung, weg mit den verbotenen Speisen! Jene ist das Zeichen eines alten Bundes, ein neuer ist geschlungen; diese sind die Betrachtung der heidnischen Mahle als Göttermahlzeiten, sie sind nun neue Opfer- und Liebesmahle geworden.

In dieser Gedankenreihe lag einerseits entschiedene Consequenz, aber andererseits auch eine schroffe Härte gegen das Judenthum, indem nicht blos dessen einzelne Aeußerungen bei Beibehaltung seiner Grundgedanken als werthlos bezeichnet wurden, sondern ihm vielmehr gewaltsam sein ganzer tieferer Gehalt entzogen wurde. Eine Vereinigung dieser Ansichten mit dem Judenthume, das doch als göttliche Institution, wenn auch blos für die Vergangenheit festgehalten wurde, konnte nur durch künstlichste Dialektik hergestellt werden; Paulus übte sie in mündlicher Lehre und Sendschreiben. Er imponirte, aber so leicht drang er nicht durch. Es entstand ein heftiger Kampf zwischen den sogenannten Judenchristen und den Heidenchristen. Judenchristenthum, d. h. der Messianismus mit Beibehaltung des ganzen gesetzlichen Judenthums, diese Richtung war die vorherrschende; die neue Anschauung, die sich nun eindrängen wollte, ward mit aller Entschiedenheit und Gehässigkeit nicht etwa von den Juden, sondern von den Judenchristen bekämpft. Bileamiten nannte man die neuen Christen, das heißt solche, die Götzenopfer den Juden geben wollten, wie Bileam durch den Genuß der Götzenopfer die Israeliten verführt hatte. Es entstanden heftige Kämpfe und vielfache Trennungen innerhalb der einzelnen Gemeinden, man stiftete Frieden und machte einander Concessionen; erst nach langer Zeit, nachdem die Wage vielfach geschwankt, siegte das Heidenchristenthum, wie es eben siegen mußte. Innerhalb des Judenthums war der Widerspruch ein zu klaffender, auf der einen Seite ein voller Jude, auf der andern für die Gegenwart Messias- und Logos-Ideen in sich aufnehmend, auf der einen Seite der Verehrer des einzigen Gottes, auf der andern ein neues Gotteselement einfügend. Der Widerspruch war zu nagend, als daß er sich hätte erhalten können. Das Judenchristenthum unterlag dem Heidenchristenthum. Das war die dritte Stufe. Die heidnische Menschheit war freilich ehedem unrein, unheilig; nun, der heilige Geist — an sich ein echt jüdischer Begriff — zieht jetzt ein in die neue Welt, er weiht und reinigt sie. Die dritte Stufe war erstiegen und in ihr trat in den Vordergrund: der Glaube an den heiligen Geist, der sich über die Menschheit ausgießt, auch als schöpferische Persönlichkeit. So lag in den drei Entwickelungsstufen, die von einander nicht getrennt werden konnten, vielmehr eine Ganzheit ausmachen mußten, der Glaube ausgesprochen an die Dreieinigkeit. Gott und sein Reich war die erste Stufe, Gott der Sohn die zweite, der heilige Geist, der die ganze Menschheit weiht, die dritte; die Verbindung derselben zu einer Einheit bildet von nun an den Kern des Glaubens. So war das Christenthum in sich ausgebildet, es war nun dazu bestimmt, in die Heiden einzugehen.

Konnte es aber auch in die Heiden eingehen, waren diese auch vorbereitet, geneigt, es aufzunehmen? Werfen wir nun einen Blick auf die Heidenwelt! Wir stehen nicht mehr auf dem Boden des alten Griechenthums. Die gebildete Welt der damaligen Zeit ist nicht etwa von der Philosophie durchleuchtet, entwickelt nicht mit ursprünglicher schöpferischer Kraft ihre Gedanken, wie zur Zeit der alten Griechen; wir stehen in einer ganz anderen Zeit. Das Römerthum beherrscht die Welt, von Rom geht Alles aus, seine Faust lastet auf allen Völkern. Rom hat eine große Mission in der Weltgeschichte zu erfüllen und es erfüllt sie, wie etwa der Absolutismus in der Staatsentwickelung. Der Absolutismus, diese Herrschaft der Gewalt des Einzelnen ohne Berechtigung aller Uebrigen, der am bezeichnendsten in dem bekannten Worte Ludwig's XIV. ausgedrückt ist: L'état c'est moi, der Staat bin ich, diese Staatseinrichtung hat in sich eigentlich keinen Gedanken, sie enthält keine innere Berechtigung, den Einzelnen mit der vollsten Gewalt auszurüsten und alle Anderen ihrer natürlichen Rechte zu entkleiden. Allein der Absolutismus findet seine Berechtigung in der geschichtlichen Entwickelung, es war seine Aufgabe, die Menschheit zu nivelliren, eine Gleichheit zu erzeugen unter den verschiedenen Ansprüchen, die sich als Ständewesen in seinen verkehrtesten Erscheinungen aufrecht erhalten haben, alle diese Ansprüche, die so hemmend geworden, mit einem Male zu zerbrechen, erst Alle zu Sklaven zu machen, damit dann aus Allen freie Bürger erstehen, deren jedem der Anspruch zukomme je nach seiner Befähigung und seinen Verdiensten. Eine gleiche Aufgabe ist Rom in der großen Geschichte geworden. Rom einigte die Welt unter einem und demselben Drucke, brachte überallhin die Knechtschaft, aber näherte auch die Völker allesammt und führte sie zusammen. Eine eigenthümliche geistige Kraft und Anschauung hat Rom aus sich nicht entwickelt; was es in Beziehung auf das geistige Leben geleistet hat, war Nach=ahmung, aufgenommen und zwar aufgenommen in ziemlich platter und dürftiger Weise. Die Philosophie siechte unter ihm dahin und wurde in der nüchternsten Auffassung popularisirt; was sich sonst als ein geistiges Erzeugniß geltend machte, war überkommen, entlehnt, auf den heimatlichen Boden verpflanzt, aber nicht von schöpferischer Kraft getragen, nicht aus innerer Gediegenheit stammend.

Wenn so im Allgemeinen das geistige Leben nicht auf hoher Stufe stand, so war es natürlich noch um so weniger der Begriff von Gott, die Götterlehre. Wir haben die griechische Götterlehre gerade nicht als den Höhepunkt ihrer Bildung, ihres geistigen Lebens betrachten können, aber immerhin ist in ihr ein idealer Schwung, das Gesetz der Schönheit ausgeprägt, es sind Gedanken, die zwar in sinnliche Formen gebunden sind und als solche sinnliche Erscheinungen innerhalb des Volkes wurzelten, die aber doch immer zu einer höheren Auffassung den Anstoß geben konnten, und die Philosophie vertiefte diese Auffassung. In Rom ist die Götterlehre eine nackte, das Er=zeugniß eines hausbackenen Verstandes. Die Hausgötter, die Pe=naten und Laren sind gewissermaßen der Mittelpunkt des religiösen Lebens, die Flurgrenze erhält ihre Weihe, die Angelegenheiten des täglichen Lebens, der rohen Volkskraft werden personificirt und als Götter verehrt. Als nun gar bei zunehmender Bildung, bei der Be=rührung mit dem Griechenthume, nicht blos allgemeine Wissenschaft, freilich abgeblaßt, in das Römerthum eindrang, sondern auch die Be=kanntschaft mit der griechischen Götterlehre, da gab es eine seltsame Vermischung mit dem Hellenenthume; die griechischen Gottheiten wur=den mit den altrömischen identificirt, und so mußten jene von ihrer idealen Höhe herabsteigen, aber auch diese ihre Ursprünglichkeit ein=büßen. Es waren von nun an Schatten, die man mit sich herumtrug.

Da entstand im Griechenthume selbst eine Auffassung des Götter=wesens, die demselben alle Poesie raubte, und sehr bald war Rom geneigt, diese aufzunehmen. Euhemeros hieß ein griechischer Schrift=steller, der die Götterlehre zum vulgärsten Rationalismus verflachte. Die Götter, lehrte er, seien große Könige gewesen, die später von den Ihrigen, die sie geehrt haben, in eine höhere Stufe versetzt worden seien. Was von ihnen erzählt wird, ist Verherrlichung gewöhnlicher Ereignisse, die wir auf ihre natürliche Wahrheit zurückzuführen haben. Wenn Kronos z. B. seine Kinder verschlingt und Zeus ihn vom

Throne stürzt, so ist das die Geschichte eines Königs aus alter Zeit, als Menschenopfer noch bestanden, den ein anderer König vom Throne stürzt, die Menschenopfer aufhebend. In dieser Weise wurde Alles aus der griechischen Götterlehre abgeklärt, seines tieferen Inhalts entkleidet, denn immerhin ist Poesie, wenn auch in phantastischer Hülle, tiefer als solche Plattheit. Diese Auffassung drang bald in Rom ein, die Schrift des Euhemeros wurde sehr bald ins Lateinische übersetzt, seine Anschauung die herrschende. Es kam dahin, daß, wie berichtet wird, zwei Auguren, die einander begegneten, sich bemühen mußten, nicht laut aufzulachen. Es herrschten noch die alten Sitten weiter, das alte Priesterthum, das alte Opferwesen, das Schauen nach den Eingeweiden, nach dem Vögelfluge, aber der Glaube daran war nicht mehr vorhanden. Es kam natürlich dahin, daß, da die alten Götter nur Menschen waren, man sich auch leicht dazu verstand, die Menschen zu Göttern zu machen, es kam dahin, daß man die Kaiser als Götter verehrte, mit ihren Leidenschaften und Thorheiten, daß diese göttliche Verehrung verlangten und sie erfuhren. So tief war das ganze religiöse Leben in Rom gesunken und in der Welt, die von ihm beherrscht wurde.

Aber die menschliche Natur begnügt sich damit nicht; es entstand wie auf der einen Seite krasser Unglaube, so auf der anderen eine Sehnsucht nach einem anderen Glauben, erfüllt zu sein von einem höheren Gedanken, vom Wunderbaren, das nicht in solch platter Natürlichkeit täglich dem Auge begegnet. Neben Unglauben entstand Aberglauben, wie dies in der Natur der Menschen liegt, daß neben dem wuchernden Materialismus auch die Klopfgeister geehrt werden. So wurde denn Rom angefüllt von einer Masse der verschiedensten und fremdartigsten Götterverehrungen; die orientalischen Gottheiten, welche durch ihre Neuheit, durch das Mysteriöse jedenfalls der Phantasie eine Nahrung boten, fanden gar vielfach den Vorzug. Auch das Judenthum verbreitete sich mannigfach in Rom, doch war es eine zu ernste und strenge Religion, als daß die entartete römische Welt sich unter sie hätte beugen sollen. Da trat ein neuer Glaube ihnen entgegen, der mit dem Heidenthume seine enge Berührung hatte und doch ein ganz fremdartiger war. Ein Mensch, der zugleich Gott war, war der Mittelpunkt, aber die Art und Weise, wie derselbe auftrat, die Lehre, die mit dem Glauben an diesen verknüpft war, hatte dieser neuen Religion einen Charakter aufgeprägt, der ihnen bis jetzt noch gar nicht erschienen war. Er mußte einen tiefen

Eindruck machen, ätzend einwirken, die entnervten Seelen wiederum anspannen. So hielt denn der Glaube des Christenthums auf seiner dritten Stufe, wo er der ganzen Menschheit zugänglich war, seinen Einzug in das Heidenthum! Freilich nicht als Triumphator, nicht als eine Gewalt, die blitzartig einschlägt, die Geister erleuchtet und überwältigt, sondern sehr allmälig, lange bekämpft und erst nach Jahrhunderten durch ein Ereigniß, das noch nicht genügend aufgeklärt ist, auf den Thron erhoben und so zu einer herrschenden Religion geworden. Nach langen Kämpfen drang es in die heidnische Welt ein, es war nun das vom Judenthum völlig losgelöste Christenthum. Es geht seinen eigenen Gang, und es ist nicht unsere Aufgabe, seine Geschichte weiter zu verfolgen. Doch die Frage bleibt uns zu beantworten: Ist denn neben dem Christenthume, das nun Weltreligion geworden ist, dem Judenthume noch eine Aufgabe geblieben, oder siecht dieses blos dahin, ist es nichts als eine alte Trümmer? sollte es sich deshalb nicht lieber aufgeben? Die Beantwortung dieser Frage, die sich uns gewaltsam aufdrängt, erheischt noch, bevor wir die Geschichte des Judenthums in seinem ferneren Verlaufe verfolgen, eine weitere kurze Betrachtung des Christenthums.

11. Das Christenthum als kirchliche Weltmacht. Der Bruch des jüdischen Volksthums.

In dem begeisterten Ausrufe, welchen die Propheten des Judenthums mit der entschiedensten Zuversicht in die Welt sendeten, daß einst nämlich eine Zeit kommen werde, in welcher Gott allein anerkannt wird, inniger Friede die Menschheit umschlingen und beseligen wird, in diesem Blick auf eine veredelte Zukunft der Wahrheit und der Menschenverbrüderung lag eine entschiedene Kraft, die dem Judenthume Dauer und Muth verlieh, ein nicht zu verkümmerndes Selbstvertrauen, das Hand in Hand mit der Entwickelung der Menschheit geht. Entgegen der Sage des Griechenthums, welche das goldene Zeitalter mit der Wiege der Menschheit beginnen läßt, während immer werthlosere Zeiten darauf folgen, bewahrt das Judenthum den hohen Glauben, daß die Menschheit der fruchtbare Boden ist, auf dem die geistige Saat reifen soll. Daher auch die mächtige Ausdauer innerhalb des Judenthums; diese Hoffnung hat sich dem Judenthum als erhaltende Kraft durch die Jahrhunderte bewährt. Wenn nun aber gar diese Hoffnung nicht blos als eine fernliegende, in weiter Zukunft begrüßt, wenn sie als eine nahe geschildert wird, wenn Zeiten eintreten, in denen kühne Männer es aussprachen: Die gegenwärtige Welt ist in sich zerfressen, ist schon in ihrer Grundlage zertrümmert, es muß, es wird bald die neue Welt, die messianische Zeit erscheinen, da gab dieses Vertrauen, dieser Blick auf die nahe Zukunft, in der eine vollständige veredelnde Umgestaltung sich erzeugen muß, einen Muth und eine Kraft, welche auch den größten Widerwärtigkeiten entgegenzutreten vermochte. Wir sahen dies in den Zeiten des Makkabäerkampfes, der die ganze Volkskraft fast zertrümmert und dennoch sie nicht beugen konnte, weil die sichere Ueberzeugung von der Umgestaltung der Verhältnisse, die in den Gemüthern lebte, eine unversiegbare, unerschütterliche Zuversicht verlieh. Wenn nun aber gar der Ausspruch geschieht: Die alte Welt ist untergegangen, ist gebrochen, die neue ist bereits erschienen, eine neue Menschheit, wie sie verheißen worden ist, lebt jetzt, soll jetzt leben: so liegt in diesem Glauben an sich selbst, in diesem Vertrauen, das die Menschheit oder ein Theil der Menschheit in sich trägt, in diesem gesteigerten Bewußtsein von sich eine Macht, die nothwendig, nicht blos intensiv, diesem Theile Zähigkeit verleiht, Ausdauer selbst unter den widerwärtigsten Verhältnissen, sondern die auch imponirend eintritt in die Welt.

Ein hohes Selbstvertrauen, der kühne Ausspruch eigner Machtfülle, trägt eine solche Energie in sich, daß die übrige Welt erstaunt, erschüttert dasteht. Sehen wir dies ja bei dem einzelnen Menschen! Tritt er mit der vollen Ueberzeugung seiner eigenen Berechtigung der Welt entgegen, hat er den Glauben an sich selbst, so erlangt er auch viel, das kühne Verlangen beugt in der That gar Viele unter ihn; der Glaube an sich selbst schafft auch den Glauben Anderer an ihn. Führen Sie die weltgeschichtlichen Größen sich vor und Sie werden es vielfach bewährt finden: Sie wurden groß, weil sie mit dem Ansprüche auftraten, groß zu sein. Wenn Cäsar es aussprach: Dieses Schiff trägt Cäsar und sein Geschick, so lag in dieser vollen Ueberzeugung, daß an seinem Geschick das der ganzen Welt hange, eine imponirende Macht. Als die französische Revolution mit der entschiedenen Ueberzeugung in die Weltgeschichte eintrat: Die alte Zeit ist untergegangen, Alles, was bis jetzt sich gestaltet hat, ist Mißbrauch und Vorurtheil, eine vollständig neue Zeit muß eintreten; als sie sich als neue Aera verkündete, mit der eine neue Zeitrechnung beginnen sollte, so lagen ihre Erfolge nicht etwa in den neuen Ideen, die sie schuf, nicht in den positiven Wahrheiten, die sie gab, sondern eben in ihrer Entschiedenheit, in dem Glauben an sich selbst. Das war ihre siegreiche Macht, die ihr den Drang verlieh, sich über die Welt hin zu verbreiten. War sie wirklich eine neue Welt, so mußte die ganze Erde ihr unterthan sein, so durfte nicht die Schranke irgend einer Volksthümlichkeit ihr gezogen werden. Dasselbe war auch die Kraft des auftretenden Christenthums.

Das Christenthum sprach es aus: Ich bin die neue Menschheit, die neue Welt ist angebrochen, die alte ist gestorben, zertrümmert. Das ist ein epochemachendes Wort, und wenn dem Stifter des

Christenthums der Ausspruch in den Mund gelegt wird: Ich bin die Wahrheit, der Weg, das Leben, so mag das allerdings apokryph sein, aber der Gedanke des Christenthums, die Ansprüche, mit denen es auftrat, haben darin ihren vollen Ausdruck gefunden. Ich bin eine neue Macht, eine neue Welt, mir muß sich Alles beugen, vor mir gab es Nichts, vor mir, ist seine Verkündigung, gab es lediglich Sünde, Verfall, innere Verkehrtheit; alle Weisheit der früheren Zeit ist blos klingende Thorheit, alle Tugend derselben blos glänzendes Laster. Selbst indem es auf dem Boden des Judenthums sich aufbaute, die alte heilige Schrift desselben anerkannte, ihren Inhalt in sich aufnahm, sprach es dennoch es aus — und wenn dies auch nicht in seinen ersten Schriften enthalten ist, so ist es eine volle Consequenz seiner Ueberzeugung, liegt auch in der paulinischen Lehre, — daß der Stifter des Christenthums in die Hölle habe fahren müssen, um alle die verdammten Seelen aus der Vorzeit zu erretten. Alle die Frommen, Propheten, Verkündiger der Wahrheit und der Gotteslehre, sie wurden zwar anerkannt, und dennoch waren sie dem geistigen Tode verfallen. Denn mit mir, lautet der Ruf, beginnt die neue Menschheit, und was vor mir war, ist nichtig und nicht blos nichtig, es ist vom Verderben vollkommen erfüllt. In dieser Kühnheit liegt eine Macht, die nicht blos begeisternd wirkt auf die Anhänger, sondern auch auf die außerhalb Stehenden erschütternden Einfluß übt. Wenn nun gar solche Ansprüche auf eine Zeit, auf eine Menschheit treffen, die in sich wirklich zerfallen und zertrümmert ist, so erblickt man in ihnen die volle Gesundheit. Die Menschheit war nun wirklich abgelöst von ihren früheren Entwickelungsstadien, sie war zum Punkte des Abwelkens gelangt; die Kraft, die früher in dem Griechenthume und mittelbar in dem Römerthume lag, war in sich gebrochen, ihres Gehaltes entleert. Der Fäulniß in allen Verhältnissen gegenüber fand man nur Rettung in der Negirung dieser Welt, im Abwerfen dessen, was als ein Ungesundes sich darstellte. Das Christenthum hatte allerdings Jahrhunderte zu kämpfen, bis es durchdrang, aber es mußte in dieser entarteten römisch-griechischen Welt durchdringen. Ob es in ihr auch Neues zu schaffen vermocht hätte, ist eine Frage, die die Weltgeschichte nicht beantwortet. Es hat wie ein Sturm alle die welken Blätter der alten Bildung hinweggefegt, alle Trümmer der früheren herrlichen Gebäude verschüttet, aber ob es nun auf diesem Boden ein Neues hätte hervorrufen können, das können wir eben so gut verneinend beantworten, wie von anderer Seite es bejahend beantwortet wird; die Geschichte giebt uns darüber kaum eine Andeutung. Wir dürfen vielleicht im Byzantinerthume, das eine fortlaufende Entwickelung der griechischen Welt innerhalb des Christenthums darstellt, eine solche Andeutung finden, wohin die Welt gekommen wäre, wenn die alten Elemente unter der Herrschaft des Christenthums sich entwickelt hätten, — eine günstige wäre diese Antwort freilich nicht.

Aber die neue Welt sollte einen anderen Verlauf nehmen, das Alterthum wurde nicht blos in seinen Ueberresten durch das Christenthum vernichtet, es wurde auch in seinen Elementen theilweise geradezu zerstört, jedenfalls durchrüttelt, mit neuen, urkräftigen Bestandtheilen zersetzt. Die Völkerwanderung brachte eine Schaar von ungebildeten rohen Völkern, aber auch ursprünglich kräftigen in die alte Welt hinein. Hier entfaltete das Christenthum seine besonders bedeutende Macht, hier erfüllte es seine große Mission in der Menschheit. Hier hatte es nichts wegzuwischen von früheren Erinnerungen, eine Geschichte im eigentlichen Sinne des Wortes hatten diese Völker noch nicht, eine eigenthümliche Bildung trugen sie nicht in sich, aber es waren urkräftige Naturen. Gegen diese nun aufzutreten und ihnen in das Ohr, in den Geist, in das Gewissen hineinzudonnern: Eure Macht ist Nichts, euer Trotz ist Frevel, eure natürlichen Begierden sind Sünden, alle eure creatürliche Begabung Ausartung, — diese ehernen Leiber zu schwächen, diese trotzigen Geister zu bändigen, diese rohen Gewissen zu erschüttern, das war allerdings die Aufgabe einer Weltmacht, einer Macht, die von sich ausspricht: Ich gelte allein, all Euer Thun, all Euer Streben, all Euer Pochen auf Eure körperliche Kraft, mit der Ihr wohl gegen eine abgelebte Welt auftreten könnt, alles dies ist nichtig, Ihr müßt Euch unter mein Joch beugen. Ein solches Herrscherwort bereitete die Natur dieser Völker vor für eine wahre geistige und sittliche Bildung, die religiösen und sittlichen Elemente, die aus dem Christenthume in diesen Urboden hineingeworfen wurden, fanden in ihm eine fruchtbare Stätte, die empfänglich war, aus sich heraus reife Früchte zu erzeugen. Das ist eine große Mission des Christenthums, daß es so als geistige Macht gegenübertrat einem reinen Naturerzeugnisse, einer Macht, die lediglich auf die starken Arme, auf die eisernen Leiber pochte. Und das Christenthum vollführte seine große Mission noch zugleich dadurch, daß es die isolirt in dumpfer Abgeschlossenheit lebenden Völker zu einem großen Ganzen einte, daß es das Band der Menschheit um diese vereinsamten und in sich zurückgezogenen Bestandtheile schlang, ihnen gemeinsame Interessen einflößte, sie in ein großes menschheitliches Gesammtstreben verwob. Das ist die Macht des Christenthums.

Was aber seine Macht war und ist, das ist zugleich auch seine Schwäche. Es trat auf mit dem Anspruche: Ich bin die neue Welt, alles Frühere ist nichts, und so zertrümmerte und zerstörte es Alles, was die frühere Zeit an Menschenwürdigem, an Schönem und Edlem hervorgebracht hatte; es ist sein Verdienst wahrlich nicht, wenn Etwas aus früherer Zeit sich gerettet hat. Denn nicht blos gegen das Götzendienerische und Heidnische als solches trat es mit aller Zerstörungswuth auf, sondern gegen alle geistigen Schätze, die das Alterthum barg, Alles war ihm Werk des Teufels, Alles mußte zerstört werden. Der Genius der Menschheit hat freundlicher gewaltet, sie davor behütet, daß Alles verloren gegangen, er hat ihr bald in Trümmern, bald in vollen schönen Gebilden Werke der Kunst und der Wissenschaft aus der alten Zeit gerettet, auf daß eine spätere an ihnen sich erhebe und befruchte; der Genius der Menschheit hat diese vor der vollen Selbstvernichtung behütet, aber im entschiedensten Widerspruche mit dem Verlangen des Christenthums, und er bewies, daß er doch mächtiger ist als dieses. Das Christenthum hat die alte Welt negirt, ihren Bestand wie die ganze Berechtigung ihres Daseins in Abrede gestellt; alle Berechtigung beginnt erst mit ihm, und auch von da an hat es in der Entwickelung der Weltgeschichte nichts neben sich geduldet, so lange es die Macht dazu hatte. „Es giebt nichts außer mir, ich bin die Menschheit, ich beherrsche die Menschheit, das ganze weltliche Treiben muß von mir überwacht, muß meiner Herrschaft fügsam sein", das ist seine immer wiederkehrende Anforderung. Eine jede Entwickelung innerhalb der Menschheit, die neben dem Christenthum einhergehen wollte, wurde von ihm als Sünde, als Abfall bezeichnet und mit aller Entschiedenheit bekämpft. Wenn wir die Weltgeschichte unbefangen betrachten, so werden wir an der Behauptung, das Christenthum sei die Mutter der neueren Bildung, entschieden irre. Die christliche Religion, die Kirche als ihr Leib, hat die Wissenschaft immer bekämpft, sie hat ein jedes Licht, das neben dem ihrigen leuchten wollte, als ein Irrlicht erklärt, das ausgelöscht werden müsse.

Darum konnte auch seine Macht nicht vollkommen eindringen in diejenigen Theile der Menschheit, die doch einen gesunden Kern noch in sich trugen, aus sich selbst eine gesunde Entwickelung erzeugten.

Schon das Heidenthum kämpfte lange mit dem Christenthum, etwa, weil es seine Götzen so hoch ehrte, weil es sie gegenüber dem Glauben des Christenthums als eine höhere Wahrheit betrachtete? Dieser Glaube war schon längst erschüttert, der Kampf ging vielmehr von der höheren Bildung aus; die philosophischen Schulen bestritten die neue Religion mit einer Schwärmerei, welche die Liebe zur Wissenschaft in ihnen erzeugte. Die neu-platonische, neu-pythagoräische und andere Richtungen protestirten mit aller Macht gegen die Verherrlichung der Unwissenheit, gegen das Lob der Armen an Geist, gegen den Strahl, der über den Mangel an Weisheit sich ergießen sollte. Diese Macht der höheren Bildung konnte das Christenthum nur sehr schwer unter sich beugen; blos Feuer und Schwert, die größten weltlichen Schrecknisse, nicht die Macht des Geistes vernichtete die Trümmer derselben ganz und gar. Noch im 9. Jahrhundert sprechen solche Zersprengte, die sich im Osten erhalten haben, die Harranenser, mit vollem Selbstbewußtsein aus, wie sie weit höher stehen, als die Christen. Thabet ben Korra, ein harranenischer syrischer Heide, — denn bis in das 10. Jahrhundert hinein hatte sich das philosophische Griechenthum in jenen Gegenden erhalten, bis es endlich der vereinten Wuth des Christenthums und des Muhamedanismus gelang, auch diese kleinen Ueberreste zu vernichten, — Thabet ben Korra sagt in einer seiner Schriften: „Als Viele dem Irrthume durch Gewalt unterthan wurden, da haben unsere Väter durch Gottes Hülfe ausgeharrt und entgingen heldenmüthig, und niemals ist diese gesegnete Stadt (nämlich Harran) von dem Irrthume Nazareths verunreinigt worden. Wir nun sind die Erben und Vererber des Heidenthums, das in dieser Welt so strahlte. Glücklich ist der, der Leiden trägt in frischem Vertrauen um des Heidenthums willen. Wer hat denn die Welt in bewohnbaren Zustand gebracht, wer die Städte zum Sitze von Familien gemacht, wer anders als die Edeln und Könige des Heidenthums? Wer hat Häfen angelegt, Ströme schiffbar gemacht, wer verborgene Wissenschaften enthüllt? ... Nur die Berühmten unter den Heiden haben dies erforscht, haben die Heilung der Seelen erstrahlen lassen, die Mittel zu ihrer Befreiung angezeigt, auch die Heilung der Leiber erkannt und verbreitet, nur sie haben die Welt mit wohlgeordneten Sitten erfüllt, mit Weisheit, die das Haupt ist der Vorzüglichkeit. Ohne diese Früchte des Heidenthums wäre die Welt leer, dürftig, gehüllt in mangelhafte Kahlheit." Das ist ein stolzes Wort, aber es ist ein Wort, das aus dem Bewußtsein des

Zweckes hervorgeht, den noch diese späten Reste des philosophischen Heidenthums mit vollkommener Klarheit bei ihrem Kampfe gegen das Christenthum festhielten. Und wiederum, als die Völker zur Selbständigkeit gelangten, als aus ihnen selbst eine neue menschliche Bildung erwuchs, als sie zur freien Anwendung ihrer geistigen Kräfte erwachten, da entstand auch alsbald der Kampf gegen das Christenthum, sowie der Kampf des Christenthums gegen alle diese Neubildungen, die es als Ketzerei verdammte und in seiner Consequenz noch heute verdammt. Denn allerdings, das ist die Macht des Katholicismus, daß er entschieden die Ansprüche des Christenthums in aller Strenge vertritt, daß er als die einzige Macht auf Erden sich darstellt, die eine Berechtigung habe, daß er die ganze Welt als seiner Botmäßigkeit unterworfen betrachtet, daß er Bischöfe anstellt in partibus infidelium, daß er behauptet: Nur ich bin die Menschheit und denjenigen, die meine Vertreter sind, muß daher die ganze Welt unterthan sein, die Gewissen sich ihnen erschließen, die Geister sich unter sie beugen und alle Triebe und Anlagen der Menschen müssen meinem Dienste sich fügen.

Ja, in diesem Anspruche, der die Macht des Christenthums ausmacht, liegt zugleich seine Schwäche, darin, daß es nicht innerhalb der Menschheit wirken will als geistige Kraft, sondern über der Menschheit stehen will, die Menschheit selbst in allen ihren sonstigen Verhältnissen negirt. Es wäre thöricht und gotteslästerlich zugleich, wenn wir einer Religion, die achtzehn Jahrhunderte eine solche Macht entfaltet hat, nicht eine von Gott gewollte Mission zuerkennen wollen; allein es wäre von der anderen Seite ebenso ein Hohn gegen die Geschichte, wenn wir diejenige Religion, die die Mutter und Wurzel der neuen Religion ist und während der ganzen Zeit, daß diese ihre Macht in aller Fülle entfaltet, sich dennoch erhielt in Unterdrückung und Hohn, in Dürftigkeit und Gebrochenheit, selbst dann, als ihr das Auge des Geistes gewaltsam verfinstert wurde, einer Religion, die, sage ich, sich dennoch erhielt, ihre Lebenskraft in einer jeden Zeit, wo sie nur irgend wie sich zu regen vermochte, erfrischt darstellte und zu allen Zeiten sich einen Fond von geistiger Begabung, sittlicher Anregung und sittlicher Kraft bewahrte, — ihre geschichtliche Mission absprechen und sie verleugnen wollten. Sie hätte nicht bestehen können neben dem Christenthume diese lange Zeit hindurch, sie hätte hinsiechen müssen, sie müßte schon längst gestorben oder doch dem Tode nahe sein, wenn sie nicht in sich gesunde Lebenskraft trüge.

Ja, das Judenthum hat sich neben dem Christenthum [und trotz ihm erhalten. Es wurde nicht blos mit irdischen Waffen, mit Feuer und Schwert, mit Vertreibung und Druck bekämpft, sondern auch mit geistigen Waffen; alles Gute und Edle, was man dem Judenthume zugestand, bevor es das Christenthum aus sich geboren hatte, ward lediglich als Vorbereitung für das Christenthum betrachtet, gewissermaßen als ein christliches Gut noch vor dessen Entstehen. Das Judenthum hat sich dennoch erhalten, hat seine ewigen Güter sich gewahrt und sich nicht trüben lassen. Es hat nicht zugegeben, daß sein Gottesglaube entstellt, mit fremdartigen Elementen versetzt werde. Es hat sich die Theorie der Erbsünde, die man aus seinen Schriften zu deuten bemüht war, nicht einpfropfen lassen, es hat sich den Adelsbrief der Menschheit nicht vernichten lassen, und hat die Ueberzeugung festgehalten, daß dem Menschen von Gott gegeben ist die Kraft der freien Selbstbestimmung und Veredelung, daß er trotz der sinnlichen Begierde, die in der Menschennatur liegt, auch zugleich die Kraft hat, dieselbe zu überwältigen, durch sich selbst zur Veredlung und Erhebung zu gelangen. Und weil der Glaube der Erbsünde und der Zerfressenheit der menschlichen Natur ihm fern blieb, hatte es auch kein Verlangen danach, durch eine außerhalb vollzogene Erlösung wieder zur Reinheit zu gelangen. Es hat seinen erbarmenden Gott nicht mit dem Gotte derjenigen Liebe vertauscht, die, um ihrem Zorne zu genügen, eines stellvertretenden großen Gesammtopfers bedarf. Das Judenthum hat in der Entwickelung der Menschheit zum höheren Ziele hin keine Verleugnung seiner selbst gefunden, daher auch keinen Kampf dagegen unternommen; es hat den Ausspruch nicht gethan: Die Zeit ist bereits erfüllt und vor achtzehn Jahrhunderten ist der Schlußstein gelegt worden, Schlußstein der einen, Grundstein der anderen Welt, es giebt keine Wahrheit mehr, die noch hinzuzufügen wäre.

Das Christenthum muß nothwendig auf jene Zeit hinschauen als auf die wichtigste in der Weltgeschichte, sie bleibt ihm Herz- und Mittelpunkt, die Persönlichkeit, die sie herbeigeführt, — das höchste Ideal. Selbst die Freisinnigsten, die den Stifter alles Wunders entkleiden, können dennoch, um noch irgend welchen Zusammenhang sich mit ihrer Religion zu bewahren, dem Zwange nicht entrinnen, ein künstliches Phantasiegebilde sich zu schaffen, dem sie die größte irdische Vollkommenheit beilegen — ein Gebilde, das vor der Kritik weit rascher zusammenstürzt als die alte massive Vorstellung. Das Judenthum hingegen kann Persönlichkeiten entbehren, es kann die Kritik frei walten lassen über alle seine großen Männer; ginge sie selbst so weit, — was sie freilich nur in keckem Uebermuthe thun würde, — Moses ganz aus der Geschichte zu streichen. Wir würden ein solches Beginnen vielleicht beklagen; aber, ist es Moses, ist es sonst einer der Mitwirkenden, auf denen das Judenthum erbaut ist? Die Lehre ist da, in ihr liegt sein Glaube und sie wird bewahrt werden, die Lehre ist da, wie sie in das Judenthum hineingekommen, gleichviel wer sie ihm gegeben, welche geschichtliche Persönlichkeit ihr Vermittler gewesen, gleichviel ob ein vollständig Sündenfreier oder ein Mensch, gleichfalls von menschlichen Schwächen nicht frei. Das Judenthum hat sich deshalb auch später seine Mission bewahrt, seine Geschichte ist nicht abgebrochen mit der Entstehung des Christenthums. Es erkennt in diesem ein großartiges Weltereigniß, welches in seiner ganzen Bedeutung gewürdigt zu werden verdient, und um so mehr muß sich dem Juden die Frage an das Herz legen: Warum würdigst du es nun nicht in derselben Weise wie ein großer Theil der Menschheit? Warum erkennst Du in ihm blos eine weltumgestaltende Begebenheit, nicht auch die einzige Wahrheit, die volle und unumwölkte Wahrheit, die in die Welt eingetreten ist? Bei einer Betrachtung über den Entwickelungsgang des Judenthums an diesem Zeitabschnitt angelangt, konnten auch wir daher der Aufgabe uns nicht entziehen, uns klar zu machen, was diese aus dem Judenthume hervorgegangene neue Richtung, die dann als eine Weltmacht sich constituirte, für uns sei und wie wir sie und ihren Triumphzug uns zu erklären haben. Nicht eine Kritik des Christenthums zu liefern, ist meine Absicht, noch weniger einem Glauben zu nahe treten zu wollen, der so viele Millionen beseligte und beseligt, oder gar fromme Gemüther zu verletzen. Aber es bleibt doch einmal Pflicht, uns darüber in voller Klarheit auszusprechen, wie denn diejenigen, die diesen Glauben nicht theilen, ihn in seiner Entstehung, ihn als weltgeschichtliches Moment betrachten, was uns berechtigt, neben ihm unsere geistige Wohnung aufrechtzuerhalten und weiter auszubauen. Wer unsere Vertheidigung nicht anhören will, der mag Auge und Ohr verschließen; aber uns darf er sie nicht verargen, uns darf er das Recht der freien Meinungsäußerung nicht verkümmern wollen. —

Das Judenthum war an einen Abschnitt gelangt, der im höchsten Grade gefahrdrohend war. Wir haben es verlassen zu einer Zeit, da alle zerstörenden Mächte wild an ihm nagten, von außen die

Weltmacht Roms sich über es stürzte, von innen die Parteien in ihm wühlten, seine beste Kraft zu untergraben drohten. Und unter solchen Umständen begann es den Kampf und setzte ihn fort, der dann allerdings zu seinen Ungunsten oder vielmehr zu Ungunsten seiner Volksthümlichkeit entschieden wurde. Daß es so kommen mußte, lag in der Natur der Dinge. Das kleine Völkchen mußte Rom unterliegen, konnte sich auf die Dauer seiner Obmacht nicht erwehren. Hatte es ja auch gar nicht den Beruf, ein Volk zu repräsentiren, das Volksleben war eine zeitliche Hülle, ein Mittel, nothwendig, damit der Glaube sich vollständig befestige, sich so tief einlebe, daß er den Gliedern auch in der Zerstreuung volle Kraft verleihe. War die Zeit um, so mochte immerhin das Staatswesen zertrümmert werden. Das dachten freilich die Genossen jenes Zeitabschnittes keineswegs, sie kämpften mit Tapferkeit und Muth. Ich will Ihnen nicht die verschiedenen Leiden vorführen, denen dieses Häuflein unterworfen war, nicht ausmalen, wie die Leichen sich häuften, wie die Zertrümmerung Schritt vor Schritt zunahm, wie die Lücken der Mauer durch die Leiber gedeckt wurden, wie der begeisterte Sinn die gesunkene Kraft des Armes aufrecht erhielt, ich will Sie nicht unterhalten mit Jammer und Wehklagen, welche die damalige Zeit erfüllten. Genug, der Tempel fiel, das Staatsleben wurde zertrümmert, Juda hörte auf ein Volk zu sein, seine Genossen wurden vertrieben von ihrem alten Boden, wiederum in die Verbannung geführt und über die Welt zerstreut. Der Haß des Siegers, den es tief kränkte, daß er an einem solchen schwachen Volke seine Tapferkeit so lange Zeit hindurch prüfen mußte, verfolgte sie, der Hohn und der Druck der Jahrhunderte namentlich dann, als seine Tochterreligion auf den Thron emporgehoben wurde. Ein thränenreiches Drama entwickelt sich von dieser Zeit an vor unsern Augen, es fehlt nicht an den schmerzlichsten Leiden nach Außen und im Innern, denn auch die Geister wurden gebeugt und oft bemächtigte sich dumpfe Verzweiflung der Gemüther; sie hätten irre werden müssen an den Wahrheiten, die sie so tief und lebendig in sich trugen. Und dennoch, es ist keine thränenreiche Tragödie; die Tragik, die im Geschicke der Juden von da an sich entfaltet, birgt eine große Idee in sich, sie enthüllt uns eine tiefe Ueberzeugung, die lebendig bleibt, und erhält eine geistige Frische, die nimmer sich beugen läßt, eine ursprüngliche Kraft, die immer neu, wo ihr nur der Raum gegönnt wird, sich entfaltet. Das ist kein bloßes Schicksalsdrama, das ist mehr als die blasse Romantik ahnt, die in der jüdischen Geschichte nur ein fortlaufendes Wehe erblickt, über das sie sentimentalen Gemüths eine Thräne vergießen mag, über das aber einmal der Stab unbarmherzig gebrochen ist. Nein! die Widerstandskraft des Judenthums weiß nicht blos zu dulden, sie wußte und weiß auch innerlich zu schaffen. Das Drama ist noch nicht zu Ende, und erst, wer den letzten Auftritt desselben erblickt hat, der hat ein volles Urtheil darüber.

12. In der Zerstreuung.

Der jüdische Staat war zerstört, aufgelöst, das jüdische Volksthum gebrochen, der Tempel eingeäschert. Ob die Thränen, die Titus vergossen haben soll beim Anblick der Verwüstung, aus tiefem Herzen gequollen sind, oder ob sie heuchlerisch gewesen, was kümmert es die Weltgeschichte, was kümmerte es die zersprengten Reste des jüdischen Volkes? Sie waren von einem harten Schlage getroffen, und so lange er auch vorausgesehen war, so sehr sie auch darauf vorbereitet gewesen sein mögen, sie standen da tief erschüttert, im Innersten ihres Herzens getroffen und gebrochen.

Das Sadducäerthum war vernichtet. Was sollten nun die Priester und die Großen? Die Priester mit dem Dienste im Tempel, mit dem Opferwesen, waren aus den heiligen Räumen verbannt, diese selbst entweiht, man sah kaum mehr deren Spuren, was sollten sie? Sie sollen, wie die Sage berichtet, die Schlüssel zum Tempel und zu den heiligen Zellen nach der Höhe emporgeschleudert haben: „Wahre sie selbst auf, Vater im Himmel, wir können sie nicht mehr gebrauchen." Sie konnten es auch nicht, zurückgereicht werden sie ihnen nimmer werden. Andere haben unterdessen Schlüssel zum Heiligthume sich gemacht, auch sie werden dieselben zur Zeit, die hereinbricht, gen Himmel werfen können; der Himmel wird der allgemeine Tempel sein und den Schlüssel führt der Vater dort oben. Die Großen und Vornehmen, was wollten sie nun? Es war kein Schatten weltlicher Herrschaft mehr da, es gab keinen Kampf mehr um Amt und Würde, keine Sonderung und Erhebung über das Volk; ein Druck umfaßte Alle, ein Grab deckte alle Herrlichkeit. Die Sadducäer schwinden aus der Geschichte.

Die Eiferer, die Kannaim, standen da in finsterem Grolle, in brütendem Unmuthe; aber was nützt der Groll gegenüber der Uebermacht? Sie nährten noch eine lange Zeit Rachepläne in sich, ein Guerillakrieg verwüstete noch weiter Judäa, einzelne Festungen, Neben=

posten, wurden noch eine Zeit lang vertheidigt mit kühnem Helden-
muthe, — auch sie fielen. Sie schürten noch weiter die Flammen
an, um noch mehr darin verzehrt zu werden. Noch zwei Menschenalter später brach eine Empörung aus, ein neuer Messias stand auf,
Ben Kosiba warf sich an die Spitze mehrerer kühner, verwegener
Männer, fand Anhang und Vertrauen selbst bei Besonnenen und
Nüchternen, war ein Held im vollen Sinn des Wortes, wußte mit
einer kleinen Schaar dem mächtigen Rom Jahre lang zu widerstehen,
der hadrianische Krieg nahm große Dimensionen an, — natürlich
zum weiteren Untergange des schwachen Ueberrestes und zu tieferem
Drucke desselben. Der Römer, sonst wenig daran gewöhnt, die Religion des Feindes zu verfolgen, fühlte wohl, daß hier eine geistige
Kraft sei, die ihm mehr Widerstand leiste als die schwachen Leiber,
und er wüthete gegen das Judenthum und seine Bräuche. Todesstrafe wurde gesetzt auf die Ausübung der Einrichtungen und Anordnungen im Judenthume, alles dessen, was äußerlich den Juden als
solchen kennzeichnet, es floß das Blut der Märtyrer in Strömen
dahin; aus diesem Blute erwuchs natürlich nur neue Glaubenskraft.
Allein die Kannaim gingen allmälig auch dahin, sie ließen ihren
griechischen Namen blos zurück; blinde Eiferer, die gegen die Macht
der Zeit ankämpfen, den heiligen Geist der Weltgeschichte verkennend,
die alten Zustände gewaltsam erhalten wollen, werden mit dem Namen: Zeloten belegt.

Die Pharisäer der alten stricten Observanz, der strengen Schule,
waren noch zahlreich vorhanden, die Schammaiten, die in priester-
licher Gesetzeshülle dem Priesterthume Widerstand leisteten, jene Männer, die in Erschwerungen, die sie dem ganzen Volke auferlegten,
dessen Heiligung zu bewirken glaubten, waren noch zahlreich vorhanden; sie wären allmälig verdorrt, hätten nicht die lebendige Kraft
in sich getragen, um das Heiligthum durch die Jahrhunderte und
Jahrtausende bewahren zu können. Als der Tempel gefallen war,
wollte sich ihre finstere Gesinnung, stets hinblickend auf die alten
Bräuche und Anordnungen, geltend machen. Nun der Tempel gefallen, sprachen sie, dürfen wir weder Fleisch essen, noch Wein trinken; kann ja das Thier nicht geopfert werden im heiligen Hause,
der Wein nicht mehr als Trankopfer vor Gott ausgegossen werden!
In solcher aufreibenden, den Geist ebenso wie den Körper zersetzenden
Askese würden diese Pharisäer der strengen Nuance dem Judenthume
den Untergang bereitet haben.

Aber die Hilleliten lebten, die Männer, welche den Geist Hillel's geerbt hatten, mehr die innere Gesinnung achteten als die alten Erschwerungen, mehr die Zeit frugen als die alte Satzung. Sie waren es, welche die Ueberreste in einem engen Zusammenhange erhielten, den Geist nicht untergehen ließen, wenn auch das leibliche Band, das äußere zersprengt war. Dieser Pharisäismus, wie er als eine Entwickelung aus dem Innersten heraus durch Hillel sich gestaltet hatte, hauchte dem Judenthume die Lebenskraft ein, daß es die Wanderung neu antreten konnte durch die Welt.

Israel trat nun die neue Wanderschaft an, eine schwere und mühevolle. Es lastete von nun an lange Zeit hindurch, fast bis auf die Gegenwart, schwerer Druck auf ihm. Der Römer konnte es ihm nicht verzeihen, daß seine Macht so lange von ihm in Anspruch genommen war, daß er alle seine Kräfte anwenden mußte, um dieses schwache und gebrechliche Völklein zu zersprengen, und der Triumphzug des Siegers mußte durch die Ketten und den Hohn, welcher auf den Besiegten geladen wurde, erhöht, strahlender werden. Die Römer hegten von da an einen tiefen Groll gegen die zersprengten Reste der Juden, gegen die zerstreuten Glieder, welche sich allmälig in allen Gebieten des Römerthums niederließen. Und als nun gar der Glaube an das erfüllte messianische Judenthum den Thron der Cäsaren bestieg, gesellte sich zu dem ererbten Hasse noch neuer, der Kampf ward ein noch mehr erniedrigender, der in den tiefsten Eingeweiden wühlte, der die Seele zu kränken, das Gemüth zu verletzen, als ein verdienstlich Werk betrachtete. So schritt der arme Wanderer durch die Wüste des Mittelalters.

Ist es auffallend, daß er das Antlitz nach der Vergangenheit kehrte, die ihm um so glänzender erschien, je entfernter sie ihm wurde, daß er nur von ihrer Wiederherstellung alles Gute und Schöne ersehnte, daß er sich die Zukunft als ein Abbild darstellte dessen, was längst untergegangen und begraben war? Ist es ein Wunder, daß er keuchend und niedergedrückt seine Wanderung vollzog, daß er ein stacheliges Panzerhemd sich anzog, damit der Dolch ihn nicht treffen könne, damit die feindliche Berührung von außen ihm nicht nahe, daß er mit allerhand Hüllen sich umgab, damit der frostige, eisige Hauch, der ihn aus jedem Worte, aus jedem Athemzuge anwehte, nicht seine Glieder durchschüttele? Ist es auffallend, daß er sich manche werthlose Schaumünze umhängte, auf sie hinsah, um auch sein freudloses Leben auszuschmücken, um im Hinblicke darauf sich in angenehmen und freundlichen Träumen zu ergehen? Nur schwankende Hütten konnte er sich überall errichten. Er mußte darauf gefaßt sein, daß er die Hütte, die er heute aufgebaut, morgen wieder selbst abbrechen müsse, oder daß sie ihm abgebrochen werde. Und dennoch, wo er irgendwie nur größere Sicherheit sah, wo nur in geringem Maße ein wohlwollender Sinn ihn anwehte, wo ihm die neue Stätte vergönnte, daß er geistige Furchen ziehen und seine geistige Saat etwas ruhiger hineinlegen könnte, da ward ihm der neue Ort alsbald ein wahres und volles Vaterland.

Es ist ein rührender Anblick, doch nein! es ist mehr als rührend, die Weltgeschichte ist nicht blos ein Rührstück, nicht blos ein Stoff für die thränenfeuchte Romantik, um ihren Weltschmerz damit für eine Zeit lang zu nähren und dann sich der Weltlust um so ungestörter und thatenloser hingeben zu können. Es ist mehr als rührend, es ist erhebend, wenn wir erblicken, wie die Juden überall, wo sie eine längere Zeit sich anzusiedeln vermochten, auch vollkommen in dem Geiste und dem Charakter dieses Landes wurzelten, trotz aller Liebe zu Palästina, trotz aller Innigkeit für die ererbten Sitten, trotzdem, daß sie erfüllt waren von dem Geiste, der von Jerusalem ausging, von der Lehre, die von Zion ihren Zug genommen. Sie waren bald nach der Zerstörung des Tempels in zahlreicheren Gemeinden wiederum in Babylonien angesiedelt. Dort war das neue Perserreich, das Reich der Parther, ein mächtiges Reich, das allein einen unbezwingbaren Widerstand dem Weltreiche der Römer entgegenzusetzen wußte. Wir kennen nicht genug von der ganzen inneren Einrichtung desselben, von dem geistigen Leben, das dort herrschte, es zeugt jedenfalls für die selbständige Kraft, die in dem Volke lebte, daß es dem Alles bezwingenden Drängen des römischen Reiches sich zu entziehen wußte. Dort lebten zahlreiche jüdische Gemeinden und bald blühte ein geistiges Leben auf und bald war auch die Liebe und Anhänglichkeit zu diesem neuen Vaterlande eine fest begründete. Es ist ein bedeutsamer Ausspruch, der von einem Lehrer aus jener Zeit, aus dem dritten Jahrhundert überliefert wird, ein Ausspruch, der so recht die Gesinnung der damaligen dortigen Bevölkerung ausdrückt, wenn er sagt: Wer aus Babylon nach Palästina zieht, der übertritt ein Gebot, begeht eine Sünde. So fühlten sie sich mit Babylon, mit Neupersien enge verknüpft. Allerdings, der Lehrer fügt daran einen Bibelspruch nach seiner und der damaligen Zeit Deutungsweise; allein dieser Vers hat den Gedanken nicht erzeugt, er ist an ihn blos lose angelehnt. Der Gedanke wurzelt in der Liebe zum neugewonnenen Vaterlande. Ganz damit übereinstimmend ist der andere Spruch eines anderen Lehrers, wenn er sagt: Das Staatsgesetz hat religiöse Berechtigung. Früher hatte man das Staatsgesetz als Ausfluß des Heidenthums, als ein Werk des ungöttlichen Wesens wahrlich nicht für berechtigt erklärt, man erblickte in ihm den ärgsten Feind. Nunmehr innerhalb eines Vaterlandes, das man zwar nicht mit vollkommener Freiheit bewohnte, das aber doch eine feste und gesicherte Stätte bot, galt das Gesetz als vollkommen religiös berechtigt. Babylon war ein neues Heimatsland für die Juden, und seine Sprache, die aramäische, chaldäische, wurde fast zur heiligen. Der Aramäer hieß früher der Götzendiener, Aramäismus war der feindliche Gegensatz zu Israel und dennoch, nun lebten sie unter ihnen, sie nahmen eine günstige und sichere Stellung ein, da lebten sie sich denn auch ein in die Anschauungen und die Sprache. Noch heutigen Tages haben wir in den Gebeten aramäische Bestandtheile, sie gelten gleichfalls als heilig, ob es gleich nicht Klänge von Zion sind. Die Bibelübersetzung in aramäischer Sprache wird als bevorzugt anerkannt, zum Theil wohl wegen des treuen und genauen Anschlusses an die gültigen Anschauungen, hauptsächlich aber, weil sie aus einem Lande gekommen, das eine zweite Heimath den Juden geworden war. Die Sprache Babylons, das Aramäische, erhielt sich selbst noch spät, als schon die arabische Literatur das Judenthum neu tränkte, als schon die Araber die Ueberreste und Spuren älterer Cultur durch die ihrige ersetzt hatten.

Als dieses junge Volk mit seiner jungen Literatur in die Weltgeschichte eintrat, die eine Zeit lang höchst fruchtbar einwirkte sowohl auf die Gestaltung der Menschheit im Allgemeinen, als auch auf die höhere Entwickelung derselben insbesondere, als das Araberthum, rasch erwachsen, einen großen Theil der Menschheit beherrschte, da waren alsbald die zahlreichen Juden, die innerhalb des arabischen islamischen Gebietes lebten, voll eingelebt in diese Länder, fühlten sich vollkommen als Glieder dieser Völker. Ganz besonders war es Spanien, das gleichfalls von Moslemen überschwemmt war, aber bei dieser Ueberschwemmung auch geistig befruchtet worden, namentlich war es Spanien, in dem zahlreiche jüdische Gemeinden sich vollkommen verschlangen mit den Bewohnern des Landes, das geistige Leben in sich aufnehmend, den Boden als heimischen ehrend und veredelnd, mit ihrem Schweiße ihn befruchtend, durch ihre Kraft ihm die verschiedenartigsten Früchte entlockend. Mit Stolz nannten sie sich, gleichfalls sich anlehnend an eine, ebenso wenig wie die früher von Babylon erwähnte berechtigte Erklärung eines Bibelverses: Die vertriebenen Juden, welche in Sefarad wohnen; Sefarad sollte Spanien sein. Mit edlem Stolze blickten sie auf ihr Spanien hin, feierten es in Dichtungen, wußten seine Vorzüge hervorzuheben, hingen an ihm mit aller Glut des Herzens. Der müde Wanderer hatte eine neue schöne Stätte gefunden und blickte nicht mehr zurück, er liebte seine Gegenwart. Und als sie von dort vertrieben waren, waren ihre Erinnerungen doch stets nach Spanien und Portugal gerichtet und sind es zum Theil noch bis auf den heutigen Tag. — Daß die Juden auch noch in anderen Ländern, wo sie nur immer eine dauernde Stätte gefunden hatten, mit dem Volke sich geistig und gemüthlich amalgamirten, die Sprache desselben liebten, seine Sitten in sich aufnahmen und sie auch weiter verbreiteten, selbst wenn sie wieder hinweggefegt wurden durch die blinde Wuth der anderen Bewohner: das finden wir in noch vielen anderen Beispielen, wenn sie auch nicht so glänzend sind. Die deutsche Sprache erklingt uns von den Lippen der Juden in den entferntesten Ländern, sie haben sie Jahrhunderte lang bei sich aufbewahrt und haben sich dadurch gleichsam einen Anknüpfungspunkt erhalten, um in neuerer Zeit mit der deutschen Bildung in nähere Verbindung treten zu können; sie lieben diese alten Klänge, sie erinnern sich an eine Heimath, die zwar mit ihrem Blute getränkt wurde, die eine feste und friedliche ihnen nicht geworden, in der sie aber eine längere Zeit nicht blos geathmet, sondern auch den Hauch des Geistes in sich aufgenommen haben. Ja, der Wanderer fühlte es, daß seine Bestimmung es war, nicht blos die Menschheit eilenden Fußes zu durchziehen, sondern daß er sich auch eine dauernde Stätte gründe, um mit der Menschheit und in derselben zu leben und auch für sie zu wirken.

Er hatte sich wohl verwahrt gegen die Berührung mit der Außenwelt, er schritt keuchend einher, blos, wie es schien, von Sorgen des Tages erfüllt, sein Antlitz durchfurcht und der Blick trübe und sorgenvoll. Aber tretet nur ein in seine schwankende Hütte, da findet Ihr: das stachlige Panzerhemd ist abgelegt, die Binden, die ihn umhüllten, er hat sie von sich genommen, und ein reiches Gemüthsleben quillt aus seinem Herzen. Er ist nicht frostig, wenn er auch stark umhüllt ist mit Binden und Hüllen, er ist nicht stachlig, wenn auch sein Aeußeres also erscheint, er trägt ein warmes Herz im Busen, wenn er auch gegen den eisigen Hauch der Außenwelt sich verwahren muß. Wo er innere Wärme findet, da ist er auch warm und mild, und in der Familie, in der Treue, die die einzelnen Glieder derselben umschlang, war Israels Trost und Kraft. Er war abgeschlossen von der Außenwelt und er verwahrte sich dagegen, daß etwas von ihr auf ihn eindringen könne, so lange er feindliche Berührung zu fürchten hat; wo aber ein frisches, geistiges Leben erwachte, wo ein Frühlingshauch, wenn auch oft nur scheinbar, die Welt durchwehte, neue Bildung erstand, befruchtend die Ströme des Geistes durch das Land zogen, da wußte auch er gierig zu schöpfen, da war er auch innig verbunden mit dem Geiste der Zeit.

Ueberhaupt der Geist, so sehr er auch niedergedrückt einherging, war in ihm nicht gebeugt. Während in finsterer Zeit Bischöfe und Ritter der heiligen Unwissenheit ganz hingegeben waren und die schwere Kunst des Lesens und des Schreibens ihnen ganz fremd blieb, so war in diesem Ueberreste der zersprengten Juden immer ein Streben nach geistiger Entwickelung, oft ein einseitiges, das nicht immer mit dem fortschreitenden Leben im Einklange stand, aber doch eine geistige Regsamkeit, die sie stets frisch erhielt. Heiligsprechung der Unwissenheit beherrschte nimmermehr Israel; die Wissenschaft war zuweilen schief, der Scharfsinn irregeleitet, der Geist schmückte sich manchmal vielleicht hie und da mit werthloser Schaumünze, aber er war immer thätig. Da stehen Riesenwerke vor uns aus trüben und helleren Zeiten, Erzeugnisse des Denkens und tiefer geistiger Thätigkeit, und sie erwecken unsere Ehrfurcht. Ich schwöre nicht auf jedes Wort des Thalmud, nicht auf Alles, was die mittelalterlichen Lehrer gedacht haben, aber keines von ihnen möchte ich vermissen; es ist eine Schärfe, eine Gedankenkraft darin, die uns Achtung einflößt vor dem Geiste, der in unseren Ahnen lebendig war, eine Fülle gesunden Verstandes, heilsame Lebenssprüche, eine Frische der Anschauung sprudelt uns oft entgegen, die auch heute noch belebend und anregend auf uns wirkt.

Ein neues Volk, ein ungebändigtes, bisher wild umherschweifend, tritt in die Weltgeschichte ein, angeregt durch einen blitzartigen Gedanken zu neuer Geistesbildung; innerhalb Arabiens will sich eine neue gebildete Welt erschaffen. An der Wiege dieser neuen Cultur stand gleichfalls das Judenthum mit seiner Lehre. Was Gutes am Islam ist, was als ein haltbarer Gedanke in ihm erscheint, das ist ihm aus dem Judenthum überkommen. Mit dem Rufe: „Es giebt keinen Gott als den einzigen Gott" stürmte der Araber mit seinem wilden Rosse durch die Welt, und diesen Ruf, er hat ihn nicht selbst vom Sinai vernommen, er hat ihn von denjenigen überkommen, die ihn als ihr Erbe durch die Welt getragen. Das ist der einzige fruchttragende und weltüberwindende Gedanke, welchen der Islam in sich trug. Er schmückte ihn aus und wiederholte ihn in leeren tautologischen Formen, er verbrämte ihn und auch dies mit jüdischen Anschauungen und Erzählungen. Und diese neue Religion, sie hatte bald, ein Jahrhundert kaum nach ihrem Entstehen, auf eine merkwürdige Weise nicht blos einen großen Theil der Welt erobert, sondern die Sieger selbst gebändigt, zu einem neuen geistigen Leben erweckt. Diese Völker, die nun in ihrer ersten Jugend standen, ungebildet und roh in die neue Religion eingegangen waren, lauschten bald begierig auf das Wort, das ihnen vom Alterthume überliefert wurde durch die Ueberreste des Griechenthums, durch die syrischen Heiden. Diese hatten die Schriften der alten Griechen, der Philosophen sowohl als der Männer anderer Wissenschaft, in ihr Idiom übersetzt, und bald bemächtigten sich die Araber der ihnen zugänglichen Ueberreste des Alterthums, sie saßen zu den Füßen der alten griechischen Lehrer, fleißige Schüler ihrer Lehre nach der Gestalt, in der sie ihnen überkommen war, und sittigten sich, gingen ein in die Schulen der Wissenschaft, und eine neue Cultur erblühte, wie sie kaum zu einer anderen Zeit im Mittelalter sich erzeugte. Die Juden nehmen bald Antheil, sie leben mit darin, sie sind gleichfalls Philosophen und Uebersetzer und fühlen sich verwandt dem Streben, das in dem jugendlichen Volke erwacht ist. Ja sie sind gleichfalls die Vermittler dieses neuen geistigen Aufschwungs und sind es noch in höherem Sinne. Sie verbleiben nicht unter den Arabern, sie beschränken sich nicht, wie die Araber selbst, auf den eigenen Kreis und den eigenen Boden; überall hin tragen sie diese Werke und streuen die Saat der Cultur weithin. Aus dem Arabischen werden sie ins Hebräische übersetzt und aus diesem in die verschiedensten Sprachen Europa's, so daß dadurch erst die Werke des Alterthums bekannt wurden dem mittelalterlichen Europa und doch irgendwie eine geistige Aussaat in diese dürre Zeit hineinbrachten. Man spöttelt gar oft über die Juden als über die Vermittler von Geschäften, als über die, die die alten abgelegten Kleider zum Verkaufe ins Haus brachten. Ja, sie haben die abgelegten Kleider der alten Bildung den Völkern

Europa's in's Haus gebracht, und wenn diese sich nicht mit jenen Ueberresten bekleidet hätten, so wären sie ganz nackt gewesen.

Aber sie waren nicht blos Vermittler, sie wirkten auch schöpferisch mit ein. Was man im Mittelalter von Botanik und namentlich von officineller wußte, das verdankt man der Uebersetzung des Dioskorides, die mit Hilfe eines Juden, eines Leibarztes und Vezirs, Chasdai ben Isaak Schaprut, und durch dessen Vermittelung veranstaltet wurde. Die bedeutenderen Philosophen aus der arabischen Zeit sind selbst Juden gewesen, wenigstens einem großen Theile nach. Da klingt der Name Avicebrons durch viele Schriften des Mittelalters, als eines der originellsten Geister. Wer war er? Man wußte es nicht. Es war ein Jude, Salomo ben Gabirol. Sein Name wurde verstümmelt: Abencebrol, Avicebron. Er war ein origineller Denker und zugleich ein bedeutender Dichter, ein Geist, bei dessen schöpferischer Kraft ich gerne länger verweilen möchte. Maimonides, Moses ben Maimon, eine Säule des Glaubens, ein Mann, schöpferisch in allen Gebieten des jüdischen Wissens, war zugleich ein Denker, der nicht blos in das Judenthum seine Saaten dauernd einstreute, er war auch ein Lehrer Europa's geworden. Albert der Große schreibt das Beste von ihm aus, und Thomas von Aquin entlehnt ihm Vieles. Wer zählt alle die großen Geister, die alle innerhalb des arabischen Gebietes lebten, dort ihre geistige Wirksamkeit entfalteten und ihre dichterische Begabung ausströmen ließen? Welch eine herrliche Zeit! wie legt sie Zeugniß ab von der Kraft im Judenthume, die sich nicht brechen läßt, die, wenn ihr nur Raum gegönnt wird, reich und üppig sich entfaltet! Als in Italien die Blüthe der Dichtkunst wieder erwacht, mehr der Schönheitssinn als der kräftige Geist der Wissenschaft, steht bald neben Dante ein jüdischer Dichter, Immanuel, ein Freund Dante's, eng mit ihm verbunden, voll frischen Humors, wie denn überhaupt bei allem Drucke der Geist des Juden nicht stumpf und lebensmüde wird. Die Mathematik hat Vertreter in reicher Anzahl im Schooße des Judenthums. Wieder ein Name, der seltsam klingt, Savasorda! Es ist Abraham ben Chija, ein Spanier, der in der Provence lebte. Er trug den Beinamen: Zahib Alschorta, d. h. Polizeimeister, wie wir heute von ihm als großem Gutsbesitzer sagen würden: Oberamtmann, oder Nasi, Fürst, wie er mit hebräischem Titel hieß. Als Savasorda geht er durch die Werke des Mittelalters hindurch; man würde ihn vielleicht nicht so viel genannt haben, wenn man ihn als Juden gekannt hätte.

Die Zeiten werden lichter, und überall sehen wir Juden mit lebendigem Geiste Antheil nehmen an Allem, was die Geister erfrischt. Die Bibel wurde gewissermaßen für die Christen neu entdeckt. Wer hat sie bewahrt die hebräische Bibel? Wer hat sie 15 Jahrhunderte aufgehoben, damit sie später wiedererscheinen könne in ihrer ursprünglichen Gestalt? Die Heiligsprechung der Unwissenheit hätte sie längst verdammt, wir würden, wenn sie nur unter ihrem Schutze gewesen wäre, sie eingebüßt haben oder vielleicht unter einem alten Palimpseste, unter einem Mönchsbrevier, ein Stückchen hebräische Bibel auffinden, wir würden mit geschlossenem Blicke rathend dastehen, Vermuthungen anstellen über Bedeutung der Worte und den Inhalt des Buches, sie würde uns wie eine assyrische Keilschrift vorkommen. Durch die Sorgfalt der Juden ist das eine Auge der geistigen Welt nicht erblindet, das Auge des Hebräerthums, die Offenbarungslehre; sie haben sie aufbewahrt, als ihren Schatz durch die Welt getragen, mit feinem Verständniß sich angeeignet und ihre Hülfsmittel der ganzen Welt übergeben. Die stolze Wissenschaft, die heute selbständig dazustehen und die Bibel in ihrer Weise zu erklären glaubt, sie geht mit den Hülfsmitteln zu Werke, die ihr von den Juden überliefert worden sind, sie geht an den Krücken der Rabbinen einher. Wie diese sie punctirt und accentuirt, hie und da auch umgestaltet haben, so haben sie sie übernommen und arbeiten weiter an ihr fort. Es war die Zeit eingetreten einer neu erwachenden Bildung, und an dem Stabe des Judenthums suchte man sich emporzuranken. Reuchlin, der Lehrer Deutschlands, erfaßte gewissermaßen die beiden Säulen des geistigen Tempels und lehnte sich an sie: das Griechenthum und das Judenthum; er schöpfte aus beiden Quellen. Die heilige Unwissenheit legte ihm deshalb Fallstricke, sie wollte seine Werke der Acht überliefert wissen, ihre Schergen jammerten gar sehr, daß er nicht ihrer Gewalt übergeben wurde. Er aber achtete die überlieferten Schätze des Judenthums, manchen falschen Schatz vielleicht gar mehr, als er es verdiente. Die Werke der Kritik, wie sie von den Juden damals geübt wurde, was ein Elias Levita gearbeitet, ein Asariah de Rossi geleistet, wir können es hier nicht im Einzelnen verfolgen. Die Zeit schritt immer weiter, die Juden mit ihr.

Dort in jenem Lande, wo ihnen so lange Zeit ein schönes Leben geblüht hatte, das sie mit heiliger Glut umfaßt hatten, war der blinde Eifer mächtiger als die Wissenschaft. Diese hatte das Land befruchtet, so lange die Araber dort gelebt hatten; als sie zurückgedrängt wurden, flüchtete auch sie vor der züngelnden Glaubenswuth. Die Flamme des Fanatismus ward an der Unwissenheit mehr und mehr genährt, sie zehrte die besten Kräfte des Landes auf, und auch die Juden mußten weichen; sie zu bedrücken genügte nicht, ihr Hauch selbst wäre ja entweihend gewesen. Sie mußten aus dem Lande ziehen, das sie ein Jahrtausend hindurch in Ehren bewohnt, an dessen Heil und Wohlfahrt sie aufs glänzendste mitgewirkt hatten. Sie mußten hinwegziehen; was sie von alter geistiger Bildung gerettet, trugen sie mit sich nach der Türkei, wo sie jedoch den unfruchtbaren Stamm der Osmanen nicht zu höherer Bildung erziehen konnten. Aber auch nach einem neuen Lande, das von Spanien abhängig gewesen und von seiner Herrschaft sich befreit hatte, nach Holland, trugen sie mit der Liebe zu dem alten spanischen Vaterlande auch die Ueberreste der Bildung aus alter Zeit. Holland gab das erste Beispiel in der Christenheit, den Grundsatz der Glaubensfreiheit, wenn auch nicht vollkommen, so doch im Wesentlichen auszusprechen, und Holland erblühte in seiner äußeren Wohlfahrt und geistigen Obmacht eine Zeit lang, in ihm auch die jüdischen Bewohner. Dort erstand ein körperlich schwacher Mann jüdischer Geburt, der Anfänger einer neuen geistigen Aera, der, wenn auch nicht unmittelbar, so doch bald und bis zur Gegenwart gefeiert wurde und wird. Baruch Spinoza erblickte das Licht der Welt in Amsterdam, er war der Anfänger einer neuen Gedankenreihe, welche von da an in die denkende Welt eintrat und Vieles umgestaltete. Er blieb nicht ein inniger Anhänger der jüdischen Lehre, wenn er auch niemals sie verließ, aber er war herangereift an seinen alten jüdischen Lehrern, er hatte seinen Aben Esra und Maimonides eifrig studirt, er rankte sich empor an Juda Alfakar und Chisdai Kreskas. Er bekämpfte wohl die jüdischen Aristoteliker, und hatte dennoch in ihnen seine Lehrer gefunden, war von ihnen in die philosophische Zucht genommen. Er befehdete gleichfalls die Kabbala, und ist dennoch auch durch sie vielfach angeregt worden, ihre Emanationslehre ward bei ihm zur Lehre der Immanenz. Baruch Spinoza hat die Grundlage gelegt zu einer neuen Philosophie, die die Mutter ward einer großen Anzahl moderner Philosophien. Ein granitner Charakter und ebenso der Bau seines Systems ein granitner. Sie haben Steinchen von ihm abgehauen und eingefügt in anderes Geröll und dadurch neue Systeme geschaffen; aus seinem Bau sind sie aber entstanden. Ob er die Wahrheit gefunden? Ich glaube es kaum, aber daß er ein Lehrer der Menschheit geworden, daß er sie befreit hat von vielem Wahn und Vorurtheil, die Geister mächtig aufgerüttelt, der Vater eines neuen geistigen Lebens und der Schöpfer einer freien biblischen Kritik war, das ist eine unbestreitbare Thatsache. Der arme jüdische Glasschleifer in Amsterdam ist nicht unfruchtbar durch die Welt gegangen. Gehen wir nicht weiter in die spätere Zeit ein, unterdrücken wir die Nennung manches jüngeren strahlenden Namens; die neuere Zeit liegt uns noch zu nahe, als daß ihre Betrachtung nicht als ruhmredige Selbstbespiegelung erschiene.

Und nun will eine neue Zeit sich gestalten. Wir sind aus dem Mittelalter noch nicht vollständig heraus, aber seine Stützen sind vielfach gebrochen, was ihm ein Stab gewesen, erweist sich heute als Splitter. Noch will aber kein neuer Gedanke befruchtend in die Welt einziehen, noch weht kein neuer geistiger Hauch durch die welken Blätter der Menschheit. Aber sie bereitet sich vor für die neue Zeit, es soll eine gesunde Wissenschaft, eine klare Erkenntniß Alles erforschen und beleuchten. Vor der gesunden Wissenschaft wird diejenige, die an sich selbst verzweifelnd und des eigenen schwächlichen Geistes inne, auch den Geist leugnet, triumphirend den Knochengerüst-Apparat aufzeigt und damit den Menschen erklärt zu haben vermeint, auch beschämt weichen; vor der gesunden Wissenschaft, die den Geist ehrt und den Allgeist ahnt. Sie wird die Welt frisch beleben und sie wird Hand in Hand gehen mit dem Judenthume, das von solchen Gedanken stets durchweht und erfrischt war.

Wie sind wir nun gerüstet für jene neue Zeit? Der Verbildeten und der Lüsternen giebt es viele, die alle alten Schätze gern hinwegwerfen, das Knie vor der Macht beugen und sich selbst und ihre Vergangenheit als ein ganz Werthloses von sich abthun möchten, sie sind gebrechliche irdene Gefäße, nicht als Werkzeuge brauchbar zur Herbeiführung einer geistig gesunden Zeit. Auch die Eiferer sind unter uns, die, blos zurückblickend auf die alte Zeit, die Hülle gar sehr lieben, die im Mittelalter getragen wurde, und das stachelige Panzerhemd nicht ablegen wollen, die den Dolch der Verdächtigung und das Gift der Verläumdung anwenden möchten gegen jedes neue

Streben. Auch sie sind nicht die Werkzeuge, die brauchbar sind für die Herbeiführung einer neuen Zeit. Die Pharisäer in ihrer stricten Observanz leben gleichfalls dahin, sich einhüllend und mit inniger Pietät Alles umfassend, was von früher hergebracht ist, vom alten Geist wohl durchweht, aber ohne neue frische und erfrischende Kraft. Wo ist aber der neue Hillel mit dem milden klaren Blicke, mit liebender Begeisterung, mit gesunder geistiger Kraft, daß er die neue Zeit mit fördere? Wenn er wieder erscheinen wird, — und er wird uns sicherlich nicht fehlen, — da wird er wohl wiederum sein altes Wort, vielleicht in anderer Form, aussprechen: Wenn ich nicht für mich, wer dann für mich? Du lieber Wanderer, schau nicht immer zurück, — wird er sagen, — nicht immer den Blick nach der Vergangenheit gekehrt! Jerusalem ist ein Grab, das wir ehren, aber aus dem Grabe ersteht nicht das neue Leben, aus der frischen Gegenwart mußt Du schöpfen und sie verwerthen. Wenn ich nicht für mich wirke und arbeite aus dem ureignen Geiste, wie er vermählt ist mit dem Geiste der Offenbarungslehre, wenn wir aus ihm nicht hervorarbeiten, wer soll es dann thun? Und wenn ich für mich allein, was bin ich dann? Wenn ich der Menschheit nicht angehöre, dann erfülle ich meine Pflicht nicht. Du lieber Wanderer, lege ab das Panzerhemd, das stachelige, die Berührung ist keine feindliche mehr, thue ab die Binden, die Dich umhüllen und entstellen, es weht Dich nicht mehr ein eisiger, frostiger Hauch an, es will Liebe überall erblühen, Du hast ein warmes Herz und daran soll die ganze Menschheit sich legen, Du sollst frisch die Gesammtheit umfassen. Gehe, die Binde ist nicht der Geist und das stachelige Panzerhemd nicht das Wesen. Und wenn nicht jetzt, wann dann? Wenn nicht jetzt, wo der Geist des Judenthums noch lebendig in seinen Gliedern vorhanden ist, wenn nun nicht gewirkt, Stätten errichtet werden, von denen aus die Erkenntniß des Alterthums die Welt befruchtet, für die Zukunft neue Saaten ausgestreut werden, wenn die Gleichgültigkeit in Israel zunimmt, wenn sie die alten Schätze als werthlos hinwegwirft, wenn nicht die Erkenntniß des eigentlich jüdischen Wissens, die Beleuchtung der Offenbarungslehre, das Schöpfen aus diesem ewigen Quell gefördert wird, wann dann? Erst dann, wenn Alles eingesargt ist, auf der einen Seite nur todte Gebeine, auf der andern Alles zerstäubt ist? Mit solchen Worten wird der neue Hillel, wenn er erscheinen wird, den Wanderer zu kräftiger

That, zu freudiger Mitwirkung für die geistige Aussaat ermuntern; er wird es mit Feuerzungen sprechen, mit der siegreichen Begeisterung, die alle klüglichen Bedenken niederwirft. Die Zeit wird kommen, das Judenthum hat seine Mission noch nicht beendet. Das Judenthum schließt die Weltgeschichte nicht ab, nicht vor achtzehn Jahrhunderten, nicht am heutigen Tage, es wandert mit der Menschheit auf ihrem siegenden Gange und verklärt sie mit mildem Strahle.

Nachtrag
zur fünften Vorlesung, S. 58 Z. 36.

Wir können in der Begründung dieser Ansicht noch weiter gehn. Wie es scheint, war auf jüdischem Standpunkte das Halten von Kebsweibern ausschließlich nur dem Könige gestattet, weshalb auch Kebsweiber — mit Ausnahme der älteren Zeit — nur bei Königen erwähnt werden. Demnach war es natürlich, daß, wer sich der Kebsweiber des Königs bemächtigte, auch damit andeutete, daß er zugleich die Herrschaft selbst antrete. Damit wird uns auch ein Vorgang klar, der bisher gar nicht nach seiner Bedeutung erkannt wurde. Wenn David nämlich, als ihm unmittelbar nach seiner Rettung vor seinem eigenen Sohne Absalom ein neuer Empörungsversuch durch den Benjaminiten Seba ben Bichri drohte und diesem wirklich ganz Israel mit Ausnahme Juda's zufiel, die zurückgelassenen zehn Kebsweiber „in ein Haus des Gewahrsams brachte, sie dort ernährte, aber nicht mehr zu ihnen kam und sie bis zu ihrem Tode verschlossen blieben": so mag der Grund davon nicht blos darin gelegen haben, daß er den Umgang mit den durch Absalom Mißbrauchten scheute, sondern daß er eines Theils sie nicht einem neuen Angriffe und zur Handhabe eines neuen Prätendenten aussetzen wollte, andern Theils aber selbst, bei der erneut schwankenden Lage seines Thrones, auf dieses königliche Vorrecht freiwillig Verzicht leistete.

Daß übrigens der oben S. 58 hervorgehobene Zusammenhang zwischen dem Verlangen Adoniah's nach Abisag, als dem Kebsweibe David's, und der Aneignung der Herrschaft von dem biblischen Schriftsteller, dem Verfasser des Buches der Könige, ernst gemeint ist, beweist derselbe auch dadurch, daß er, diese spätere Geschichte vorbereitend, schon früher die Aufnahme der Abisag durch David und die Empörung Adoniah's zu David's Lebzeiten eng aneinander rückt (Cap. 1), um damit den Verdacht Salomo's zu rechtfertigen, wenn er in dem Verlangen Adoniah's nach Abisag einen neuen Empörungsversuch gewahrte.

Anhang.

Ein Blick auf die neueren Bearbeitungen des Lebens Jesu.

Anhang.

Ein Blick auf die neueren Bearbeitungen des Lebens Jesu.

Nachdem diese Vorlesungen gehalten worden und bereits dem Drucke übergeben waren, ist der Vie de Jésus von Erneste Rénan rasch „das Leben Jesu für das deutsche Volk bearbeitet von David Friedrich Strauß" gefolgt, und es mag daher erwartet werden, daß ich mich doch mit kurzen Worten über die Berührungspunkte, welche sich in diesen Vorträgen mit den genannten Werken vorfinden, ausspreche.

Vor nahe an dreißig Jahren hat Strauß die große That einer kritischen Bearbeitung des Lebens Jesu vollzogen und nachgewiesen, daß die Berichte über dieses Leben, ebenso in sich und unter einander widersprechend wie unmöglich, keine wirkliche Geschichte enthielten, sondern nur die Sagen, welche sich im Kreise der ersten Christengemeinde über die Persönlichkeit gebildet, daß diese Sagen selbst aber aus dem messianischen Glauben entstanden seien, sich anlehnend an Erwartungen, die als an den kommenden Messias geknüpft oder an Ereignisse, die als mit anderen Gottesmännern vorgegangen in der jüdischen Bibel theils ausdrücklich verkündigt, theils in sie hineingedeutet wurden. Was nun an wirklicher Geschichte übrig bleibe, war außer der Existenz der Persönlichkeit selbst sehr zweifelhaft. Allein Strauß war damals frisch aus der Hegel'schen Schule gekommen; diese, überhaupt gewohnt, geschichtliche Thatsachen in einen innern dialektischen Proceß zu verwandeln, in Ereignissen der Vergangenheit Vorstufen späterer durchgebildeter Gedanken zu erblicken, hatte schon längst die Thatsachen des werdenden Christenthums, ohne jedoch deren Geschichtlichkeit zu leugnen, als die Hüllen höherer Ideen betrachtet und behauptet, diese früher verhüllten Ideen seien nun in der Philosophie — der Hegel'schen nämlich — zum vollen Durchbruche, zum klaren Bewußtsein gelangt. Sie nannte ihre Philosophie die absolute;

das Christenthum, welches sie als herrschende religiöse Macht respectirte, stellte sie als die Verpuppung dieser Philosophie, als die volksthümliche, dem vollen klaren Begriffe vorangehende, noch unreife religiöse Vorstellung dar und nannte es — die absolute Religion. In dieser Weise hatte die Hegel'sche Schule sich und Andern eingeredet, sie sei nicht blos mit dem Kirchenglauben vollkommen einig, sondern sie erhebe denselben auch zur unantastbaren philosophischen Gewißheit, sie drücke ihm das Siegel der höchsten geistigen Vollendung auf.

Der Wahrheitssinn Str.' und sein kritisch klarer Blick zerriß nun zwar dieses Spinngewebe, mit dem sich die Hegel'sche Schule als einem Heiligengewand umgab; er erschütterte das ganze Fundament des Glaubens an die bestimmte geschichtliche Persönlichkeit, und auf ihr ruht ja eben der kirchliche Glaube. Dennoch wollte es auch ihn bedünken, daß in diesen Vorstellungen, welche als Geschichte sich ausprägten, ohne Wirklichkeit zu haben, doch die philosophischen Ideen seiner Schule einen wenn auch unreifen Ausdruck gefunden haben, daß demnach das Wesen des Christenthums, in den philosophischen Ideen nunmehr reiner ausgedrückt, doch in Wahrheit erhalten bleibe.*) Dabei beruhigte er nicht nur sich selbst, sondern er glaubte auch, daß das so Gerettete auch der Kirche vollkommen genügen könne und müsse. Allein es zeigte sich nur zu bald, daß die Kirche keineswegs damit sich zufrieden stellte, an die Stelle der einzelnen von ihr als höchstes Ideal, ja als übermenschliches Wesen verehrten Persönlichkeit die gesammte Menschheit treten zu sehen, welche sich entwickele, in Kampf trete, leide, sterbe, auferstehe, verklärt gegen Himmel fahre u. s. w. Hielt er nun einestheils dem von allen Seiten gegen ihn ausbrechenden Kampfe wacker Stand, so schien sich ihm doch anderntheils eine Möglichkeit darzubieten, daß er, ohne die Resultate der Kritik wie die Ansprüche der Philosophie aufzugeben, eine friedliche Vermittelung mit dem hergebrachten Kirchenglauben, mit der Verehrung des Einzelwesens herstelle. Die Idee, sprach er sich in einem späteren „friedlichen Blatte" aus, prägt sich zwar nach der Fülle ihrer Ausstrahlungen nur in der Gesammtheit aus, dennoch tritt sie in einzelnen besonders begabten Menschen mit einer Energie auf, daß sie unerreichbar erscheinen, daß wir zu ihnen als zur möglichsten Verkörperung

---

*) In dieser Anschauung lag es auch, daß er die Volkssagen, als welche er die Geschichten betrachtete, lieber als Mythen bezeichnete, weil man unter diesen mehr poetisch verkleidete Ideen versteht.

der Idee emporschauen, ihnen einen „Cultus des Genius" weihen. Erblicken wir in gewissen Personen die Dichtkunst, die Malerei in möglichst höchster Vollendung; treten sie nicht als Schlußsteine einer langen Entwickelung, vielmehr als die Ersten auch in der Zeit auf, zu denen die Spätern hinanringen: so mag denn auch ein Einzelner als Religionsstifter zugleich ein Genius der religiösen Innigkeit gewesen sein, dem dann auch die Verehrung oder doch Nacheiferung sich zuwenden dürfe.

Hierbei ließ es Str. bewenden und kehrte für längere Zeit dem ganzen Gebiete den Rücken. Natürlich war damit die Bewegung, die veranlaßt worden, nicht zur Ruhe gebracht. Die Einen suchten, da man auch bis in den Mittelpunkt zu dringen nicht gescheut hatte, auch die äußersten, schon früher ziemlich aufgegebenen Posten nunmehr um so hartnäckiger zu vertheidigen; Andere glaubten auf dem Wege des Vertrages einen Theil, und zwar den, wie es ihnen schien, wichtigeren um so sicherer zu retten, wenn sie den anderen, scheinbar unwesentlicheren und weniger haltbaren, aufgaben. Doch bald kam man von einem anderen Ausgangspunkte wieder zu den kritischen Resultaten. Es bildete sich eine Richtung, die gleichfalls aus der Hegel'schen Schule hervorging, die aber mehr in dogmengeschichtlichem Interesse die Entwickelung und Ausbildung der Ideen innerhalb des Christenthums verfolgte; es ist diese die sogenannte „Tübinger Schule". Bei den historischen Forschungen, welche Baur, deren Stifter und langjähriger wie unverdrossener Leiter, nebst einigen begabten Schülern zu diesem Zwecke anstellte, mußten sie besonders die Vorgänge in den ersten christlichen Jahrhunderten untersuchen; sie gewannen allmälig die geschichtliche Einsicht, daß die mannigfachen dogmatischen Differenzen, welche namentlich die ersten Zeiten in Unruhe versetzten, nicht einen Abfall von bereits früher festgestellten Ueberzeugungen bezeichneten, sondern einen Gährungsproceß aufzeigten, aus dessen Abklärung erst nach und nach das Christenthum in seiner von da an feststehenden Gestalt sich bildete. Das Christenthum — dieses Resultat befestigte sich ihnen mehr und mehr — ist nicht eine urplötzlich und durch einen Einzelnen hervortretende neue Geistesrichtung, sondern es ist das Product einer Geistesbewegung, welche zwei Jahrhunderte durchzog und aus einer Anzahl mannigfacher Factoren sich zusammengesetzt hat. Der Stifter, den man bisher als Schöpfer des vollendeten Christenthums verehrte, wurde durch das Ergebniß solcher Untersuchungen dieser Würde entkleidet; man ließ ihm die

Ehre, den Anstoß zu dieser Bewegung gegeben zu haben, man mochte auch zugeben, ihn, nach Str.' Vorgange, als überwältigende Persönlichkeit zu betrachten, um einen solch mächtigen Anstoß geben zu können, ja auch als religiösen Genius, der vorauseilend das nach ihm erst mühsam Entwickelte in sich bereits mit intuitiver Genialität vollkommen erfaßt hatte. Im Grunde aber war namentlich die letztere Annahme ganz überflüssig, ja störend. Was die Bewegung der Geister in einschneidendem gegenseitigen Kampfe schafft, wozu brauchte dies schon als unfruchtbares Resultat in einem Einzelnen voraus zu liegen? Aber noch mehr! War der Meister bereits in sich zu der hohen Stufe gelangt, die man dem vollendeten Christenthume vindicirte, wie war es möglich, daß seine unmittelbaren Schüler, die im dauernden Verkehre mit ihm ihn handeln sahen, denen er ununterbrochen seine Belehrungen gab, die seine ihn in den Tod begleitenden Ueberzeugungen kennen mußten, denen er als von ihm beauftragten Sendlingen sein Innerstes erschloß und sein Bestes mitgab, in so ganz anderer Auffassung die Lehre wiedergaben, als sie nachher sich gestaltete und als man sie dem Stifter selbst zuschreiben wollte? Darauf aber wurde man bald hingeführt, daß in dem inneren Kampfe der ersten Jahrhunderte die eigentlichen Apostel keineswegs die Träger der Auffassung waren, welche zum Siege sich durcharbeitete, daß sie vielmehr einer spätern Richtung, als deren Träger namentlich der Heidenapostel Paulus erschien, mehr und mehr weichen mußten. Und so trat die Person des Paulus, welche sich zum Ausdrucke der fortschreitenden Geistesbewegung machte, entschiedener in den Vordergrund, und der erste Stifter trat mehr zurück. Man sprach sich darüber zwar nicht laut in der Schule aus, man begnügte sich mit einem sogenannten „idealen Christus", d. h. mit der Idee des gewordenen Christenthums; wie viel an dem „historischen Christus" verbleibe, ließ man dahingestellt.

Die klarere Erkenntniß dieses Geisteskampfes in der ersten christlichen Zeit schärfte aber auch den Blick für die Kritik der Evangelien und der andern urchristlichen Schriften, ja sie drängte zu einer schärferen Kritik hin. Diese ältesten Denkmale des werdenden Christenthums müssen nun gleichfalls redende Zeugnisse jenes die Geister mächtig aufregenden Kampfes sein, sie müssen in scharfen Zügen die Fragen der damaligen Zeit aufweisen, ja die Mannigfaltigkeit der Berichte selbst — daß wir nämlich vier Evangelien haben — und die Abweichung unter diesen verschiedenen Berichterstattern kann nur aus bald mehr bald weniger bewußter Absicht hervorgegangen sein, die Nüancirung der eigenen religiösen Ueberzeugung in die Bestrebungen des Stifters hineinzutragen. Diese Erkenntniß hat die Evangelienkritik und die Einsicht in den innern Gang der Entwickelung des Christenthums mächtig gefördert. Aber sie hat auch das, was der Stifter that, wollte, lehrte, noch um so unsicherer gemacht. Waren die Berichte nach Strauß sagenhaft, indem man in dem Stifter alle früheren Erwartungen erfüllt sehen wollte und so ihm die wirkliche Erfüllung ungeschichtlich zuschrieb: so trat nun noch hinzu, daß die eigene spätere erst neu gewordene Forderung gleichfalls als That und Lehre des Stifters sich kleidete und nun sein Bild noch mehr umhüllte. So hat es denn auch die Schule bis jetzt nicht versucht, das Bild des Stifters voll zu zeichnen; das Material dazu fehlte ihr gänzlich, da Vergangenheit und Zukunft an ihm so gearbeitet hatten, daß die lebendige Gegenwart ganz unkenntlich geworden war. War er ja auch blos zum einzelnen Momente in der großen Thatsache des Christenthums geworden; diese in ihrer Ganzheit, in den nachweisbaren einzelnen Stufen zu erkennen, war von größerer Bedeutung, als dem einzelnen wenig greifbaren Momente nachzugehen.

Wenn nun mit einem Male, und zwar auf dem Standpunkte dieser Schule, zwei neue Arbeiten, welche „das Leben Jesu" zu ihrem ausschließlichen Gegenstande haben, erscheinen, so ist dies eigentlich ein Rückschritt. Weniger freilich bei dem französischen Bearbeiter! In Frankreich war dieser Denkproceß noch nicht selbstständig durchgemacht. Das ältere „Leben Jesu" von Strauß war zwar übersetzt, die Arbeiten der Tübinger Schule innerhalb eines Kreises von Theologen bekannt, aufgenommen, besprochen; aber zu einer selbstständigen Durcharbeitung war es noch nicht gekommen. Herr Rénan hatte daher das vollkommene Recht, für Frankreich wiederum mit dem „Leben Jesu" anzufangen. Und dennoch begnügt er sich nicht damit. Er will keineswegs sein Buch als ein abgeschlossenes Ganzes betrachtet wissen; er giebt es als den ersten Theil eines größeren Ganzen, einer Behandlung des werdenden Christenthums in den ersten drei Jahrhunderten, also blos als den Anfang der vollständig durchzuführenden Entwickelung. — Mit dem deutschen Bearbeiter steht es in dieser Beziehung schlimmer. Er betrachtet seine Aufgabe mit diesem Buche vollkommen erfüllt, will ausschließlich das „Leben Jesu" darstellen, und zwar nachdem er bereits vor dreißig Jahren diese Aufgabe, soweit sie überhaupt von seinem Standpunkte aus gelöst werden kann, ausgeführt hat, nämlich als kritische Beurtheilung der darüber uns zugekommenen Berichte, eine Aufgabe, die heute zwar sehr berichtigt und von neu gewonnenen Gesichtspunkten aus schärfer gefaßt, aber kaum zu einer neuen für das Volk berechneten Arbeit werden kann. Während nun wirklich die zweite Abtheilung des neuen Werkes doch blos eine Umarbeitung der alten kritischen Zersetzung mit Zurücklassung manchen gelehrten Materials ist, will Strauß in der ersten Abtheilung gerade wie Rénan, — der aber beide Momente in einander verarbeitet, — dennoch eine positive Darstellung des wirklich Geschichtlichen am Stifter geben. Hier aber zeigt sich die üble Folge eines wissenschaftlich nicht zu rechtfertigenden Verfahrens, und zwar wiederum bei Strauß mehr als bei Rénan. Denn während wir in der kritischen Arbeit dem deutschen Gelehrten unstreitig den Vorzug einräumen müssen, ist seine geschichtliche Darstellung — auch abgesehen von der historischen Kunst, die freilich bei R. mehr poetisch divinatorisch als den gegebenen Stoff verarbeitend verfährt, — weit haltloser, weit weniger von einem geschichtlichen Hauche durchweht als die des französischen Gelehrten. Dieser hat schon den Vorzug, daß er die Kritik in die Geschichtserzählung verwebt; dadurch, daß er weit mehr Züge aus den Berichten — freilich oft unkritisch und willkürlich genug — als echt historisch aufnimmt, bleibt ihm ein weit reicheres Material. Endlich erblickt er in Jesus einen in sich Kämpfenden und Ringenden, der sich emporarbeitet und zurückfällt, bis zuletzt der Tod rechtzeitig ihn erlöst, bevor er etwa seiner Aufgabe untreu werden könnte. Bei Str. hingegen wird uns Anfangs eine Geschichte gegeben und nachher erst wird uns die Trüglichkeit der Berichte nachgewiesen, und am Ziele angelangt, sieht man sich nach allen Seiten hin unsicher nach dem Ueberreste um, aus dem früher die wirkliche Geschichte zusammengesetzt sein soll; von einem inneren Werden, einer Entwickelung in der Person des Stifters, was doch die eigentlich biographische Aufgabe ist, erfahren wir gar Nichts, denn der ganze Mensch ist von vorn herein fertig.

Wie aber erscheint dieser Mensch in beiden Bearbeitungen? Hier ist die Klippe, an der der schwanke Kahn derselben gescheitert ist, nachdem er sich aus dem Fahrwasser der historischen Kritik in das der Biographie gewagt hat. Ein jedes biographische Unternehmen schließt eine Gefahr in sich. Hebt man einmal einen Einzelnen als einen festen Punkt aus der flüssigen Bewegung der gesammten Geschichte heraus, so hat man ihm damit eine höhere Bedeutung ge=

geben, und man wird mehr und mehr versucht, es in der Darstellung auch zu rechtfertigen, warum man ihm eine solche Bedeutung verliehen; veranlaßt, die mit ihm in Zusammenhang stehenden Thatsachen um ihn zu gruppiren, geräth man leicht in die falsche Auffassung, sie aus ihm abzuleiten, und er wird so statt eines einzelnen Momentes, eines Factors neben vielen andern im geschichtlichen Verlaufe — dessen Mittelpunkt und Träger. Das Interesse, das der ernste Schriftsteller an dem Gegenstande seiner Behandlung nimmt, überträgt sich auf die Würdigung der Person; man wird verführt, diese zu überschätzen, ihre Lichtseiten, mehr als die unbefangene Beurtheilung zugeben kann, in den Vordergrund zu drängen, die Schatten abzublassen, die Schwächen zu entschuldigen. Kurz, der Biograph wird leicht zum Anwalte, zum Lobredner. Liegt diese Gefahr bei einer jeden biographischen Arbeit nahe, um wie viel mehr, wenn eine Persönlichkeit behandelt wird, die mit einem der großartigsten Weltereignisse im engsten Connexe steht, die bisher nicht blos als Anstoß, als mitwirkend, sondern als vollständiger Schöpfer desselben betrachtet wurde; bei aller Unbefangenheit der Kritik kommt der Bearbeiter dazu, sobald er diesen Factor von allen andern ablöst, ihm mehr zuzuschreiben, als er wohl selbst in der Zusammenfassung aller mitwirkenden Ursachen thun würde, er möchte sich doch nicht gar zu sehr von dem bisher betretenen Wege entfernen, er möchte den Uebergang von der geläufigen Vorstellung zu der seinigen nicht zu sehr zum schroffen Abhange machen. Weist nun gar die Kritik nach, daß aus den überkommenen Berichten ungemein wenig sicher Haltbares bleibt, so ist der Bearbeiter auf sich, auf seine Combination, auf das Bild, welches seiner Phantasie vorschwebt, angewiesen, und in diesem Lichte läßt er seinen Helden auftreten. Die kritische Wahrheit aber leidet Schiffbruch.

So ist es beiden Bearbeitern ergangen, jedem in seiner Art, aber dem einen nicht besser als dem andern. Bei Rénan erscheint im Grunde Jesus als schwärmerischer Grübler, vielfach hin- und herschwankend bald als entschieden nationaler Jude, bald als Weltbürger, bald durch Johannes den Täufer in die Askese eingeführt, bald über die äußere Form sich erhebend, bald in liebendster Sanftmuth alle Widerwärtigkeiten besiegend, bald über Erfolglosigkeit ergrimmt und an sich selbst verzagend, dabei ohne alle Mittel und Versuche zu einer höhern Geistesbildung, und nachdem wir am Ende noch gar in sehr bedenkliche Veranstaltungen zu betrügerischen Wun=

dern eingeführt werden, in eine laxe Moral, die mit oratorischem Pathos in Schutz genommen, ja gepriesen wird, weil sie schöpferischen, von einer Idee erfüllten Zeiten angehöre und nicht mit unserem kurzen Maßstabe gemessen werden darf, gelangen wir schließlich zu einer Verherrlichung Jesu, der das Muster höchster religiöser und sittlicher Vollendung für alle Zeiten sei, ein Ideal, das noch immer nicht genügend erkannt, noch weniger erreicht sei; soll er nicht als Gott verehrt, so muß doch zu ihm als zu einem Menschheitsideale, zu einem „Halbgotte" emporgeschaut werden. Das Heldengedicht schließt so würdig mit einer glänzenden Ueberraschung; allein wenn wir das Buch schließen, seinen Inhalt ruhig im Geiste erwägen, uns seine Poesie in nüchterne Prosa übersetzen, dann ist uns bei diesem nothwendigen chemischen Gedankenprocesse der Held gänzlich in Dunst aufgegangen. Die Anforderung aber, welche der Geschichtsschreiber an uns macht, erweist sich uns als vollkommen unberechtigt.

Bei Strauß geht es uns nicht besser. Wir werden von ihm vor jedem Fluge der Phantasie, vor jeder Spannung durch den etwaigen Anblick innerer Seelenkämpfe bewahrt; Jesus steht in gleicher unnahbarer Ruhe, in hoher Würde da. Er wird uns alsbald in der Vorrede (S. XVIII) als „derjenige Mensch" verkündigt, „in welchem das tiefere Bewußtsein der Menschheit zuerst als eine sein ganzes Leben und Wesen bestimmende Macht aufgegangen ist", und wiederum wird uns zum Schlusse (S. 625) versichert: „Unter den Fortbildnern des Menschheitsideals steht in jedem Falle Jesus in erster Linie. Er hat Züge in dasselbe eingeführt, die ihm vorher fehlten, oder doch unentwickelt geblieben waren; andere beschränkt, die seiner allgemeinen Gültigkeit im Wege standen; hat demselben durch die religiöse Fassung, die er ihm gab, eine höhere Weihe, durch die Verkörperung in seiner eigenen Person die lebendigste Wärme gegeben; während die Religionsgesellschaft, die von ihm ausging, diesem Ideale die weiteste Verbreitung unter der Menschheit verschaffte." Fragen wir aber, welche Thatsachen diesem Bilde zu Grunde liegen, so werden wir von Str. in Betreff eigentlicher Handlungen abgewiesen, da die berichteten nicht als geschichtlich anerkannt werden, ja wenn sie es würden, zum Theile gerade dieser Anschauung entgegentreten müßten und ihre Erklärung nur in einem noch zu besprechenden Rückfalle der unmittelbar folgenden Zeit finden sollen. Also wirkliche Handlungen veranlassen nicht zu einer solchen Charakterzeichnung, aber wohl Lehren und Sprüche, von denen viele zwar als später entstanden auch abgezogen werden müssen, einige aber entschieden echt sind und für diese höhere Individualität das sprechendste Zeugniß ablegen sollen. Strauß hebt (S. 253) wirklich einige aus der „reichen Sammlung von Sentenzen oder Gnomen", wie sie „in den Evangelien" sich finden, hervor, „von jenen Kernsprüchen, die, auch abgesehen von ihrem religiösen Werthe, durch den hellen Geistesblick, den nicht zu irrenden Gradsinn, der sich darin ausdrückt, so unschätzbar sind".

Betrachten wir uns einmal diese Kernsprüche, die allein zu diesen stolzen, ganz einzigartigen Ansprüchen berechtigen sollen. „Gebet dem Kaiser, was des Kaisers ist, und Gott, was Gottes ist." Wenn der Spruch in der Bedeutung aufgefaßt wird, die ihm in der spätern Anwendung geliehen wurde, daß die Gebiete des bürgerlichen und religiösen Verbandes, des Staates und der Kirche, abzugrenzen, jedes auf seinem Boden, nach seiner Berechtigung anzuerkennen sei, so freuen wir uns des greifbaren Ausdrucks, in den der Gedanke gebracht ist. Da macht uns jedoch bereits ein anderes Urtheil von Strauß selbst bedenklich. Wenn er (S. 626) zugesteht, daß „in dem Muster, wie es Jesus in Lehre und Leben darstellte, neben der vollen Ausgestaltung einiger Seiten, andere nur schwach umrissen oder auch gar nicht angedeutet sind", wenn er bei der Ausführung dieses Gedankens fortfährt: „dem Staate gegenüber erscheint sein Verhältniß als ein lediglich passives": so erkennen wir bald, daß in dem ersten Theile dieses Spruches der sinnvolle Inhalt von der Berechtigung des Staates gar nicht liegen kann, daß er diese gar nicht anerkannte und ihn nur gewähren ließ. Daß überhaupt aber der Sinn ein ganz anderer ist, als man ihm beilegte, nachdem man ihn unter geänderten Verhältnissen und anderer Lebensbetrachtung zum Gnomon erhoben hat, beweist uns ebenso seine Fassung, wie seine Veranlassung. Nach dem jetzt üblichen Sinne müßte die Aufforderung lauten, daß dem Kaiser gegeben werde, was ihm gebührt, nicht aber, was bereits „des Kaisers ist", ihm schon voll angehört, das versteht sich ohnedies ganz von selbst. Allein Jesus bediente sich dieses Spruches als Antwort auf die Frage der Pharisäer an ihn, ob sie die Abgabe an den Kaiser, an Rom, entrichten sollten, und zwar, nachdem er sich die Münze, auf welcher das Bild des Kaisers geprägt war, von ihnen hatte zeigen lassen. Die Pharisäer, als die vermittelnde Partei, weigerten sich dieser Abgabe nicht; ihr Grundsatz war es eigentlich, bei aller Anhänglichkeit an Glauben und Vaterland, also bei aller Bereitwilligkeit, Gotte Alles zu geben, worüber sie nur, als über eine Gottesgabe, verfügen konnten, doch andererseits nicht gegen den Oberherrn sich muthwillig aufzulehnen, vielmehr dem Kaiser zu geben, was er nach den gegebenen Verhältnissen zu beanspruchen nun einmal das Recht hatte. Allein die Kannaim, die „Eiferer", verwarfen eine solche Fügsamkeit, verpönten das Entrichten der Abgaben an Rom als einen Abfall von Glauben und Vaterland. Die Aussage Jesu von sich selbst, daß er der Messias sei, mußte die Pharisäer und Herodianer — wie sie bei Matthäus und Marcus heißen, nämlich die Boëthusim, die priesterlichen Verwandten und Anhänger des Herodes, — die in dieser Aussage wie eine sträfliche religiöse Anmaßung, so auch eine gefährliche politische Agitation sahen, auf die Vermuthung bringen, er werde, gleich den „Eiferern", die Entrichtung der Abgabe an Rom verwerfen, und hier wäre allerdings die nächste Handhabe gewesen, ihn als Empörer dem strafenden Arm der weltlichen Macht zu übergeben. Jesus wich dieser Versuchung klug aus, ohne seinen Grundsätzen untreu zu werden. Daß die Münze mit Bild und Umschrift des Kaisers versehen war, zeigte, daß man sich noch ganz innerhalb der Zustände dieser Welt befinde, die nun einmal Rom's, des Kaisers, „war" — nicht: ihm gebührte; — gebet ihm nur, sprach er, was er ja nun doch einmal hat, bis die zukünftige Welt erscheint, in der Alles Gottes ist und ihr auch nur ihm Alles zu entrichten habt. Die Antwort mag auf seinem Standpunkte angemessen, auch klug gewesen sein, aber eine Gültigkeit für alle Zeiten kann sie nicht ansprechen, eine Einsicht in das Wesen des Staates, also ein besonderer „heller Geistesblick und nicht zu irrender Gradsinn" will sich darin nicht offenbaren.

Als zweites Beispiel wird der Spruch angeführt: „Niemand setzt einen neuen Fleck auf ein altes Kleid, oder faßt neuen Wein in alte Schläuche." Was damit gesagt werden soll, ist bekannt; aber über den passenden Ausdruck und die Gemeingültigkeit des Spruches bin ich sehr zweifelhaft. Was den neuen Fleck auf dem alten Kleide betrifft, so läßt sich in dieses Bild gar kein richtiger Sinn bringen. Ein alter Fleck taugt gewiß für ein altes Kleid, das einen Riß bekommen, noch weit weniger als ein neuer; ist aber das Kleid zwar alt, doch noch brauchbar, es hat nur eine löcherige Stelle, so wird man sicher einen neuen Fleck nehmen, um das Schadhafte auszubessern und das Ganze länger zu erhalten. Wenn daher Matthäus (9, 16) und Marcus (2, 21) hinzufügen: Denn der neue Lappe reißt doch vom alten Kleide und der Riß wird ärger, so ist dies, so viel ich davon verstehe, geradezu unrichtig. Das scheint übrigens Lucas auch gefühlt zu haben, und er gestaltet das Gleichniß etwas um, indem der Spruch bei ihm (5, 36) lautet: Niemand flickt einen Lappen „vom neuen Kleide" auf ein altes Kleid; wo anders, so reißt das neue, und der Lappen vom neuen reimet sich nicht auf das alte. Aber mit dieser Wendung ist auch die mit der Gleichnißrede versinnlichte Wahrheit eine ganz andere geworden und offenbar nicht der ursprünglichen Absicht entsprechend. Nach Matthäus und Marcus will Jesus, anknüpfend daran, daß wohl die Jünger des Täufers und der Pharisäer fasten mögen, nicht aber die seinigen, sagen, es tauge nicht, ein altes zerlöchertes System von religiösen Anschauungen mit einigen neuen Begriffen auszuflicken, es müsse vielmehr von Grund aus erneuert werden; dazu paßt das Gleichniß, allein es gilt nicht auch vom Kleide. Indem nun Lucas das Gleichniß verbessern will, zerstört er den darin ausgedrückten Sinn. Denn nach ihm müßte das Gefüge neuer Anschauungen bereits vollkommen aufgestellt und ins Leben getreten sein, von ihm nun ein Stück abgenommen und es dadurch zerrissen werden, während die neue Zuthat das alte Gefüge buntscheckig mache. Dies entspricht nicht dem beabsichtigten Gedanken. Jedenfalls ist die ältere Form des Spruches so, wie sie Matthäus und Marcus gleichlautend mittheilen — und wie sie auch Strauß wiedergibt, — in dieser Form aber scheint das Gleichniß, als sehr wenig zutreffend, schon Lucas Anstoß gegeben zu haben. Dasselbe gilt von dessem zweiten Theile. Daß neuer Wein, weil gährend, die Schläuche leicht zersprengt, ist richtig; daß dies aber mehr von alten gilt, sofern diese überhaupt noch zum Aufbewahren von Flüssigkeiten tauglich sind, als von neuen, bezweifle ich. Gerade diese sind wegen ihrer noch frischen Spannung dem Bersten weit leichter ausgesetzt, wie dies auch der Dichter des Hiob 32, 19 ausspricht und nur gewaltsame Erklärungen dort den Sinn der Evangelienstelle hineintragen können. Also die Form dieses Spruches, das Gleichniß ist übel gewählt. Ist denn aber der damit beabsichtigte Gedanke wirklich so ohne alle Einschränkung anzunehmen? Der Satz, als ein allgemeiner gefaßt, bestreitet durchaus eine jede geschichtliche Entwickelung, in welcher gerade die allmälige Umwandelung, das Eindringen des Neuen in das Alte Gesetz ist. Nur für die damalige Bewegung, und zwar im Paulinischen Sinne, welche das Judenchristenthum, die Mischung des Althergebrachten mit dem neuen Messianismus bestritt, hat er seinen verständlichen Sinn. Beruht er aber darin, wie ihn Lucas, für den das Neue schon fertig dasteht, nach dieser Richtung hin noch entschiedener ausarbeitet, so gehört er sicher gar nicht Jesus an, sondern eben der auf ihn folgenden Zeit des anbrechenden Kampfes im Innern. Wirklich ist dieser Spruch der frühern Antwort ganz lose, ja widersprechend angehängt. Wenn die Jünger Jesu, wie es früher an den in Rede stehenden Stellen heißt, jetzt nicht fasten, weil der Bräutigam bei ihnen ist, während sie es wohl nachholen werden, wenn dieser von ihnen genommen sein wird, so wird damit gegen das Alte durchaus nicht angekämpft, es vielmehr blos als augenblicklich unzeitig und erst später wieder als geeignet bezeichnet. Mit dem Zusatze jedoch wird ein ganz anderer und zwar ein später gewonnener Standpunkt eingenommen, welcher das Alte entschieden für alle Zeiten beseitigt wissen will.

Ausdruck und Gedanke des Spruches: „Wenn Deine Hand oder Dein Fuß Dich ärgert, so haue sie ab und wirf sie von Dir", sind von zweifelhaftem Werthe. Der andere: „Zieh' erst den Balken aus Deinem Auge und dann sieh', wie Du den Splitter aus Deines Bruders Auge ziehst", war ein, wie aus dem Thalmud bekannt, zur damaligen Zeit ganz üblicher Spruch. — Die zwei andern: „Die Gesunden bedürfen des Arztes nicht, sondern die Kranken", und: „Nicht siebenmal sollst Du dem fehlenden Bruder vergeben, sondern siebenzigmal sieben", sind durchaus gewöhnlicher Art. Wenn Strauß nun mit Emphase hinzufügt: „Das sind unvergängliche Sprüche, weil in ihnen stets neu sich bestätigende Wahrheiten in die schlechthin angemessene und zugleich allgemein verständliche Form gefaßt sind", so kann der sonst so unbefangene Denker nur durch die reiche Anwendung, welche sie im Laufe von so langer Zeit gefunden haben, zum Theile mit Sublimirung ihres ursprünglichen Inhaltes, geblendet worden sein. Im Vergleiche mit der reichen Spruchsammlung, deren einzelne Perlen in der thalmudischen Literatur, man möchte sagen, mit der verschwenderischen Nachlässigkeit eines Reichen umhergestreut sind, kommen diese Sprüche in gar keinen Betracht.

Allein Strauß will nun einmal in dem Gegenstande seiner Darstellung irgendwie das Menschheitsideal verwirklicht sehen, und sollte er auch deshalb annehmen müssen, die Geschichte habe dann eine rückläufige anstatt einer vorwärtsstrebenden Bewegung verfolgt. Wenn wir Aeußerungen lesen wie z. B. S. 140: „Lucas und Marcus haben ohne Zweifel ganz recht gethan, aus der Instructionsrede das den Zwölfen gegebene Verbot, sich an Heiden und Samariter zu wenden, wegzulassen, da dieses Verbot in den Bericht des ersten Evangeliums wahrscheinlich nur aus den Vorstellungen starrer Judenchristen hineingekommen war"; wenn wir bald darauf dann lesen: „Wenn wir annehmen, ... daß die ersten Jünger Jesu ihn nicht ganz begriffen, der Standpunkt der ersten Gemeinde ein hinter dem seinigen zurückgebliebener war, und wenn auf diesem Standpunkte der ältesten Gemeinde unsere älteren Evangelisten, insbesondere Matthäus, stehen, ... und wenn wir den Spruch von der Unvergänglichkeit jedes kleinsten Buchstabens im Gesetze bei Matthäus, und den von der Anbetung Gottes im Geiste und in der Wahrheit bei Johannes als zwei äußerste Punkte aufstellen, so ist noch sehr die Frage, welchem von diesen beiden Punkten wir uns den geschichtlichen Jesus näher zu denken haben", oder wenn S. 318 von „der phantastischen Stimmung der ältesten Gemeinden" gesagt wird, sie sei „in manchen Stücken zugleich ein Rückfall in jüdische Zeitvorstellungen" gewesen, oder wenn S. 616 daraus, daß Marcus als „Zeichen, welche den Gläubigen folgen werden, die Fähigkeiten namhaft macht, Teufel auszutreiben, in neuen Zungen zu reden, Schlangen aufzuheben, tödtliches Gift ohne Schaden zu trinken, Kranke durch Handauflegung zu heilen", sich zeigen soll, „wie frühzeitig in der Kirche ein abergläubischer, nur auf Wunder und Zeichen gerichteter Sinn den ächten Geist Jesu zu überwuchern anfing"; wenn wir solche und ähnliche Aeußerungen lesen, so erkennen wir hierin nicht mehr den unbefangenen historischen Sinn, sondern die Gewaltsamkeiten des Apologeten.

Man sieht an manchen der mitgetheilten Stellen, daß Str. etwas unsicher und zögernd an diese Behauptungen hinangeht, und dennoch stürzt er sich anderswo' unbedenklich hinein. Sein kritisches Gewissen muß ihm nothwendig dabei geschlagen haben. Denn mit solchen Annahmen werden alle sicheren geschichtlichen Ergebnisse, deren sich die neuere Forschung erfreut, geradezu ihres wahren Werthes beraubt. Wenn es wahr ist, daß das Christenthum sich erst aus dem Kampfe einer älteren Richtung mit einer späteren Paulinischen hervorgearbeitet hat, so ist es unmöglich, daß diese spätere vollendetere Gestalt von dem ursprünglichen Stifter schon in aller Vollkommenheit, ja in noch weit höherem Maße, erkannt und vorgetragen worden. Es ist unmöglich, daß alle unmittelbaren Schüler und sämmtliche von ihnen gegründete Gemeinden nicht blos vollständig die Absichten des Stifters mißverstanden haben, von ihm geradezu abgefallen sind, sondern auch, als ihnen dann durch Paulus, der ihn nicht gekannt und nichts Besonderes von ihm gehört, annähernd dessen Ab- und Ansichten entgegengebracht wurden, sie dieselben mit der entschiedensten Heftigkeit bekämpften und erst durch den Drang der Ereignisse der Sieg der letzteren errungen wurde. Und auch durch Paulus wurden sie ja angeblich nur annähernd erreicht, denn der Stifter soll ein viel höheres Bewußtsein gehabt haben, als es Paulus durch scholastische Dialektik vermittelt, und so ist der Geist des Stifters im Grunde bis zum heutigen Tage unerkannt geblieben. Wenn ein Schriftsteller neue Ansichten niederlegt, so mögen diese eine Zeit lang ignorirt oder auch den herrschenden Annahmen angepaßt und erst von einer späteren Zeit mit größerer Klarheit erfaßt werden. Wenn ein Lehrer jedoch, der in persönlichem Verkehre und mündlichem Austausche seine Ueberzeugungen, die den geltenden Lebensansichten diametral entgegenstehen, ohne Scheu mit dem entschiedensten Nachdrucke, zugleich auch in „schlechthin angemessener und allgemein verständlicher Form" vorträgt, denselben auch den bestimmtesten Ausdruck verleiht in seinem ganzen Thun, den Kampf dafür mit den herrschenden Gewalten unternimmt und für dieselben in den Tod geht: kann dieser von den Männern, die ihn ununterbrochen umgeben, von ihm als Beauftragte ausgerüstet werden und diesem Auftrage mit dem größten Opfermuthe sich hingeben, von den Gemeinden, die sich wiederum um diese schaarten, kann er, sage ich, von diesen Allen, und möge auch deren Geistesvermögen ohne Ausnahme schwach gewesen sein, so gänzlich mißverstanden worden sein, daß sie durchgehends alle seine Lehren verwarfen, während andere Punkte, die wieder er entschieden verwarf oder doch nicht hervorhob, höchstens duldete, von ihnen zum Kern- und Mittelpunkte der neuen Richtung gemacht worden sein sollten? Jesus reißt angeblich die nationalen Schranken zwischen Juden und Nichtjuden nieder; die Schüler halten sie entschieden aufrecht, schmähen „Heiden und Samariter" als Auswürflinge, bekämpfen die Pauliner, welche diese aufnehmen, als Abtrünnige, als „Bileamiten". Jesus hebt die Gültigkeit der jüdischen Gesetze und Ceremonien auf; die Schüler befestigen sie mit Nachdruck, sprechen ihre ewige Gültigkeit aus, sagen, daß eher Himmel und Erde vergehen, ehe diese erschüttert werden dürfen, sind entrüstet über das später gegen dieselben begangene Attentat. Jesus will von Wundern und Zeichen nichts wissen; seine Anhänger berufen sich aber- und abermals auf sie, und darin bleibt die vollste Einstimmigkeit bis zum heutigen Tage.

Hingegen ist es eine Ueberzeugung, in welche sich unmittelbar nach Jesus Alles zusammenfaßt, die als unerschütterlicher Glaube Alle erfüllt, nämlich daß Jesus der Messias gewesen, als solcher eine neue Weltperiode herbeizuführen berufen, und wenn er auch gestorben, doch alsbald auferstanden sei und in der nächsten Zeit mit der vollsten Macht zurückkehren, die neue Periode mit einem allgemeinen strengen Weltgerichte einleiten werde. Wie verhält sich die neue Apologetik oder Jesus nach ihr zu diesem Glauben? Diesem Gegenstande widmet Strauß ein besonderes Capitel, das 39ste, und wir müssen seine Worte, mit Weglassung des Unwesentlichen, vollständig wiedergeben. Sie lauten S. 236 ff.:

„Jesus spricht in den Evangelien... von der Ankunft des Menschensohnes, d. h. von seiner eigenen messianischen Wiederkunft in einer späteren, obwohl nicht fernen Zeit, wo er in den Wolken des Himmels, in göttlicher Herrlichkeit und von Engeln begleitet, erscheinen werde, die Todten zu erwecken, Lebende und Verstorbene zu richten und sein Reich, das Gottes- oder Himmelreich, zu eröffnen... An dieses Stück der Lehre Jesu in wörtlichster Auffassung hielt sich die ältere Kirche, ja sie ist eigentlich auf diesem Grunde aufgebaut, indem ohne die Erwartung der nahen Wiederkunft Christi gar keine christliche Kirche zu Stande gekommen wäre... Einem Menschen kann dergleichen, wie er hier von sich vorhergesagt hat, nicht zukommen. Hat er es gleichwohl von sich vorhergesagt und selbst erwartet, so ist er für uns ein Schwärmer; wie er, wenn er es ohne eigene Ueberzeugung von sich ausgesagt hätte, ein Prahler und Betrüger wäre... Die Reden Jesu über seine Wiederkunft finden wir in allen vier Evangelien, ja wir finden sie in den drei ersten, die wir als Träger mancher echthistorischen Ueberlieferung anerkennen, ausführlicher und bestimmter als im vierten. Was ist also zu thun? ... Werden wir diese Reden im vollen Wortsinn auf ihm ruhen lassen, und also zugestehen müssen, daß er ein Schwärmer, und zwar nicht geringen Grades, gewesen? ... Es möchte uns bei unseren christlichen Gewöhnungen noch so sauer ankommen: wenn es sich als historisches Ergebniß herausstellte, so hätten unsere Gewöhnungen zu weichen. Auch darf man nicht sagen, ein Schwärmer hätte die geschichtlichen Wirkungen, die von Jesu ausgegangen sind, die hohen gesunden Einsichten gar nicht haben können.... Hohe Geistesgaben und Herzensvorzüge mit einer Dosis Schwärmerei versetzt zu sehen, ist keine ungewöhnliche Erscheinung... Daß Jesus den evangelischen

Berichten zufolge seine Wiederkunft so nahe gedacht hätte, daß er seinen Jüngern sagte, es seien einige unter den um ihn Stehenden, die den Tod nicht schmecken werden, bis sie des Menschen Sohn in seinem Reiche kommen gesehen; ... daß er sich also in Bezug auf den Zeitpunkt jedenfalls gewaltig geirrt hätte: ... dies macht auf unserem Standpunkte die Sache nicht einmal schlimmer. ... Um so weniger können wir uns zu einer der gewaltsamen Umdeutungen versucht fühlen, welche die Theologen hier in wahrem Wetteifer mit den Texteworten vorgenommen haben. ... Auch unter dem Kommen Jesu selbst ... können wir, wenn seine Worte uns treu überliefert sind, nicht etwa ein unsichtbares, allmäliges, d. h. die natürliche Entwickelung der Wirkungen seines Thuns auf Erden, sondern nur ein sichtbares und plötzliches, eine wunderbare Katastrophe verstehen... Was Jesus in der Hauptstelle bei Matthäus (24, 30 ff. 25, 31 ff.) sagt, ... widerstrebt jeder Umdeutung in das blos Bildliche. ... Freilich, daß die hieher gehörigen Reden mancherlei spätere Umbildungen erfahren haben, läßt sich nicht verkennen. ... Dieses Alles jedoch betrifft .. nicht den Punkt selbst, um den es uns hier zu thun ist. ... Wiederzukommen verhieß Jesus in seinem Reiche; und es fragt sich nun, wie er sonst von diesem Reiche gesprochen, insbesondere ob er es als ein solches dargestellt hat, das er während seines menschlichen Lebens schon gestiftet habe, oder das er erst bei einer einstigen Wiederkunft eröffnen werde... Daß Jesus von dem vorbereitenden Diesseits ein vollendetes Jenseits, von diesem Leben als der Zeit des Verdienens (?) ein künftiges als die der Vergeltung unterschieden, und den Eintritt dieser Vollendung an eine wunderbare, von Gott herbeizuführende Weltveränderung geknüpft habe, liegt nicht blos in sämmtlichen Evangelien, wenn diesen noch irgend eine historische Geltung bleiben soll, aufs Bestimmteste vor, sondern müßte von uns auch ohnehin aus den bloßen geschichtlichen Analogien heraus vorausgesetzt werden. ... Hatte aber Jesus einmal diese Anschauung, wie er sie haben mußte, unterschied er von dem jetzigen irdischen Dasein ein künftiges in dem Reiche Gottes, sei es im Himmel oder auf der erneuten Erde, und dachte er sich die Eröffnung des letztern als einen göttlichen Wunderact, so ist es gleichgültig, in welchen näheren oder entfernteren Zeitpunkt er diesen Act verlegte, und es wäre nur ein menschlicher Irrthum, wenn er denselben sogar in kürzester Frist erwartet und diese Erwartung zum Troste der Seinigen ausgesprochen hätte; obwohl wir auch nicht wissen können, ob nicht die Seinigen in den Bedrängnissen nach seinem Hingang sich selbst damit getröstet haben, daß sie ihm dergleichen Weissagungen von einem nahen Anbruch der besseren Weltordnung in den Mund legten. Was uns Anstoß giebt, ist in allen diesen Reden nur der Eine Punkt, daß Jesus jene wunderbare Veränderung, den Eintritt des idealen Vergeltungszustandes, an seine eigene Person geknüpft, daß er sich selbst als denjenigen angegeben haben soll, der mit den Wolken des Himmels im Geleit von Engeln kommen werde, um die Todten zu erwecken und Gericht zu halten. Dergleichen von sich selbst erwarten, ist noch etwas ganz Anderes, als es im Allgemeinen nur erwarten, und wer es von sich und für sich erwartet, der will uns nicht allein als Schwärmer erscheinen, sondern wir sehen auch eine unerlaubte Selbstüberhebung darin, wenn ein Mensch ... sich einfallen läßt, sich so von allen übrigen auszunehmen, daß er sich ihnen als künftigen Richter gegenüberstellt. ... Freilich, wenn Jesus überzeugt war, der Messias zu sein, und die Danielische Weissagung auf den Messias bezog, so mußte er auch die Erwartung haben, ihr gemäß dereinst mit den Wolken des Himmels zu kommen. ..."

Mit diesem letzten „Freilich" schließt nun das ziemlich unsicher tastende Für und Wider. Und mit welchem Eindrucke legt ein unbefangener Leser diese Besprechung aus der Hand? Ist er wirklich unbefangen, so wirft er, denke ich, die Apologetik auch nach neuestem Zuschnitte als werthlos von sich, und als geschichtliche Thatsache steht ihm einzig und allein fest: Jesus hat von sich ausgesagt, daß er der Messias sei, mit seiner Erscheinung demnach die erwartete neue Weltperiode eintrete. Er fand Gläubige, und als er getödtet wurde, erhielt sich der Glaube an ihn dennoch, den Eintritt der neuen Weltperiode erwartete man Tag für Tag bei seiner nahen Wiederkunft, als von den Todten auferstanden betrachtete man ihn nun schon. Er selbst mag erwartet haben, daß, ohne daß er vorher sterbe, der wunderbare Eintritt der neuen Weltperiode vor sich gehe; mit seinem Tode erhielt diese Erwartung die angegebene Umgestaltung.

Dies ist aber auch Alles, was wir geschichtlich über ihn constatiren können, wie es denn auch zur Erklärung nicht blos seiner Erscheinung, sondern auch aller Folgen, die sich an diese anlehnen, genügt. An dieser geschichtlichen Thatsache darf nicht gerüttelt, sie darf nicht abgeschwächt, aber es dürfen ihr auch keine anderen ungehörigen hinzugefügt werden, wenn nicht neue Verwirrung angerichtet werden soll. So verrückt es den Standpunkt, wenn man den Glauben an

seine Gottessohnschaft in eminentem Sinne oder des Messias als
Logos schon in ihn hineinlegen will, und Blendwerk ist es gar,
wenn der Hegel'sche allgemeine Gottmensch auf ihn übertragen wird.
Ebenso muß alles Heraustreten aus dem nationalen und gesetzlichen
Judenthum gänzlich von ihm abgelehnt und lediglich der späteren
Evolution zugeschrieben werden. Aber auch die edleren religiösen und
sittlichen Vorstellungen und Lehren, die ihm in Herz und Mund ge=
legt werden, wenn wir sie ihm auch zu= und ihre Vortrefflichkeit,
mit der nöthigen Beschränkung, anerkennen wollen, dürfen nicht in
dem Sinne als sein Eigenthum betrachtet werden, daß er deren
Schöpfer gewesen, sie zuerst gehabt und ausgesprochen habe, vielmehr
nur höchstens so, daß er sie, wie sie durch ihm vorangegangene Ar=
beit bereit gelegen, aufgenommen, sich angeeignet habe.

Hier aber sind wir an dem Punkte angelangt, der uns zunächst
der Ausgangspunkt ist, in welchem aber die christliche Wissenschaft
es bis zur Stunde noch nicht zur nöthigen Einsicht gebracht hat.
Es fehlt ihr dazu nicht blos das Wissen, sondern auch, und so
schwer dieser Vorwurf ist, so drängen doch alle Erfahrungen
dahin, ihn als begründet zu betrachten, die neidlose Anerkennung
fremden Gutes. Auch hier nimmt von den beiden Bearbeitern jeder
seine eigenthümliche Stellung ein, wenn sie auch zuletzt einander im
Irrthum begegnen. Herr Rénan nimmt einen Anlauf zur Gerech=
tigkeit, verschmäht die Mittel nicht zur klareren Einsicht, um dann,
— wie er es bei seinem idealen Vorbilde anzunehmen liebt, — einen
bedenklichen Rückfall zu machen. Herr Strauß ist von vorn herein
fertig, er steht in diesem Punkte ganz auf dem Standpunkte der alten
Apologetik, wiederholt die alten blassen Vorstellungen über das da=
malige Judenthum, kennt keine neuere Forschung darüber, und ist
ihm auch nicht ein geflissentliches Ignoriren derselben zuzutrauen, so
kann ihm doch der Vorwurf nicht erspart werden, daß er nicht die
nöthige Sorgfalt angewandt, um sich davon in Kenntniß zu setzen.

Für Jeden, welcher die Entstehung des Christenthums mit ge=
schichtlichem Blicke betrachtete, mußte es sich ergeben, daß er die drei
mitwirkenden Factoren, das damalige palästinische Judenthum, das
griechische Judenthum, die römisch=griechische Bildung, zu würdigen
und zu behandeln habe. Es erscheint uns ganz natürlich, daß frü=
here Bearbeiter, welche von vorn herein Partei genommen, mit der
Brille ihrer Partei diese Factoren betrachtet und sie demgemäß dar=
gestellt haben. Bei allen kam das palästinische Judenthum schlecht

weg. Die Einen malten es recht schwarz, um auf diesem dunkeln Grunde die Zeichnung des nun hervortretenden Christenthums in um so hellerem Glanze erscheinen zu lassen. Die Andern, welche Schäden des Christenthums zugestanden, legten dieselben dem damaligen Judenthum bei; was ihnen in jenem nicht gefiel, das hieß jüdisches Vorurtheil, das beim ersten Entstehen noch nicht genügend überwunden war, aber allmälig beim Erstarken des Christenthums weichen mußte oder — noch muß. Von Männern, die das Leben Jesu aus dem rein historischen Gesichtspunkte auffassen und darstellen wollen, muß verlangt und erwartet werden, daß sie auf die genannten drei Factoren schärfer eingehen. Zwar das griechische Judenthum und die heidnische Bildung, welche beide Jesu selbst unbekannt geblieben und die nur an der spätern Ausbildung des Christenthums mitgearbeitet, mochten sie übergehen, ja mußten sie vielleicht in den Hintergrund treten lassen, um nicht sonst den Irrthum zu begünstigen, als hätten diese Elemente auf Jesus einen Einfluß geübt. Um so schärfer gerade mußte der Fels, aus dem das Christenthum zuerst gehauen, der Born, aus dem Jesus selbst und aus dem allein er geschöpft, untersucht werden. Rénan weist wirklich allen Einfluß der beiden andern Factoren ausdrücklich ab und enthält sich, wie er es für seinen vorläufigen Zweck thun durfte und mußte, eines jeden weiteren Eingehens in dieselben. Das damalige palästinische Judenthum hingegen sucht er mit Ernst zu beleuchten, er sieht sich angelegentlich nach allen neueren Forschungen um, eignet sich dieselben rasch an, und er schickt sich an, mit voller Unbefangenheit und Gerechtigkeit jene Quelle, welche Jesus genährt, nach ihrem Gehalte darzulegen. Wenn manches scharfe und schielende Urtheil mit unterläuft, Unrichtigkeiten vorkommen, so ist es, weil seine Mittel doch noch unzulänglich sind. Freilich, je tiefer er in die Geschichte hineinkommt, je störender ihm die Schwächen seines Helden werden, um so mehr verliert er an Unbefangenheit, und er redet sich immer tiefer in den Groll gegen das Judenthum hinein. Hindert es ihn, daß der früher so sanfte Lehrer „gegen seine Gegner sehr harte Ausdrücke anwendete", so erklärt er dies damit, daß „Jesus, welcher von fast allen Fehlern seiner Race frei war, wider seinen Willen dahin geführt wurde, sich in der Polemik des Styles Aller zu bedienen." „Einer der vorzüglichsten Fehler der jüdischen Race aber ist ihre Herbigkeit in der Controverse und der beleidigende Ton, welchen sie immer hineinmischt" (p. 325). Wenn er bald darauf (p. 334) die Art, wie sich Jesus in der Polemik benahm, nicht aus dem Judenthum ableitet, so geschieht dies, weil er sie ihm dort als ein Verdienst anrechnet. „Sein ausgesuchter Spott, heißt es daselbst, seine spitzen Herausforderungen trafen immer ins Herz. Als ewige Brandmale sind sie in der Wunde unverlöschlich geblieben. Dieses Nessusgewand des Lächerlichen, welches der Jude, der Sohn der Pharisäer, seit achtzehn Jahrhunderten in Lumpen nachschleppt, Jesus hat es mit göttlicher Kunst gewebt. Meisterwerke der hohen Spötterei, haben seine Pinselstriche feurig sich in das Fleisch des Heuchlers und Frömmlers eingegraben. Unvergleichliche Zeichnungen, würdig eines Gottessohnes! Ein Gott allein weiß in solcher Art zu tödten. Sokrates und Molière berühren blos oberflächlich die Haut. Dieser bringt das Feuer und die Wuth bis in das Innerste der Knochen." Ich berichte blos und stelle daher noch nackt die Urtheile hin über die Personen, welche an der Verurtheilung Jesu sich betheiligten, und über deren Verfahren. Von dem damaligen hohenpriesterlichen Geschlechte sagt er (p. 366): „Der Geist der Familie war hochfahrend, keck, grausam; sie hatte jene eigenthümliche Art geringschätziger und verschlossener Bösartigkeit, welche die jüdische Politik charakterisirt!" Seinen Gipfel erreicht Herr R. zum Schlusse. Daß er den Tod Jesu p. 396 einen Justizmord nennt und ihn dennoch p. 411 als gesetzlich bezeichnet, nur daß er „das Gesetz abscheulich" nennt, mag hingehen. Er ist auch so gütig, zuzugestehen, daß der jetzige Jude nicht wegen der ehemaligen Anwendung dieses „abscheulichen Gesetzes" leiden dürfe, er nennt es (p. 412) „das Gesetz der alten Wildheit", und meint: „Der Held, welcher sich darbot, um es aufzuheben, mußte vor Allem sich ihm unterziehen." Er fährt fort: „Ach! es werden mehr als 1800 Jahre nöthig sein, auf daß das Blut, welches er verspritzt, seine Früchte trage. Man wird in seinem Namen während der Jahrhunderte Denkern, die ebenso edel wie er, Torturen und den Tod auferlegen. Noch heute werden in Ländern, welche sich christlich nennen, Strafen für religiöse Vergehen ausgesprochen. Jesus ist für diese Verirrungen nicht verantwortlich. Er konnte nicht voraussehen, daß so manches Volk mit irregeleiteter Einbildungskraft ihn wie einen scheußlichen Moloch betrachten werde, der nach verbranntem Fleische lechze. Das Christenthum ist intolerant gewesen; aber die Intoleranz ist keine wesentlich christliche That. Sie ist eine jüdische That u. s. w."

Wir sind müde, solche Aeußerungen von einem sonst nach Vorurtheilslosigkeit strebenden Denker anzuführen, auch an ihm den Rückfall in die alte Apologetik nachzuweisen, die blos zu vertheidigen wußte, indem sie schmähte. Die Ungerechtigkeit dieses Verfahrens hat übrigens schon Herr Havet in der Revue des deux mondes aufgedeckt, und die belletristische Form, mit der sie vorgetragen wird, überhebt wohl einer ernstlichen Bekämpfung. Gegen bestimmte Nachweise, welche mehr als inhaltlose Behauptungen sind, sind wir bereit, jederzeit in die Schranken zu treten. Doch würde man wohl Herrn R. Unrecht thun, wenn man ihm einen starken Rest von Glaubenshaß zuschreiben wollte. Es ist nicht das Urtheil des Christen über Juden und Judenthum, es ist die Racen-Eifersucht zwischen dem Arier, d. h. dem Indo-Europäer — oder, wie wir sagen, dem Indo-Germanen — und dem Semiten. Herr Rénan bekämpft als Nachkomme Jafeth's heute noch im Juden nicht seinen Glauben, sondern den Sohn Sem's. Folgen wir ihm nicht auf dieses Gebiet der Racen-Eifersüchtelei! Gehen wir zu dem Deutschen über!

Meines Bedünkens sind gerade die beiden Abschnitte in Strauß' Buche, welche „der Entwickelungsgang des Judenthums" und „der Entwickelungsgang der griechisch-römischen Bildung" überschrieben sind, die schwächste Partie desselben. Der letztere hat, und namentlich in der Art, wie er hier behandelt ist, eigentlich keinen Zusammenhang mit dem Gegenstande des Buches. Wie bereits angedeutet, war Jesu selbst die griechische Bildung vielleicht bis auf den Namen unbekannt, und kann sie nicht das entfernteste Moment zu seiner Erklärung darbieten. Aber selbst für die spätere Gestaltung des Christenthums bildet das Griechenthum mehr in seiner Entartung als in seiner früheren edlen Ausprägung ein Gährungselement. Herr Str. betont jedoch gerade diese und möchte ihr den veredelnden sittlichen Einfluß auf das werdende Christenthum zuschreiben, weil er ihn dem Judenthume abspricht. Ein Ausspruch Welcker's dient ihm (S. 180) zum Führer. „Von dem hebräischen Supranaturalismus, sagt dieser, hätte die Humanität nie ausgehen können; denn je ernster und erhabener jener gefaßt wird, um so mehr muß die Auctorität und das Gesetz des Einen Gottes und Herrn die menschliche gottbewußte Freiheit niederhalten, aus welcher alle Kraft und Freudigkeit zum Besten und Edelsten fließt." Herr Str. mag die Schwäche dieses Raisonnements selbst gefühlt haben, und er fügt deshalb verstärkend hinzu: „Gerade weil das Göttliche dem Griechen nicht in der Gestalt eines gebietenden Gesetzes gegenübertrat, mußte er sich selbst Gesetz werden; weil er nicht, wie der Jude, sein Leben Schritt für Schritt durch religiöse Satzung geordnet sah, mußte er nach einer sittlichen Norm im eigenen Innern suchen." Es möchte wohl endlich Zeit sein, sich von dem Mißbrauche solcher abstracten Geschichtsconstructionen loszusagen. Wer die Geschichte nicht nach derartigen selbstgeschaffenen Kategorieen macht, sondern sie aus den Thatsachen schöpft und sie dann zu begreifen sucht, wird bald erkennen, daß die Sittenlehre eines Volkes der Reflex seines Gottesbewußtseins ist; je vollkommener Gott gedacht wird, je höher ist das Ideal, dem der Mensch zustrebt. In der That hat gerade die sittliche Fäulniß des damaligen Heidenthums bei ernsteren Gemüthern dem Christenthum den Eingang erleichtert; die zersetzte griechische Bildung war ein trübes Gährungselement, aber keineswegs eine würdige Erzieherin, zu welcher Str. sie machen möchte.

Was Str. so dem Griechenthume zulegt, das zieht er in reichem Maße dem Judenthum ab. Mit Lust greift er nach dessen wirklichen oder vorgeblichen Mängeln, und seine Kenntniß des damaligen Judenthums steht noch auf demselben Standpunkte, den er vor 29 Jahren einnahm. Noch heute sucht er bei Eisenmenger und Gfrörer, um da in der unkritischsten Weise sich aus jungen Schriften, — etwa aus der Schrift eines vor kaum zwei Jahrhunderten verstorbenen verkehrten Kabbalisten, Ruben Höschke, nämlich Jalkut Rubeni, u. dgl. — Stellen zutragen zu lassen. Er theilt zwar eine solche Unkenntniß mit der ganzen deutschen christlichen Wissenschaft; aber fast überbietet er diese doch noch an Ignorirung aller neueren Forschungen auf jüdischem Gebiete, und man sieht ihm das Wohlgefallen an, das Judenthum mit tiefstem Schatten zu überziehen. Seine beständige Nebeneinanderstellung von Priestern und Propheten, ohne deren principiellen Gegensatz zu ahnen, von Priestern und Pharisäern, seine Zeichnung der Sadducäer und Pharisäer, sein vorzugsweises Verweilen bei den ziemlich einflußlosen Essäern, von denen blos der unzuverlässige Josephus Kunde giebt, sein Manipuliren mit den Schablonen-Kategorieen der Starrheit, Beschränktheit, Einseitigkeit, nationalen Steifheit u. dgl. zeigen uns den bedauerlichen Rückfall des Geschichtsforschers in den voreingenommenen Apologeten, die Phrase verschleiert nur schlecht den Mangel an Kenntniß und Ergründung des Thatsächlichen.*)

---

*) Einzelnes Nähere vgl. in meiner „Jüd. Zeitschrift für Wissenschaft und Leben" Bd. II S. 295 ff.

Er überbietet hiermit, wie gesagt, die neuere Wissenschaft, die zwar durchgehends auf diesem Gebiete noch ganz unsicher umhertastet, immer weiter mit altem verbrauchten Materiale operirt, ohne es selbständig zu untersuchen oder gar es zu vermehren, die aber dennoch zuweilen den Trieb in sich fühlt, sich besser zu belehren. Str. scheint vollständig abgeschlossen zu haben und giebt damit den Beruf des Geschicht=
schreibers auf.

Diese Erscheinung, daß Männer, die ihrer religiösen Freisinnig=
keit wegen von der einen Seite ebenso hochgehalten wie von der an=
deren verdammt werden, gerade auf dem Gebiete, dessen genauere Kenntniß ihnen zu einer wissenschaftlichen Behandlung ihres Gegen=
standes ganz unentbehrlich ist, so wenig orientirt sind und mit einer gewissen Hartnäckigkeit an verjährten Vorurtheilen festhalten, ist eine in vielen Beziehungen höchst unerfreuliche. Das Eis des ungerechten Vorurtheils zu schmelzen, mag der Sonne fortschreitender Gesittung überlassen bleiben. Allein die Unkenntniß zu überwältigen, kann nur den fortgesetzten Bemühungen der wahren Wissenschaft gelingen. Wir können die jüdischen Pfleger der Wissenschaft nicht davon frei=
sprechen, daß sie bis jetzt ihre Forschungen den wichtigsten Zeiten und Entwickelungen noch nicht genügend zugewendet, durch ihre Ar=
beiten christlichen Forschern nicht Materialien und Resultate zugebracht haben, welche ihr Urtheil berichtigen. Allein das rechtfertigt nicht die christliche Wissenschaft. Absprechend über Gegenstände zu urtheilen, zu deren selbständiger Erforschung es an den nöthigen Voraussetzungen und Fähigkeiten gebricht, würde man sich wahrlich auf jedem anderen Gebiete doppelt und dreifach bedenken; nur dem Judenthume gegen=
über glaubt man mit souveräner Willkür zu Werke gehen zu dürfen. Jedenfalls bleibt es Recht wie Pflicht des jüdischen Gelehrten, mit Nachdruck auf dieses Verfahren hinzuweisen. Möge nunmehr auch von allen Seiten mit Ernst daran gegangen werden, das jüdische Alterthum gründlich und unbefangen zu erforschen und zur allge=
meinen Kenntniß zu bringen!

Frankfurt a. M., 6. April 1864.

Druck von Graß, Barth und Comp (W. Friedrich) in Breslau.

Printed in Poland
by Amazon Fulfillment
Poland Sp. z o.o., Wrocław

12230102R00112